やわらかアカデミズム・〈わかる〉シリーズ

よくわかる
都市社会学

中筋直哉・五十嵐泰正 編著

ミネルヴァ書房

はじめに

■よくわかる都市社会学

　本書は，現代の都市社会学の問題領域・対象領域をできるだけ広く捉えるとともに，新進気鋭の書き手たちによって，それぞれの問題・対象を新鮮かつ先鋭に描き出そうとするものである。新しい都市社会学の教科書として価値があるだけでなく，従来の都市社会学を講義する際の補充教材としても大いに役立つものと自負している。

　はじめに，都市社会学という学問分野の特徴，その歴史と現代的課題について簡単に触れておきたい。

　現在に連なる学問分野としての都市社会学は，世界的には第一次世界大戦後のアメリカ合衆国で，日本では第二次世界大戦後に発展した。その問題関心は，近代化の一要素である「都市化」の解明であり，都市空間の量的拡大や質的進化に伴う個人や集団の変質の意味を問うてきた。さらに変質した個人や集団を再組織することを，「コミュニティ」の言葉を用いつつ政策課題として探求してきたことも，顕著な特徴である。

　とくに日本の都市社会学は，世界中からの多様な移民によってゼロからの成長（自然史的成長）を遂げた合衆国の大都市とは異なる，近世の城下町（M. ヴェーバーのいう「衛戍地」）の上に造り直され，同じ国内の農村からの出郷者によって埋め尽くされた都市を対象としてきたので，伝統的な集団や文化への関心を強く持っていた。個人や集団の再組織という政策課題がしばしば「ムラ・マチの再生」として語られてきたことは，そうした特殊性を示す証拠である。

　しかし，こうした在来型の都市社会学は，1970年代以降国内外においてきびしい批判にさらされた。まずヨーロッパ発の「新都市社会学」は，「都市空間の量的拡大や質的進化」を自然史的な過程と見なさず，それ自体のメカニズムを，マルクス主義経済学を援用しながら解明することこそが都市社会学の課題であるとした。この批判は世界レベルでは現在にいたるまで都市社会学の主流を形成しており，合衆国を主とする占領によって，アメリカ文化の影響を深く受けた戦後日本の都市社会学にも一定程度の衝撃を与えたが，先に述べたように日本の都市社会学には元来歴史への関心もマルクス主義の影響も一定程度あったために，致命的な影響というほどではなかった。

　もうひとつの批判は現代化という点に関わる。もともと産業資本主義下の工業都市に関心を寄せてきたのだが，世界の大都市の多くが脱工業化し，大衆消費文化の舞台として，あるいはその舞台を創造するための，都市計画，不動産売買，建築による空間再編の対象として大きく変貌したために，従来の理論も研究方法も役に立たなくなってしまったのである。かわりに文化研究や新しい

i

経済理論の適用が試みられた。また，脱工業化や大衆消費文化の基盤としてのグローバリゼーションが注目される一方，国民国家の「社会的交流の結節」としての都市の機能への関心は弱まっていったことも，在来型の都市社会学のリアリティを掘り崩した。

　国民国家としての統合力が比較的強く，またその根拠として伝統的な集団や文化を半ば自明視してきた日本において，この批判点はより致命的であった。1980年代に，ある著名な文化人が都市社会学は最もつまらない学問分野であると揶揄したことがあったが，今から省みれば，現代化の波が集中的に表れたことに対して当時の日本の都市社会学が立ちすくんでしまったことが，そうした非難に甘んじなければならない理由だったと思われる。

　では，その後都市社会学，なかんずく日本の都市社会学はふたつの批判を克服し，現代的かつ理論的な学問分野として再生したのだろうか。私たち編者は，その答えを必ずしも明快に示すことができない。本書はその答えを示すべく編集し，特に現代性についてはこれまでにない多様性と現場性を含み込むことに成功したと自負しているが，理論的という点については，まだ多くの改善し，進化する余地があると思っている。

　理論的発展に挑戦する場合，いくつかの方法が考えられる。まず一般理論の応用である。現代の社会学における一般理論とは何かについては議論の余地があるが，例えばそれが合理的選択理論とカルチュラル・スタディーズであったとしても，それらを都市社会学に「ダウンサイジング」するには，多くの理論的模索の時間が費やされなければならないだろう。次に別の分野の一般理論の応用である。かつてのマルクス主義経済学にかわるような，産業構造や経済変動を説明する一般理論は存在するだろうか。第三に，上二者に比べると地味な印象があるけれども，都市社会学における先行研究の再検討である。もちろん時代性を帯びた先行研究をそのまま現代に応用することには意味がないし，先行研究の継承というお題目は，しばしば権威主義的な政治を生み出す。しかし，そうした皮相な読み方を超えて，対象—研究者—言説の連関を丸ごと再検討することによって，その「可能性の中心」を取り出すことができれば，それはもはや怠惰な反復や先輩たちへの追従ではなく，新しい理論の構築（脱構築）であるといえよう。本書において，先行研究への言及や紹介に一定の紙幅を割いたのはそうした理由による。

　現代性についても，執筆者たちによって最大限の戦線拡張が図られたとは思うが，それでもまだ十分であるとはいえない面がある。それはもっぱら編者の能力の限界によるが，それだけでなく，現代性や現代的課題を問うことにとって避けて通れない面もある。

　本書の企画がスタートしたとき，まだ東日本大震災は起こっていなかった。3.11の前に刊行していればそんなことは考えなくてもよかったかもしれないが，

その場合の本書の意味はずっと限られたものになっていただろう。しかし、では東日本大震災のインパクトを十分に反映しているかというと、決してそうはいえないだろう。そのことで苦しまれた執筆者もおられたが、編者としては震災のインパクトからの熟慮が実るまで刊行を遅らせることはできなかった。ことは3.11に限られない。他の社会領域以上に都市では新しく、かつ本質的な出来事が日々生じている。また、ただ生じるだけでなく、そのことによって過去の構造が更新、改造されていく。願うらくは、本書を里程標として、都市社会学の現代的課題が多く見出され、新しい理論的挑戦が数多く為されんことを。

　本書は、全体で7部構成をとる。

　第Ⅰ部では、導入的な意味と、機能論的、現状分析的な従来の都市社会学とは差異化する意味から、世界各地の都市を歴史社会学的・比較社会学的な視野から捉える項目を並べた。20世紀の首都ニューヨークから21世紀の首都上海にいたる、個性的な都市群の世界一周旅行を通して、都市の社会学的意味が学習者に直観的に伝わることが期待される。

　第Ⅱ部、第Ⅲ部では、都市社会学の理論装置を解説するが、あえて伝統的な都市社会学の諸項目を第Ⅲ部とし、1980年代以降に展開した、新しい都市社会学や都市文化研究の項目を第Ⅱ部にならべた。ただしそれに留まらず、第Ⅲ部で伝統的な都市社会学の必須事項も押さえてあり、さらに伝統的な都市社会学では周辺的な地位におかれがちであった、地方都市研究や都市農村関係論にも目配りした。

　第Ⅳ部では、政策科学分野の中心課題のひとつである都市再生、地域活性化に関する諸項目を集めた。大学の研究者だけでなく実践家にも執筆を依頼し、国家や地方政府の政策を通して構築され、変容する都市社会の、ホットな現場を描き出すことを試みる。

　第Ⅴ部では、メディアと都市の関係、あるいは都市を描き出すメディア、さらにメディアの中に現れる都市を捉える諸項目を集めた。グラフィティやカフェなどへの微視的な視点からメディアを通して現実化する都市作用ともいうべき現象を描き出す。第Ⅳ部の諸項目とあわせて、都市という社会の現在が多面体的に描き出されることになる。

　第Ⅵ部では、都市社会調査法の古典を解説する項目を集めた。都市は、その他の社会とは異なる見えにくさを持つ社会である。それゆえ、都市社会学にはそれを見る方法上の工夫が不可欠である。特に他の項目では触れられにくい古典にも目配りして、都市研究の多用な着手点を示すことを試みる。

　第Ⅶ部では、都市社会学者の評伝をならべたが、伝統的な都市社会学で取り上げられる人々だけでなく、隣接領域ではあるが都市社会学や都市社会学的関心に大きな影響を与えた人々も含めて解説する。この部を通してだけでも、都市とはいかなる社会として考えられるのかがわかるような構成を試みた。

執筆陣は，伝統的な都市社会学を専攻する方から，隣接領域の研究者，実践家も含めて幅広く依頼した。新鮮かつ先鋭なものとするために，大部分を40代以下の若手としたことも特徴といえる。

　「はじめに」を閉じるにあたって，本書刊行に力を寄せて下さった方々への謝意を述べておきたい。

　まず，貴重かつ挑戦的な論考をお寄せくださった執筆者の皆さんに心より謝意を述べたい。編集が遅れたために多大なご迷惑をかけたが，最後まで見捨てずにお付き合いくださった。次に，上記の現代性という点でまったく自信がなかった中筋を終始支えてくれ，本書を華麗と自慢していいまでの仕上がりに高めてくれた共編者の五十嵐泰正氏。最後に，本書の企画を中筋に持ち込まれ，多分その後ずっと後悔されてきたと思うが，仕事を遅らせてばかりの中筋に辛抱強く付き合ってくれたミネルヴァ書房の涌井格氏。ありがとうございました。中筋が時間を取れず，おふたりに中筋の自宅のある名古屋まで来てもらって，駅前で名古屋メシを喰いながら打ち合わせしたことも，今は懐しい思い出である。

　　2013年3月

　　　　　　　　　　　　　　　　　　　　　　　　　　　　中　筋　直　哉

もくじ

■よくわかる都市社会学

I 都市の歴史と現在

1. ニューヨーク …………………… 2
   繁栄と格差の象徴
2. メキシコシティ ………………… 4
   古代の都市と重なる現代の都市
3. バルセロナ ……………………… 6
   国境を超えてEUを支える都市
4. ロンドン ………………………… 8
   クリエイティヴ都市へ向けて
5. マニラ …………………………… 10
   発展途上国のメガシティ
6. 鞆の浦 …………………………… 12
   歴史とともに生きる港町
7. 豊田 ……………………………… 14
   自動車産業都市の歴史と現在
8. 東京 ……………………………… 16
   破壊された都市
9. 大連 ……………………………… 18
   植民地都市
10. 上海 ……………………………… 20
    全球化(グローバル)時代の"紅い"世界都市

II 空間と文化：都市の社会理論(1)

1. マルクス主義の都市理論と
   新都市社会学 …………………… 22
2. 現象学的地理学の都市研究 …… 24
3. 場所の空間とフローの空間 …… 26
4. グローバル・シティと分極化 … 28
5. 郊外化とエッジシティ ………… 30
6. ジェントリフィケーション …… 32
7. エステ化する都市 ……………… 34
8. 監獄都市 ………………………… 36
9. ゲーテッド・コミュニティ …… 38
10. 都市下層社会 …………………… 40
11. 都市のエスニック・コミュニティと
    文化 ……………………………… 42
12. ストリートの身体文化と都市 … 44
13. 都市暴動 ………………………… 46
14. 都市祝祭の社会学 ……………… 48
15. 都市のドラマトゥルギー ……… 50
16. 広告都市 ………………………… 52
17. ファッションと都市 …………… 54
18. 情報空間と都市 ………………… 56

III 都市構造：都市の社会理論(2)

1. 人間生態学と同心円地帯理論 … 58
2. アーバニズム …………………… 60
3. 都市下位文化理論 ……………… 62
4. 都市社会構造論 ………………… 64

- 5 町内会の歴史と未来 …………… 66
- 6 都市コミュニティの理論 ……… 68
- 7 ハウジングとホーム …………… 70
  都市に住まう(1)
- 8 nLDK …………………………… 72
  都市に住まう(2)
- 9 住民運動と都市社会運動 ……… 74
- 10 地域コミュニティと地方政治 … 76
- 11 都市とジェンダー ……………… 78
- 12 都市化と社会移動 ……………… 80
- 13 県人会 …………………………… 82
- 14 都市の歴史社会学と
  都市の比較社会学 ……………… 84
- 15 民俗学・人類学の都市研究 …… 86
- 16 地方都市の社会理論 …………… 88
- 17 企業城下町の階層構造 ………… 90
- 18 ファスト風土化とヤンキー文化 … 92

IV まちづくりの構想と技法

- 1 都市再生 ………………………… 94
- 2 中心市街地活性化 ……………… 96
- 3 コンパクトシティとLRT ……… 98
- 4 都市計画と建築 ………………… 100
- 5 田園都市とニュータウン ……… 102
- 6 道の駅 …………………………… 104
- 7 都市農村交流 …………………… 106
- 8 B級グルメとまちおこし ……… 108

- 9 まちづくりワークショップ …… 110
- 10 歴史的町並み保存 ……………… 112
- 11 国民生活審議会報告と
  コミュニティ政策 ……………… 114
- 12 近隣政府と町内会 ……………… 116
- 13 社会的排除と包摂 ……………… 118
  自立支援センターをめぐって
- 14 福祉のまちづくりと住民流福祉 120
- 15 災害コミュニティ論 …………… 122
- 16 創造都市論 ……………………… 124
- 17 サステイナブルシティ ………… 126

V 都市の装置とメディア

- 1 描かれた都市・都市地図 ……… 128
- 2 都市の語り ……………………… 130
- 3 エスニック・メディア ………… 132
- 4 都市と文学 ……………………… 134
- 5 モニュメント …………………… 136
- 6 雑居ビル ………………………… 138
- 7 コンビニとカフェ ……………… 140
- 8 ショッピングセンターと商店街 142
- 9 アートと都市 …………………… 144
- 10 聖地巡礼 ………………………… 146
- 11 都市霊園 ………………………… 148
- 12 都市と映像 ……………………… 150
- 13 グラフィティ …………………… 152

14 ユビキタス ………………… 154

VI 都市社会調査法

1 19〜20世紀の都市貧困調査 ….. 156
2 シカゴ学派のモノグラフと
　都市エスノグラフィ ………… 158
3 都市とグラスルーツ ………… 160
4 パーソナルネットワーク調査 ‥ 162
5 20世紀前半日本の貧困研究と
　月島調査 …………………… 164
6 商家同族団の研究 …………… 166
7 地域開発の構想と現実 ……… 168
8 東京の社会地図 ……………… 170

VII 都市社会学のパイオニアたち

1 ゲオルク・ジンメル ………… 172
2 ヴァルター・ベンヤミン ……… 174
3 ロバート・パーク …………… 176
4 ルイス・ワース ……………… 178
5 ル・コルビュジエ …………… 180
6 ルイス・マンフォード ………… 182
7 ジェイン・ジェイコブズ ……… 184
8 アンリ・ルフェーヴル ………… 186
9 デヴィッド・ハーヴェイ ……… 188
10 サスキア・サッセン ………… 190
11 今和次郎 …………………… 192
12 奥井復太郎 ………………… 194
13 石川栄耀 …………………… 196
14 鈴木栄太郎 ………………… 198
15 磯村英一 …………………… 200
16 前田愛 ……………………… 202
17 網野善彦 …………………… 204

VIII 都市社会学の横断性

1 「都市」社会学,「都市社会」学,
　そして都市「社会学」として …. 206

さくいん ……………………… 210

やわらかアカデミズム・〈わかる〉シリーズ

よくわかる
都市社会学

I　都市の歴史と現在

ニューヨーク
繁栄と格差の象徴

▷1　『スパイダーマン』（サム・ライミ監督，2002・2004・2007年公開）
▷2　『プラダを着た悪魔』（デヴィッド・フランケル監督，2006年公開）
▷3　『セックス・アンド・ザ・シティ』（マイケル・パトリック・キング他監督，1998〜2004年放映）
▷4　同様の動きはアメリカ諸都市や東京，マニラなどへも広がった。
▷5　じっさい，同じ建築家・ディベロッパーがこれらの都市の建設に携わっているケースもある。例えば，シーザー・ペリ，Olympia & York 社，Kohn Pedersen Fox 社，Skidmore, Owings & Merrill 社など（Zukin, Sharon, 1992, "The City as a Landscape of Power: London and New York as Global Financial Capitals," Leslie Budd and Sam Whimster eds., Global Finance and Urban Living, Routledge, pp.195-223.）。
▷6　サッセン，S., 伊豫谷登士翁監訳，2008，『グローバル・シティ』筑摩書房。
▷7　1984年には，製造業で雇用されている者の割合はニューヨーク全体で16.4％，マンハッタンでは14.6％であったのが，1996年になると，それぞれ9％と8.1％まで落ちた。

1　ニューヨーク

　映画やドラマの舞台としてお馴染みのニューヨーク。正義の味方が摩天楼を縦横無尽に駆けめぐるかと思えば，地上では全身を高級ブランドに包んだ女たちが最先端のファッションを創り，赤裸々な恋愛トークに花を咲かせたり――そして，無数のライトが照らす"Great White Way"ことブロードウェイなど，ニューヨークは，華やかな文化の発信地として人々を惹きつける。

　華やかなのは，文化だけではない。マンハッタン南端には金融街ウォール街がある。ニューヨーク証券取引所は時価総額と売買代金で世界一を誇ってきたが，2011年秋にデモ"Occupy Wall Street"が起きたことは記憶に新しい。一握りの富裕層が投機や貿易で富を蓄積し，他の層から社会保障や職・賃金が奪われる格差社会を，"We are the 99％"と名乗る参加者たちは糾弾した。

　華やかさだけが，ニューヨークの特徴ではない。ウォール街から南西に視線をずらせば，「移民の国」の象徴・自由の女神がトーチを灯している。社会で虐げられた人々のための避難所だと女神が宣言するアメリカへは，今も昔も多くの移民が引き寄せられている。なかには，命の危険を冒してでも国境を超えてアメリカ入国を試みる非登録移民もいる。

2　ザ・グローバル・シティとしてのニューヨーク

　このように多面的なニューヨークだが，その中心たるマンハッタンでは東京と変わらない風景を目にするのも事実である。林立するオフィスビル，その谷間を縫って歩くビジネスパーソン，瀟洒なデパート――東京はじめ他の大都市でも目にする風景が広がっている。この無国籍な空間――国・地域の歴史的・文化的な特異性が消去されたという意味での――は，ロンドンやフランクフルトなどにも見いだせる。歴史も文化も異なる大都市がなぜ似るのだろうか？

　社会学者 S. サッセンによれば，こうした脱ナショナル化された都市空間は，経済的グローバル化が進むなか，国際金融の中心と多国籍企業のグローバルな統治能力の集積によりに産出された。そして集積が起こる場は「グローバル・シティ」と呼ばれ，新しい地理を生み出す。そして，この地理のなかでもっともダイナミックに動いている都市がニューヨークなのである。

　覇権国家の帝都からグローバル・シティへ変貌するなかで脱ナショナル化し

た空間が生み出された背景には，労働のオートメーション化や製造の生産拠点の発展途上国への移転で多数の製造業が失われたことが挙げられる。ウォール街に代表される金融のイメージが強いニューヨークだが，港湾や流通機関に支えられ，製造業が重要な位置を占めた時代があった。ところがやがて，ニューヨークから多数の製造業職が失われる。そして，オートメーション化と製造分野の生産拠点・本社移転の結果，余剰労働力が生み出され，労働組合への参加率低下で交渉力も落ち，低賃金化が進んだ。かわって急速に拡大したのは生産者サービスで，この分野での雇用は，1987年に100万人に達した。これは主要産業中最も顕著な変化で，特にマンハッタンでの雇用増が目立った。その結果，貧困層や平均的所得層の生活・居住空間だった地域がジェントリフィケーションの対象となり，新たに増えた生産者サービスで働く高所得者層向けのオフィス・商業ビルや高級住宅地が増えた。こうして，グローバル・シティが形成される過程で，世界の大都市で似た風景が生み出された。

一方，貧困世帯はマンハッタン北部に集中したが，家賃の高騰で1980年代にはホームレスが急増した。1979〜96年にかけ，ニューヨーク・ニュージャージー圏では所得格差が50％以上も拡大した。格差拡大の背景には，1960年代以降のアジアやラテンアメリカからの移民増大もある。移民はこの地域に残るスウェットショップや生産者サービスで働く人々の労働・生活・消費を支える建設業，ビルの管理，家庭内家事労働など，労働集約型の仕事の需要に吸収されていった。かくしてグローバル・シティには，労働の現場や条件が第三世界の状況と酷似する場が生み出され，「中心の周辺化」と呼ばれている。

図Ⅰ-1-1　ウォールストリート

撮影：大井由紀

3　分析的境界領域としてのニューヨーク

このようにニューヨークがグローバル・シティへと姿を変えてきたなかで，経済格差が開き，それは空間にも目に見える形で反映されている。人々は同じ都市に住みながらも，異なる時間・空間秩序に分断されている。「無国籍性」の空間は，万人のために造られた空間ではなく，低賃金労働者の参加を排除した，いわば私的な空間だ。繁栄と貧困という異なる時間・空間秩序が重なり合う場——サッセンは「分析的境界領域」と呼んでいる——で今後何が起きるか？　分断はさらに進むのか？　または，私的に占有される空間を多様な人々へ開／解放しようとする運動，つまり，都市の公共性を取り戻す動きが出てくるのか？　冒頭で触れたデモを，開／解放の文脈で読み解くことは可能だろう。グローバル・シティとしてのニューヨークは，グローバル化の空間秩序が現れるフロンティアであると同時に，空間の占有と開／解放をめぐる闘争のフロンティアであるといえる。

（大井由紀）

▷8　サッセン，S., 伊豫谷登士翁監訳，2008，『グローバル・シティ』筑摩書房；Ross, Robert and Kent Trachte, 1983, "Global Cities and Global Classes," *Review*, 6(3): pp.393-431.

▷9　マンハッタンではグリニッジ・ヴィレッジの一部，ソーホー，イースト・ヴィレッジの一部，アッパーウェストサイドの大部分，そして南端——世界貿易センターもこの区域に建てられた——のバッテリー公園一帯である。ジェントリフィケーションについてはⅡ-6参照。

▷10　サッセン，S., 伊豫谷登士翁監訳，2008，『グローバル・シティ』筑摩書房，pp.292-300。

▷11　Ross, Robert and Kent Trachte, 1983, "Global Cities and Global Classes," *Review*, 6(3): 393-431.

▷12　Sassen, Saskia, 1996, "Analytic Borderlands," Anthony D. King ed., *Representing the City*, New York University Press, pp.183-202.

I 都市の歴史と現在

メキシコシティ
古代の都市と重なる現代の都市

1 トラテロルコの三文化広場から

メキシコシティ（Mexico City，スペイン語では Ciudad de México）の中心である広場のソカロ（Zocalo）から北に2kmほど，1960年代に開発された住宅団地の立ち並ぶトラテロルコ（Tolatelolco）地区に，三文化広場（la Plaza de las Tres Culturas）という名の広場がある。「三文化」とは，かつてこの地に栄えたアステカ，それを征服し植民地化したスペイン，そこから独立した近代メキシコの3つの文化のことだ。その名に相応しくこの広場では，発掘されたアステカ時代の市場の遺跡，アステカの建造物を破壊し，それを材料としてスペイン人が建設したカトリックの教会，そして近代建築の住宅団地と旧外務省の高層ビルが，地層の断面のように隣接する様を見ることができる。

広場には，次のような言葉が刻まれた石碑が立っている。「1521年8月13日，クアウテモックによって英雄的に守られたトラテロルコはエルナン・コルテスの手に落ちた。それらは勝利でも敗北でもなかった。それは，痛みをともなった混血民族の誕生であった。そして混血民族こそ今日のメキシコなのである」。そして，広場を取り囲む団地の棟々には，メキシコ史上重要な日付や人物名，地名にちなんだ名前がつけられている。三文化広場は，テスココ湖という巨大な湖の上にアステカ人が築いた壮麗な水上都市に起源を持つこの都市の古代から現代にいたる歴史の積み重なりを可視化する場所なのだ。

2 重層する時間，並存する地域

メキシコシティでこうした歴史の地層が露呈しているのは，この場所だけではない。先に述べたソカロの中央には巨大なメキシコ国旗が掲げられ，植民地時代に100年以上をかけて建設されたセントラル・カテドラルや，植民地政府の政庁だった国立宮殿が広場を取り囲み，さらに1970～80年代に発掘されたアステカ帝国の中央神殿であるテンプロ・マヨールがセントラル・カテドラルのすぐ隣にある。国立宮殿はディエゴ・リベラが描いたアステカ時代から現代までのメキシコの歴史の壁画で有名だが，市の南部にあるメキシコ国立自治大学の広大なキャンパスには，壁面にアステカ文明から植民期，そして近・現代のメキシコにいたる歴史を描いた壁画やモザイクで覆われた建物群が巨大なモニュメントのように並んでいる。私がたまたま訪れた市内南東部のイスタパラパの区

▷1 Zocalo とはメキシコで町や村の中央広場を指す。こうした町の形は植民地支配によって持ち込まれたヨーロッパ文明に由来する。メキシコシティのように，都市化に伴うスプロールによって周囲の町村を呑み込んで大都市化した都市には，旧町村のソカロが地区ごとに存在しているが，メキシコシティでただ「ソカロ」と言えば都市の中心部をなす旧市街のソカロを意味する。

▷2 翻訳は谷裕之，2005，「トラテロルコ事件」吉田栄人編『メキシコを知るための60章』明石書店，p.280。ただし，原文改行は省略。クアウテモックはアステカ最後の皇帝。エルナン・コルテスはアステカを征服したスペイン軍の統率者。

役所のホールにも，同様のモチーフによる壁画が描かれていた。

　パリやワシントンに典型的に見られるように，近代都市の首都には「想像の共同体」としての国民の歴史や記憶をめぐる記念碑がつきものだ。メキシコシティの場合もそれらと同じく「メキシコ国民」のモニュメンタルな空間として存在しているのだが，パリやワシントンとメキシコシティが異なるのは，それらのモニュメントが先住民とその文明，スペインによる植民地時代とその文化，そしてそのスペインに対して独立戦争を戦い独立した近代メキシコ，さらにはその後の独裁体制を倒した20世紀はじめのメキシコ革命と，積み重なる歴史と記憶を絵画や彫刻で可視化しつつ，「メキシコとは何か？」「メキシコ人とは何者か？」という問いを発し続けているということだ。現代的なオフィスやアパートと，植民地時代から建つ教会，そしてタコスやトルタ（メキシコ風のバゲットサンドイッチ）の屋台の並ぶ街中を歩くとき，私たちはこの都市の現在を形作る歴史と文化と社会の断面を横断している。

図Ⅰ-2-1　三文化広場

▶3　「国民とは想像された共同体である」というベネディクト・アンダーソンの主張にしたがえば，そのような想像を支えるモニュメントが，想像された共同体の中心である首都に集中的に見られるのは当然である。アンダーソン，B.，白石隆・白石さや訳，2007，『定本　想像の共同体』書籍工房早山。

3　多文化社会の夢と現実

　三文化広場の記念碑は，原住民と植民者の混血が新たなメキシコ国民を産んだと主張する。だがそれは，植民者としてメキシコを支配しながら，宗主国スペインに対して独立戦争を戦って独立し，さらに1910年に独裁体制を倒すメキシコ革命をへて今日にいたったメキシコの，言ってみれば公定のイデオロギーである。たしかにメキシコは，ラテン・アメリカ諸国の中ではメスティソ（先住民と植民者の混血）が多いとされている。だが，支配階級の中心は依然としてメキシコの全人口の10％ほどにすぎない白人である。人口の30％を占める先住民族の多くは地方に暮らし，その他に人口上は多数派の混血の人々がいる。

　当然，白人人口の比率が高い都市は，白人たちによる政治的・経済的な支配の中心であり，白人文化や北米・ヨーロッパの文化が支配的である。そうした民族的な階級・階層構図は，豪邸や高級マンションの立ち並ぶ富裕な白人たちの居住地と，都市周辺部に広がる貧困層の居住地区の対照に見ることができる。都市周辺部から都心に働きにでる貧しい人々を運ぶ地下鉄やバスの運賃は3〜5ペソ（日本円で20〜30円）と社会主義諸国なみの安さだが，豪邸に住む白人たちはそれらには乗らないし，日本人の駐在員やその家族たちもまず乗らない。屋台のタコスやトルタは白人のビジネス・パーソンたちもパクついているけれど，店をやっているのはたいてい先住民やメスティソの人々だ。そんな分断が走っているからこそ，人々は同じメキシコ人という想像の共同体を求める。ひとつのメキシコという夢と，複数の階級と文化という現実。そのいずれもが，この都市で人々が生きる現実なのだ。

（若林幹夫）

▶4　社会の中で人は，客観的には「虚偽意識」であるような集合的な夢を社会的現実として生きる。このとき，夢もまた社会の中で生きられる現実の一部なのだ。

Ⅰ　都市の歴史と現在

3　バルセロナ
国境を超えてEUを支える都市

① セルダ拡張計画

　世界の都市形成史上でバルセロナがもっともよく知られるのは，1859年I.セルダによる拡張計画である。産業革命後の人口急増に呼応して実行された都市事業で，パリ・ウィーンと並んで三大都市計画のひとつとされる。現在のバルセロナを空から見ると，陰影の際立つ板チョコ様の市街地が印象的だが，これがセルダの遺した都市のかたちである。この格子割の市街地が，ガウディをはじめとする世紀末モデルニスモ建築の巨大なキャンバスを用意したのだった。
　G.オスマンのパリ改造は，バロック的手法によるもので，ブルジョア好みの華やかな大通りを整備する半面その内側には貧民街が残された。他方，セルダは，囲壁市街地の劣悪な住環境の実態を丹念に調査することから始めて，「都市を田舎化し，田舎を都市化する」ことによって誰もが人間的に暮らせる都市の理想像を拡張地区において実現するという野望を抱いていた。当時流行していた空想的社会主義と共鳴する考えで，急増していた労働者階級に寄り添った計画思想を大都市において実現させるものだった。支配階級であったブルジョアには酷評されたが，均質なグリッド状の市街地は平等な市民社会を体現した都市のかたちだったのだ。しかし，バルセロナは都市開発圧力に屈してセルダの描いていた都市の姿よりも，実際には高密度化した。

② 公共空間戦略

　バルセロナが，セルダ拡張計画のあと，次に都市政策で世界の注目を集めたのが，1980年代民主化後の公共空間戦略である。民主化へ移行したばかりの市当局は真っ先に，フランコ時代に十分なインフラ整備もされないまま乱開発された郊外の工場跡地や崖地を利用して広場や公園を整備した。斬新なデザインの公共空間はたちまち，劣悪な居住環境に耐えてきた周辺住民の集う屋外の居間となった。他方，網の目のように細街路の張りめぐらされた過密な旧市街では，広場から車を排除したり老朽化した建物を効果的に壊すことでじめじめした暗い路地に日の差し込む辻広場を穿っていった。近くのバールがそこにオープンカフェを広げ，歓談する声がまちに戻ってきた。フランコ体制末期から始まった公共空間を求める都市社会運動のリーダーたちを市当局に迎えたバルセロナならではの都市政策だった。

▷1　イルデフォンス・セルダ（1815-1876）はカタルニア出身の土木技師で，マドリッドで土木工学を学んだ。

▷2　ナポレオン3世治世下（1852〜1870年）オスマンはセーヌ県知事に任命され，パリ大改造を計画，実施した。

▷3　スペインでは，市民戦争（1936〜1939年）の後，フランコ独裁体制が1975年まで続いた。

ちょうど欧州諸都市では、全体計画に基づいた経済効率優先の道路整備と中心部のクリアランス型再開発の弊害が露わになった時期だった。このような近代的整備手法のオルタナティブとして、戦略的に公共空間を創出していく手法が高く評価され、バルセロナモデルと呼ばれるようになった。周辺住民の暮らしの質から発想して戦略的に都市全体の再編を見通すアプローチである。

③ 地中海の首都

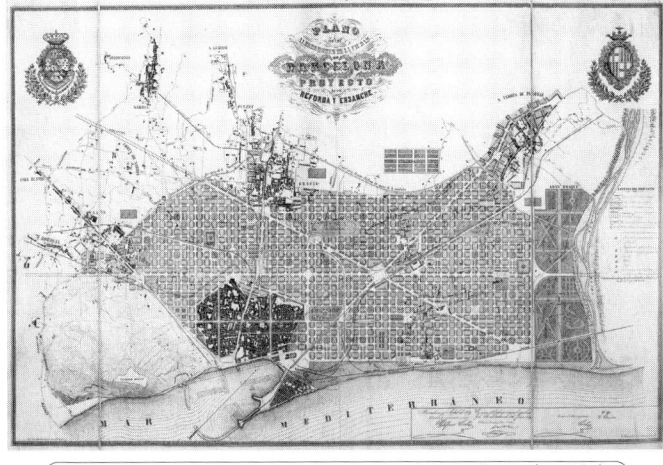

図 I-3-1　セルダによるバルセロナの拡張計画図（1859年）
出所：Arxiu Historic de la Ciutat de Barcelona 所蔵。

1992年オリンピックの開催都市にタイミングよく決まり、小さな公共空間から着手したバルセロナの都市整備事業は環状道路などインフラ整備へとスケールアップした。環状道路をつくろうとすると、沿岸都市の宿命で道路により市街地と海が分断されてしまう。そこを逆手にとって「地中海に開かれた都市」をスローガンに思い切って地下化することにより環状道路整備を契機として海岸線を都市のビーチに変身させた。大きな公共空間である。導火線となったのは沿岸衰退工場地区を再開発してつくられたオリンピック選手村だった。

地中海に臨む一帯を市民みなの身近な公共空間に取り戻していく取り組みは、地中海首都を標榜するバルセロナの野心的なグローバル戦略と表裏一体に展開された。1986年、オリンピック開催決定と同年にスペインはECに加盟した。この時期、バルセロナは国境を越えて他の欧州都市と連携を重ね、ユーロシティをはじめEUレベルの都市政策で強い影響力を発揮していくようになるネットワークつくりに主導的な役割を果たした。

バルセロナおよび現在バルセロナを州都とするカタルニアは、13〜14世紀に、イタリアの南部そしてはるかギリシアまで勢力を伸ばし、地中海の覇権を握った時期があった。ヴェネチアと地中海を二分する勢いで、アフリカ沿岸にも領事館を複数置くまでに勢力を拡大した。ガウディらモデルニスモ芸術全盛の時期にも地中海主義が再び高揚しているが、グローバル都市ネットワークの今、ヨーロッパとアフリカの架け橋となるべく三度の地中海戦略を展開している。長年の国民国家体制に居心地の悪い思いをしてきたバルセロナは、グローバルネットワーク時代を先取りしていた一面がたしかにあった。ポスト工業化社会の文化創造都市のモデルとして脚光を浴びる陰で、オリンピック以降イベント漬けとなった都市の危うさも垣間見せ始めている。

（岡部明子）

▶4　スラムなど劣悪な環境の市街地を全面的に取り壊して更地とした後に、一から新しい近代的な市街地に再開発するクリアランス型が20世紀中頃以降盛んに行われたが、問題を根源から解決できていないことが次第に明らかになった。

▶5　アラゴン王でありバルセロナ伯であったジャウメ1世治世（1213〜1276）に、バルセロナは地中海覇権を拡大し、15世紀前半にはナポリ王国を征服するまでに勢力を広げた。

参考文献

阿部大輔，2009，『バルセロナ旧市街の再生戦略』学芸出版社。

岡部明子，2010，『バルセロナ』中公新書。

山道佳子・八嶋由香利・鳥居徳敏・木下亮，2009，『近代都市バルセロナの形成』慶應義塾大学出版会。

I 都市の歴史と現在

ロンドン
クリエイティヴ都市へ向けて

1 都市の発展と構造

「ロンドンに飽きた者は，人生に飽きた者だ。ロンドンには人生が与えるもの全てがあるから」と言ったのは，18世紀の文人サミュエル・ジョンソン。今も，ロンドンは世界でもっとも刺激的な都市として君臨し続けている。

シティ・オヴ・ロンドンとシティ・オヴ・ウェストミンスター，それに31の特別区を加えた広域ロンドンの人口は783万人。これに近郊地域を加えると総人口は約1260万人。世界第五位の規模を誇り，欧州最大の都市である。

ロンドンの歴史は古い。その起源は，ローマ帝国のブリタニア支配まで遡ることができる。西暦43年に現在のシティにロンディウムを建設し，ブリタニアの首都としたのがその都市としての出発点である。

ロンドンが近代都市として急激に発展を始めるのは16世紀になってからだ。商業地区のシティと，政治と宗教の中心地区のウェストミンスターが一続きになった市街地が誕生した。さらにアフリカとアメリカ，そしてヨーロッパを奴隷，綿花，砂糖，武器，貴金属で結ぶ三角貿易は，ロンドンをヨーロッパの重要な商業の拠点と変えた。地方からは人が次々と流入し，17世紀半ばには50万人，18世紀初頭には70万人を超える大都市となる。近代都市の誕生である。

2 近代化と闇

ロンドンという都市は直線的に発展してきたわけではない。ロンドンは，転機となるような変化や壊滅的な打撃を受ける災厄にたえず遭遇している。

16世紀以降，職を求める人々が集まるこの大都市で，仕事にあぶれた人々は，貧困街を形成した。17世紀になるとペストやコレラなどの病気が周期的に流行し，1665年の大流行時にはペストで10万人もの命が失われた。翌1666年のロンドンの大火では，市内の5分の4が焼失した。この大火は，ロンドンの再開発をもたらし，木造建築を中心とした都市は，石造りの不燃都市となる。また大型の集合住宅の建築が整然とした街並をもたらした。

産業革命は，ロンドンを繁栄させる一方で，広範な貧困地区を生み，都市を荒廃させた。19世紀末にロンドン中を震撼された「切り裂きジャック」の舞台ホワイトチャペルに代表される，ホームレス，浮浪者，売春婦，麻薬中毒者，アルコール中毒者が溢れる貧困地区が点在するようになる。

▶1 Greater London Authority, 2010, *Mid-Year Population Estimate*（http://www.london.gov.uk/）.

▶2 三角貿易がもたらした文化変容については，「黒い大西洋」という海の歴史から見直した次の著作が参考になる。ギルロイ，P.，上野俊哉・毛利嘉孝・鈴木慎一郎訳，2006,『ブラック・アトランティック』月曜社。

▶3 川北稔，2010,『イギリス近代史講義』講談社現代新書。

▶4 見市雅俊，1999,『ロンドン＝炎が生んだ世界都市』講談社選書メチエ。

下水道の敷設は16世紀から行われていたものの人口増加に追いつかず，テムズ川も腐敗が進み，コレラなどの伝染病が蔓延した。家庭や工場の煙突から吐き出される煙はロンドンの空を暗く陰鬱なものと変えた。衛生事業や公害対策が始まるのは19世紀半ばからだが，その完成には20世紀の到来を待たなければならなかった。20世紀半ばにテムズ川の汚染が改善されるとともにロンドンもまた活気を取り戻した。

3 グローバル都市／クリエイティヴ都市

現在のロンドンは，「グローバル都市」という言葉で特徴づけられる。ロンドンは，もはやイギリスという一国家の単なる首都ではない。資本と情報，そして人のグローバルなネットワークの結節点なのだ。S. サッセンは，その著書『グローバル・シティ』の中で東京やニューヨークと並んでロンドンを典型的なグローバル都市と位置づけて分析を行っている。

図Ⅰ-4-1　スピタルフィールズ・マーケット

グローバル化は，80年代サッチャー政権下の新自由主義的政策によって準備された。90年代に入ると冷戦崩壊以降の市場経済の一元化，そしてWTO設立など国際組織や制度の整備によってグローバル化は一気に加速した。70年代半ばまで「英国病」によって苦しんだロンドンは，産業構造を大きく変え，グローバル企業を呼び込むことによって再生したのである。

グローバル都市の特徴のひとつは，伝統的な製造業に代わって金融・法律・会計・経営などの高度な専門サービスを多国籍企業に提供する企業が集中し，その一方で，都市機能を維持するための低賃金労働者が増加し，極端な二極化が進むことである。この安い労働力の多くは移民労働者によって占められる。

ロンドンは，また「クリエイティヴ都市」としても特徴づけられる。たしかに金融に代表される第三次産業はロンドンの産業の中心だが，同時に，文化と創造の都市，ポピュラー文化やサブカルチャーの街でもあるのだ。

特にトニー・ブレアが，積極的に音楽や映画，ファッションからデザインや建築にいたるまで「クール・ブリタニア」を政策として掲げてから，ロンドンは「クリエイティヴ都市」という特徴を色濃く見せるようになる。

それは直接的には「クリエイティヴ産業」の拠点化だが，それだけではない。関連した観光産業や不動産業，ディベロッパー事業の促進と結びつき，果ては金融やITなど新しい産業のグローバル資本の誘致の道具となったのである。

こうした例は，ミレニアムを挟んで行われたテムズ川南岸部や，ドックランドからスピタルフィールドまでのロンドン東部の再開発に見ることができる。美術館やギャラリー，コンサートホールやライブハウス，そしてレストランやバーなど文化的な要素が，クリエイティヴ階級のための重要な文化的インフラストラクチャーを構成している。

（毛利嘉孝）

▶5　サッセン，S., 伊豫谷登士翁監訳，2008,『グローバル・シティ』筑摩書房。サッセンについてはⅦ-10参照。

▶6　英国病
60年代の経済低迷期に高福祉ゆえに勤労意欲が失われ社会が停滞したことを病理的に例えてこう呼んだ。

▶7　Landry, Charles, 2005, "London as a Creative City", John Hartley eds., Creative Industries, Blackwell, pp.233-243.

I 都市の歴史と現在

マニラ
発展途上国のメガシティ

1 定型的イメージを超えて

大学の講義で学生に「来週からマニラにフィールドワークに行ってくる」と伝えると、決まって返ってくる反応がある。それは、「危なくないのですか？」というものだ。こうした反応からは、マニラに関する定型的イメージを学生たちが持っていることがわかる。それは、犯罪や貧困、環境汚染、崩壊した政治体制といったものだ。こうした定型的イメージは、たしかにマニラのある一面を伝えてはいる。しかし、そうしたイメージを突き崩す豊饒な現実が、マニラの日常世界には息づいている。

2 巨大ショッピングモールとゲーテッド・コミュニティ

新東京国際空港から約4時間のフライトで、フィリピンの玄関口であるニノイ・アキノ国際空港に到着する。空港出口は大勢の人でごった返している。海外への出稼ぎが日常化した現代フィリピンでは、大きなダンボール箱を抱えて帰国したフィリピン人労働者の姿が目に付く。

空港を出てマニラの街を車で走ると、まず驚くのが巨大ショッピングモールの数々である。その代表例が、SMモール・オブ・エイジア（SM mall of Asia）だ。2006年5月にオープンしたこの超巨大モールは、アジア最大のモールを謳って建設された。ブティックからスターバックスまで750を超える店舗が入り、映画館やアイススケートのリンクまでもが常設されている。

ショッピングモールの他に、近年のマニラの特徴を示すのが、中心業務地区（CBD）であるマカティ市の開発、およびマニラ郊外の高級住宅街の開発である。マカティ市には高層ビルが立ち並び、世界各国からの駐在員がそこで働いている。また、このCBDは高速道路で郊外と結ばれており、マニラの南方にあるアラバン地区などでは1億円以上もする高級住宅がたくさん売れている。こうした高級住宅地は、ゲーテッド・コミュニティの形態を取っており、中に入るには身分証明書を見せなければならない。

ショッピングモール、CBD、ゲーテッド・コミュニティに共通するのは、ライフル銃を持ったガードマンの存在である。今日では、「セキュリティ」を名目に、あらゆる機関がガードマンを配置する光景が日常化している。

▷1 行政区域上では、「マニラ首都圏」である。1571年、スペイン総督ミゲル・レガスピによってマニラ市が城郭都市として建設された。20世紀中旬以降、マニラ市周辺の市町に都市化の波が押し寄せ、1976年にマニラ市を含む17市町が統合される形でマニラ首都圏という行政単位が誕生した。今日、フィリピンにおいて、人々が「マニラに出稼ぎに行く」などの会話をする際に前提とされている「マニラ」は、マニラ首都圏のことを指すことが大半である。

▷2 SMは、フィリピンで最も有名なショッピングモールである。フィリピン全土で43のモールが展開されている。喩えて言えば、日本のイオンに近い存在である。

▷3 マニラ首都圏を構成する市町のひとつ。ショッピングモールも多数立ち並ぶ。

▷4 住宅街全体に外壁を設け、部外者の流入を極度に制限した住宅地のこと。II-9 参照。

3 スクォッターと生活実践

一方で，幹線道路から外れた地帯には，数多くの**スクォッター**が存在している。今日，マニラの総人口は1000万人を超えているが，その3分の1はスクォッター住民である。

スクォッターの行政上の特徴は，「住所を持たない」点にある。そのため，公的サービスが提供されない。道路，上下水道，街灯などすべてを住民自らが整備しなければならない。唯一の例外は選挙前の時期で，当該地域を票田とする政治家が，スクォッター内に環境整備を施すことがある。

図 I-5-1　マニラ市市街（2011年）

スクォッターで展開されているのは，住民の夥しい生活実践である。なかでも私が驚いたのは，葬儀の準備中に行われる賭けトランプだった。棺を前にして賭けに興じる人々を見て，私はひどく不謹慎に思った。だが私のこの感覚は，非常に浅薄だったと後に知ることになる。なぜなら，賭けの勝者は儲けの15%を喪主に支払うことが慣例化していたからだ。彼らは，賭けトランプの形式を借りて，葬儀の互助を展開していたのだ。

このようなスクォッター住民のさまざまな協働は広範にわたる。モノの貸し借り，子育てネットワークの形成，飲み仲間の交流，地元商店との"つり"での買い物，さらには家賃滞納で追い出された家族の近隣一家への居候など，枚挙にいとまがない。彼らは，共同での生活実践を通じて，公的サービスから取り残された地帯を自分たちの居住空間へと創り替えて暮らしているのである。

4 都市を生きる者の視点から問う

以上のように，マニラには異なるふたつの世界がある。高層ビルに代表される超近代都市の世界とスクォッターのような貧しき庶民の世界である。

これらふたつの世界は，これまで相互に独立して存在していた。しかしながら近年，ふたつの世界が接触するようになった。2000年以降，経済のグローバル化によってマニラの中心市街地の地価が高騰し，多国籍資本と手を組んだ行政権力が，スクォッターの強制撤去の頻度を高めたからだ。

これまでスクォッターは，公的サービスが提供されない代わりに，居住の事実そのものは行政に黙認されてきた。しかし都市再開発が進む中で，行政はスクォッターに対して強制撤去という形で介入している。強制撤去で家を失うことは，先に見たようなスクォッター内のさまざまな紐帯を失うことでもある。

ショッピングモールなどの開発を見て，「マニラは発展している」という人は多い。しかしこうした開発は，マニラという都市の形成を末端で担ってきたスクォッター住民の視線から考え直される必要があるだろう。庶民生活の只中より，現状を根源的に捉え返す作業こそが求められているのだ。　（石岡丈昇）

▶5　**スクォッター**
近代的土地法において私的所有権を持たない土地に居住する人々，およびその集住地域のこと。ただし，ここでは指示するものを明確にするために「スクォッター」は地域を，「スクォッター住民」は居住者を指すものとする。マニラのスクォッターについては，青木秀男，2006，「マニラのスクォッター」新津晃一・吉原直樹編『グローバル化とアジア社会』東信堂，pp.297-325を参照。

▶6　近年，スクォッターの強制撤去によって，マニラでホームレスが増大している。青木秀男，2007「フィリピン・マニラのストリート・ホームレス──グローバリゼーションと都市変容の表徴として」『ヘスティアとクリオ』5：pp.31-52。

参考文献
石岡丈昇，2012，『ローカルボクサーと貧困世界』世界思想社．
中西徹，1991，『スラムの経済学』東京大学出版会．
ルイス，O.，高山智博他訳，2003，『貧困の文化』ちくま学芸文庫．

I　都市の歴史と現在

鞆の浦
歴史とともに生きる港町

1　知られざる古き港町：鞆の浦

　瀬戸内海の沿岸には古くから数多くの港町が点在しているが，そのなかのひとつに鞆の浦という風光明媚な港町がある（図I-6-1，図I-6-2）。広島県福山市の中心部から路線バスで約20分ほどのところにある静かな港町だ。この鞆の浦という港町はあまり全国的に知られていないがその歴史は長く，近世の頃まで瀬戸内海の海洋文化をリードする存在であった。ところが現在，その歴史的な町並み景観を壊しかねない公共事業の是非をめぐって注目が集まっている。

2　潮待ちの港・鞆の栄枯盛衰の歴史

　現在の鞆の浦に最初に住み着いたのは古代の漁師たちで，「万葉集」の時代には小さな港町が形成されていた。その後，鞆は瀬戸内海漁業の中心地となり，さらに中世から近世にかけては船運を利用した交易の拠点として発展していくのである。

　鞆は潮待ちの港町として栄えた。瀬戸内海の潮の流れが鞆の浦の沖合で向きを変えることから，潮流と風を利用した北前船は，鞆港で潮の流れが変わるのを待ったのである。江戸時代には領主の福島正則が鞆城築城と沿岸部の埋め立てによる居住区画の拡張を図った。やがて商人が力をつけると，鞆の有力商人はその財力と政治力を用いて港を改修し整備した。現存する港湾遺産はこの時代のものである。

　1711年（宝永8）の人口は約7000人で，鞆の浦は沼隈半島の集落の中でも特に大きい都市であった。商家・蔵が密集する町の中心部では，米，大豆，鯡魚肥，特産品の保命酒などが取引されたという。昼夜を問わず港を利用するために，夜は灯籠によって道が照らされ，町内の一角には遊廓も置かれた。さらに参勤交代の大名が本陣を構えたほか，国賓である朝鮮通信使は，鞆町内の寺を常宿としていた。また船釘や錨，農具などを製作する鍛冶職人も集住し，鉄鋼業も伝統産業のひとつになっている。

　近世に大きく繁栄した鞆の浦であったが，明治以降は衰退の一途をたどる。潮流や風向きに影響を受けない動力船が登場して潮待ちをする必要性がなくなったこと，さらに山陽鉄道の駅の建設を鞆町が拒否したために鉄道輸送の発

達に乗り遅れたことが原因である。福山駅と鞆町を結ぶ鞆軽便鉄道が大正時代に敷設されたが1953年には廃線となり，以後の鞆の浦の経済的衰退は決定的になった。現在の鞆の浦にはかつてのようにさまざまな船荷を揚げ卸しする風景は残っていない。私たちが目にする鞆の浦の町並み景観は，こうした栄枯盛衰の歴史を伝えているのである。

3 鞆港保存問題：道路建設計画の賛否で揺れる理由

図Ⅰ-6-1 鞆の浦の港と町の様子

現在，鞆の浦の地域社会は，その将来像をめぐって大きく揺れ動いている。それは鞆港の一部を埋め立てた上で架橋し，道路を建設する公共事業が計画されており，地域住民は計画への賛否で分かれているからである。

道路建設派は，鞆の浦の港湾開発史の延長線上に埋め立て・架橋計画を位置づけている。鞆の浦は町の発展に応じて埋め立て事業や港湾施設の改修が行われた歴史を持つ。そこで現代のライフスタイルに対応して港を道路に改築すべきと主張する。一方，鞆港保存派は町に残された港湾遺産は港町

図Ⅰ-6-2 鞆の浦の中心部の町並み

として発展してきた象徴であり，道路建設によって港湾を失うことは，港町としての歴史を断ち切る行為だと批判する。港町ゆえに生まれた祭礼行事などの生活文化は鞆港の存続と切り離せないというのだ。

この問題は行政訴訟まで発展し，広島地裁の計画差し止めの判決（2009年10月1日）は公共事業の中止を求めた画期的な判決としてトップニュースで報道された。2012年現在，広島県知事は計画を中止する意向を示したが，福山市長や道路建設派の地元住民は計画推進を強く希望しているため，この地域対立は今も続いている。

4 地域の歴史・社会の記憶とともに生きる人々

このように双方の意見は真っ向から対立しているが，ある点で共通している。それは，いずれも地域の歴史と集合的な記憶をさかのぼって，道路計画の是非を判断していることである。そして鞆の浦の歴史遺産は地域の歴史を今に伝え，住民はその歴史を肌に感じながら生活していることはたしかであろう。鞆の浦のコミュニティは，このような歴史的な遺産とともに祭礼行事や生活風習など，地域生活の面でも伝統的な港町の生活文化を大切に守りながら日々暮らしてきた。改めて考えてみると，このように地域の歴史と記憶をさかのぼり，そこを基点に将来を考えていくことができる都市や地域は日本には本当に少ない。鞆の浦は，地域の人々が土地の歴史や記憶を頼りに確固たる地域アイデンティティを持つことができる類いまれな地域といえるだろう。

（森久　聡）

▷1　鞆港保存問題の詳細な経緯と社会学的な分析は，以下を参照。森久聡，2005，「地域社会の紐帯と歴史的環境──鞆港保存運動における〈保存する根拠〉と〈保存のための戦略〉」『環境社会学研究』11：pp.145-159；森久聡，2008，「地域政治における空間の刷新と存続──福山市・鞆の浦『鞆港保存問題』に関する空間と政治のモノグラフ」『社会学評論』234：pp.349-368。

Ⅰ　都市の歴史と現在

豊田
自動車産業都市の歴史と現在

❶ 豊田市の形成過程

　愛知県豊田市はトヨタ自動車本社と関連企業の工場群が立地し，日本の自動車生産の中枢機能を擁する都市として知られている。2005年に周辺6自治体を合併して市域は約918km²，人口は40万7682人（2005年4月1日現在）へと増加したが，旧豊田市の歴史は自動車産業の立地に合わせて進められた合併・編入の歴史でもあった。旧挙母市が「豊田市」へと名称を変更したのは1959年であるが，これはトヨタで二番目の元町工場が完成する直前のことであった。『豊田市史』でも「単一企業都市」と称されているほどトヨタ自動車の存在は大きい。

❷ 豊田の地域社会をめぐる先行研究

　工場誘致にあたって，市は工場誘致条例を制定し，固定資産税の減免，奨励金の交付，用地の斡旋などを実施し，道路を整備した。また来住するトヨタ自動車従業員向けの住宅，上下水道，電気，ガス施設，教育施設，レクリエーション施設を建設し交通を整備した。労働組合選出の議員とともに，企業側も市会議員を多数当選させ，地方政治の場でヘゲモニーを握り，企業と従業員の利益を擁護した。

　こうした状況を受け，先行研究は，まず生産活動を優先した市街地形成を「低密分散型」の都市形成として捉え，企業による地域資源の独占および地域支配がなされていると捉えた。また，新住民である自動車産業就業者は，トヨタ生産システムのもとで過重な労働に従事し，地域社会とのかかわりは弱く，地域に参加する場合も企業の組織的動員に沿ってなされると捉えられたのである。

❸ 自動車産業就労者の定住化と地域コミュニティ形成

　このような先行研究の捉えかたは，1980年代初頭までの豊田のリアリティを反映していた。しかし80年代半ば以降，地域社会では目立たないながら以下のような構造的変化が生じていた。①市内への関連工場の立地は一段落し，企業による地域「支配」の必要性は減少していった。②移動の少ない安定した雇用条件，職住が接近した居住条件のもとで，生産現場のブルーカラー従業員，ホワイトカラー従業員たちの定住化が進んだ。③長期にわたる地域経済の繁栄は，市の財政力を豊かにし，都市基盤の整備とまちづくり施策の強化をもたらした。

▷1　2012年5月1日現在では42万3582人となっている（http://www.city.toyota.aichi.jp/web_statistics/index.html）。

▷2　その後も工場立地と平行して，上郷町（1964年），高岡町（1965年），猿投町（1967年），松平町（1970年）が編入されている（豊田市教育委員会，1977，『豊田市史』第4巻，p.328）。

▷3　豊田市教育委員会，1977，『豊田市史』第4巻，pp.255-276，p.300-311。

▷4　都丸泰助・窪田暁子・遠藤宏一編，1987，『トヨタと地域社会』大月書店，p.36。

④90年代以降は日系ブラジル人や中国人技能実習生をはじめとする外国人労働力が地域に流入し、保見地区など一部で集住がみられた。

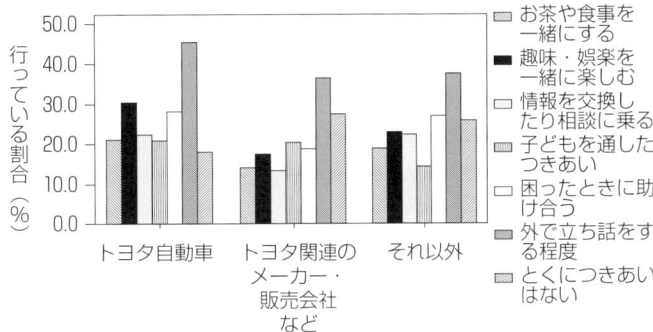

図Ⅰ-7-1　男性住民の地域的紐帯

出所：2009年質問紙調査による

地域内外のこのような構造的変化のもとで、現在では、かつての新住民である自動車産業従業員も退職年齢を迎えつつあり、地域的紐帯を強めている。筆者が2009年8月に行った旧市域住民に対する質問紙調査（30～69才の男女3000人に対する郵送調査：有効回収率51.1％）によると、トヨタ従業員の地域的紐帯は——地域に埋め込まれた「職縁」に支えられて——相対的に強く（図Ⅰ-7-1）、またまちづくり活動への参加も相対的に活発になっていた。8種類に区分したまちづくり活動のひとつに最近1年以内に参加したことがあるかを男性の現役従業員層にたずねたところ、関連企業（188名）が48.4％、「その他」（272名）が53.7％だったのに対して、トヨタ従業員（201名）では66.7％が該当していたのである。約半世紀におよぶ相対的繁栄の期間を経て、元・新住民たちによる地域コミュニティの形成も進みつつある。他方で、期間工、派遣労働者や日系ブラジル人を中心とした外国人労働者などから成る多くの周辺的非定住層が地域経済を下支えしていたことも忘れてはならない。

4　トヨタ・ショックと今後

2008年9月に発生したリーマン・ショックによる景気低迷と、翌年のアメリカでの欠陥車問題は、トヨタの業績見通しを悪化させ、「トヨタ・ショック」と呼ばれる経済的影響を地元に及ぼした。生産規模の縮小に伴い、1万人前後いた期間従業員たちは契約満了とともに大多数が雇い止めとなり、関連企業で働く日系ブラジル人たちも、多くが解雇・雇い止めとなった。その後、2011年の東日本大震災の影響で部品供給がストップして一時工場群も操業停止に追い込まれたが、ハイブリッド車の生産が好調なため、2012年現在は小康状態に戻りつつある。円高の影響もありトヨタの海外生産比率が増すなか、豊田での生産はシェアを下げ、少しずつ企画・開発・試作機能や特定車種の生産に重心を移していく可能性がある。そうなれば、技術者と技能者から成る労働力はさらにアップ・グレードされていき、他方、周辺労働力は、より安価な形態——中国人技能実習生や女性のパート労働などの——へと置き換えられていくかもしれない。条件に恵まれ、半世紀以上自動車産業とともに発展してきた豊田市であるが、グローバルな競争力を今後も維持できるかは予断を許さず、そのための戦略が、都市の社会的構成をも少しずつ変えていくだろう。

（丹辺宣彦）

▶5　市が2009年8月に実施した「外国人住民意識調査」によると、170名の日系ブラジル人成人男女中27.6％が「求職中（失業状態）」であった。

参考文献

丹辺宣彦、2011、「産業グローバル化先進都市豊田の住民活動と社会的ネットワーク——就労期・退職後の自動車産業就労者をめぐって」『都市社会学年報』29。

豊田市、2009、『平成21年度　外国人住民意識調査結果報告書』豊田市総合企画部国際課。

I 都市の歴史と現在

 # 東京
破壊された都市

1 忘れられた戦災都市

　戦争と軍事技術の発達は，20世紀以降の都市に新たな脅威を付け加えた。空襲による戦争災害である。

　1945年3月10日，東京下町を襲った東京大空襲では，約10万人の死者が出たとされる。東京は，その後も，4月から5月にかけて大規模な空襲が続き，最終的に区部市街地の約50％が焼き払われた。日本軍が日中戦争の過程で行った重慶空襲の死者は約1万1000人，1945年2月13日から14日にかけての英米軍によるドレスデン空襲の死者は約2万5000人から3万5000人とされる。東京は，第2次世界大戦時における最大規模の空襲被災都市のひとつであることがわかる。

　ところが，現在の東京の街をながめたとき，目に見える空襲の痕跡を見つけることは意外なほどに難しい。

　例えば広島市では，1949年に「広島平和記念都市建設法」を制定し，原爆の記憶を文化的アイデンティティの中核に据えて，復興が進められた。1954年，爆心地付近に広島平和記念公園が建設され，1955年，その敷地内に広島平和記念資料館が設立された。被災の跡をとどめる原爆ドームは公的に保存され，1996年には世界遺産に登録されている。

　ところが，東京では，それとは異なるやり方で，都市の「復興」が進められた。1948年から被災地周辺の公園・寺院の境内などに土葬された遺体が約3年かけて発掘・火葬され，墨田区横網町公園の「震災記念堂」に合葬された（1951年から「東京都慰霊堂」に改称）。1951年，政府は講和条約で国および空襲犠牲者遺族個人の対米賠償請求権を放棄し，1952年に制定された戦傷病者戦没者遺族等援護法では，旧植民地出身者と民間人の戦争被害者は国家補償の対象から排除された。自治体である東京都も，戦災博物館や記念公園をつくらなかった。「空襲の記憶」は，再建された「首都東京」の文化的アイデンティティから隠蔽されたのである。その代わりに，戦争によって傷ついた「東京」イメージを塗りかえる役割を果たしたのは，1964年の東京オリンピックとそれに伴う都市改造――首都高の建設，青山通りの拡幅，神宮外苑と皇居周辺のホテル空間の整備など，「象徴」化した天皇・ナショナリズムの回復と二重写しになった開発主義的な「復興」像である。東京には，ゲルニカやベルリン，ドレスデン，重慶などにあるような，「空襲の記憶」を表象する公的なシンボルや建造物は

存在しない。東京は、「忘れられた戦災都市」なのである。

2 「空襲の記憶」を取り戻す：1990年代以降の社会運動

　1990年代以降、こうして再構築された「首都東京」の秩序に対して、「空襲の記憶」を犠牲者遺族や市民に開かれた公共空間に取り戻していこうとする社会運動が、さまざまなアクターを通じて行われてきた。

　冷戦後の日本では、日米安保条約の再定義や「55年体制」の変容などを背景に、急進的なナショナリズムが台頭した。1999年、東京大空襲の展示を主な内容とする「東京都平和祈念館」の構想が、都議会で「自虐的」な展示を含んでいると批判され、「凍結」に追い込まれた。

　この出来事をひとつのきっかけに、「震災」と「戦災」の死者を合葬する「慰霊の空間」のあり方や空襲死者に関する公的調査の不在などを問う、空襲体験者・遺族を中心とする社会運動が組織化され、2001年、「東京空襲犠牲者遺族会」が設立された。2005年、六本木ヒルズを会場に民間による「東京大空襲展」が開催され（主催東京大空襲六十年の会）、この成功がはずみとなり、2007年、日本政府に謝罪と補償を求める東京大空襲訴訟が東京地裁に提訴された。同原告団は、2006年に日本政府を相手に提訴された重慶大爆撃訴訟の原告たちと、日中の国境を越えた交流をはじめている。

　なお2002年には東京都江東区に、民立民営の資料館「東京大空襲・戦災資料センター」が設立され、体験の継承や研究活動の拠点が整備されている。

3 空襲研究の展開：「東京」を開いていくために

　空襲の「再記憶化」をめぐる動きを背景に、近年、20世紀の社会が、空襲による戦争災害や被害者の救援という課題にどのように対応したのかという点について、さまざまな角度から関心が寄せられている。具体的には、1920年代にはじまる「防空都市」の構想や空襲後の救援活動、戦後補償・犠牲者遺族への援護施策などに関する研究が進められつつある。

　また、新たなアプローチとして、「空襲後」の社会において「空襲の記憶」の枠組みがメディアや社会運動、都市空間の変容を通じてどのように形成されたのかを問う、文化社会学的な観点からの研究も活発に展開されている。

　冷戦後における、さらなる軍事技術の発達や大規模な「空爆」の実施は、20世紀の空襲をグローバルな観点から促えなおす研究を、あらためて活性化させている。それらは、空襲被災都市の経験を「ナショナル」な記憶の枠組みから解き放ち、「空襲の世界史」の流れのなかに置きなおす試みといえる。

　東京にとって、「空襲の記憶」を問い直すとは、一国的に再編成された「復興」の記憶を相対化し、アジア・太平洋地域をめぐる多層的な時間の文脈のなかに、開いていくことを意味しているのである。

（山本唯人）

参考文献

荒井信一，2008，『空爆の歴史』岩波書店．

Hewitt, K., 2009, "Probing Grounds of Urbicide: Civil and Urban Perspectives on the Bombing of Capital Cities", *An International E-Journal for Critical Geographies*, 8 (2).

Karacas, Cary, 2010, "Place, Public Memory, and the Tokyo Air Raids", *The Geographical Review*, 100 (4).

土田宏成，2010，『近代日本の「国民防空」体制』神田外語大学出版局．

山本唯人，2010，「ポスト冷戦における東京大空襲と『記憶』の空間をめぐる政治」『歴史学研究』872．

I　都市の歴史と現在

9　大連
植民地都市

1　植民地都市としての成立

　中華人民共和国遼寧省大連市。中国の大都市のひとつとして現代的な高層ビルが立ち並び，また街角の小さな路地には雑多な雰囲気も色濃く残しつつ，大連にはほかの多くの中国の街とは少し違った色あいもある。大連駅から程近く，直径213メートルの円形をした中山広場は，どこか懐かしさも感じられる洋風レンガ建築の建物で囲まれており，広場を中心に放射線状に道路が延びる。格子状に街路が交差する造りが基本となる中国の伝統的都市とは異なる風景がそこにはある。中山広場を北に進んで跨線橋を渡ると，ドイツ風や北欧風の外観を持つ建物が並んだ通りにでる。まるでテーマパークのなかに迷い込んだようだ。

　こうした街の風景を作りだしたのは，植民地都市としての大連の歴史である。大連は，19世紀末にロシアによる建設が始まり，その後1905年から1945年までの40年間を日本の植民地としてすごしたのである。

2　帝国主義の野望の拠点

　19世紀末，青泥窪（チンニーワー）という名の中国の一寒村に，隣接する軍港・旅順とあわせて商業都市の建設を始めたのは，帝政ロシアであった。街はダーリニーと名づけられた。鉄道の駅から列車で北上するとハルピン駅に出る。ハルピン駅は世界最長の大陸横断鉄道であるシベリア鉄道の一部ともなっており，そこからヨーロッパへ向かうことができる。ダーリニーの街は，遼東半島から東アジアに向けた良港を備え，それと欧亜を結ぶ鉄道との結節点として計画されたのだ。まさに帝政ロシアの世界戦略の一環をなす都市であった。街の建設計画は19世紀末のパリをモデルとし，円形広場が幅25ｍの幹線道路で結ばれる欧風の街路を持つ。さらに数年の間に水道や火力発電所なども建設された。

　しかし，朝鮮半島の支配をめぐって日露が衝突し，中国東北地域を戦場とした日露戦争のなかでダーリニーは日本軍に占領される。その後，日本による「満洲」進出の拠点として都市建設が進められることになった。

3　モダンな生活と文化

　1905年，戦争に勝った日本軍はダーリニーを大連と改名し，ロシアから建設

▷1　ハルピンは中国最北の省，黒龍江省の省都。

を引き継いだ。大連の都市建設で特徴的な点のひとつは，近代的なインフラ整備である。早くから市内には電気やガスの供給が行われ，下水道や水洗トイレが完備された。街の中心街と工場地帯や海辺のリゾート地を結んで路面電車が敷設され，道路はコールタールによって舗装された。建物はレンガ造りや石造りの建築とすることが求められた。こうした都市施設が，当時の宗主国であった日本社会よりも「モダン」な生活を支えたのである。

図Ⅰ-9-1 ヨーロッパ風の街並みを再現した大連の通り

日本の植民地時代を通して，大連は「満洲」の先進的な都会として位置づけられた。ヨーロッパから音楽家を招いてのコンサートが開かれ，ダンスホールが流行した。また夜間には美しくライトアップされた「電気遊園」という遊園地もつくられた。夏には海水浴場があり，冬にはスケートが楽しめ，図書館，博物館，病院などの施設も充実していた。

こうした生活を楽しんだのは，大連に居住した一部の中国人の富豪と満鉄社員などの日本人家族であった。だが当然ながら，大連の街には港湾荷役などで働く多くの貧しい中国の庶民たちも暮らしており，大連港には山東省からの出稼ぎ者たちが大勢やってきていた。当時の「モダン」な都市生活を支えたのはこうした中国の労働者たちだったのである。

4 中国人の街へ

1945年の日本敗戦で大連はソ連軍に占領され，大多数の日本人は数年の間に日本へと送還された。1949年に中華人民共和国が成立し，大連港や鉄道も中国政府に返還される。植民地都市として生まれた大連は，ようやく中国の街へと再生するのである。建国直後から文化大革命の時代を通して，東北地域に残されたかつての植民地の建築物の多くは，取り壊されたり建て替えられたりする余裕はなかった。ときには日本人の社宅として建てられた建物がそのまま数家族が居住する住宅となるなど，新社会の施設の一部として利用され続けた。

現在の大連では，植民地当時のロシア人が設計した街並みや日本人がつくった建築物などの遺跡を，一種の資源として積極的に活用している。街の中心部には現代的な高層ビルも多いが，中山広場の周囲の建物は保存の対象とされ，夜になると美しくライトアップされた広場は観光地となっている。こうした風景が，中国のほかの街とは異なる景色を生み出しているのである。また大連は，1980年代になって東北地域初の経済技術開発区に指定され，外資企業や合弁企業の誘致に力を入れている。中国における日本語教育の中心地のひとつとなっている大連は，現在では日本語での業務処理ができるアウトソーシング先としても注目を集めるようになっており，沿海部都市のひとつとして新たな発展を遂げようとしているのである。

(坂部晶子)

▷2 大連の都市建設の中心となったのは南満洲鉄道株式会社（満鉄）である。

▷3 代表的なもののひとつに，中山広場に現在も大連賓館という名のホテルとして残っている建物がある。もとはヤマトホテルという名で満鉄が鉄道沿線に設けた直営ホテルのひとつであった。

▷4 大連が日本の植民地であった時代は，日露戦争後日本が遼東半島南部の租借権を得ていた時期と，「満洲国」が成立して以降の時期とに分けられる。

参考文献

西澤泰彦，1999，『図説大連都市物語』河出書房新社。

松原一枝，2008，『幻の大連』新潮社。

I　都市の歴史と現在

10　上海
全球化（グローバル）時代の"紅い"世界都市

▷1　「より良い都市、より良い生活」をテーマに2010年5月1日〜10月31日まで開催。来場者数は過去最多であった大阪万博を超え、約7300万人を記録した。

　2010年10月、上海万博（上海国際博覧会）がフィナーレを迎えた。グローバルなメガイベントである上海万博は、都市改造の推進、膨大な資金の投下と並々ならぬ熱意や構想力、そして社会各層の多くの人員を巻き込んで進められたものであった。その目的は、グローバルな都市間競争に勝ち抜ける都市、「世界都市」上海の社会的基盤を準備することにこそあった。

1　"オールド"社会主義から豊かさの夢へ

　中華人民共和国成立までの上海は、帝国列強の租界（外国人居留区）が設置されて以降、貿易・商工業・金融といった近代資本主義が飛躍的な発展を遂げていた。その後の計画経済体制下では、こうした上海が有する半植民地的／資本主義的な特性が社会主義的改造の標的となり、都市成長の抑制とともに、産業構造の工業への傾斜、企業の国有化が実施された。

　文化大革命以降は、国家政策として改革開放が決定される。これは毛沢東のユートピア的社会主義建設構想をいったん"棚上げ"にし、鄧小平の「先富論」に象徴される「社会的生産力の発展」を重視した経済体制に移行することを意味していた。上海では、経済開発区を中心とした海外直接投資の導入と並行しながら、産業構造のボリュームゾーンの第三次産業への移行、私営・合弁・外資企業の増加がみられるようになった。こうして改革開放に伴う一連の政策転換のアリーナとして、上海は、中国の経済センターの役割を担うことになった。

▷2　1999〜2020年までの上海の都市計画では、ニューヨーク、ロンドン、東京といったいわゆる「世界都市」と呼ばれる先進資本主義都市をモデルに、2020年までのその基礎段階の完成がうたわれている。

　1990年に浦東の「開発開放」が決定されると、上海市政府は、上海の「世界都市」化を新たな成長戦略として模索し始めた。対外開放の拠点となる浦東新区などの中心市街地では、浦東の陸家嘴や黄浦江を挟んだ対岸の外灘（バンド）や南京路などにCBD（中心業務地区）の整備が進められ、証券取引所も新たに設立されることとなった。

▷3　市中心を流れる黄浦江の東に位置する地域を浦東と呼ぶ。金融貿易区をはじめとする4つの重点開発地区が設置され、対外開放による経済成長と隣接する市街地の再生が目指されている。

　こうした経済開発と並行して、都市の景観はダイナミックに変貌していった。郊外に立地する上海浦東国際空港はリニアモーターカーによって市内と結ばれ、浦東や浦西では近代的な超高層ビルが林立し、外資系企業やそこを訪れるグローバル・エリートを積極的に迎え入れるようになった。改革開放を経て、一部の人々は社会的に成功し、多くの富を手に入れた。そして上海の人々は計画経済の頃と比べて豊かになった。いまや不動産や株式投資などの副業を通じてより多くの富を蓄積することが当たり前になった。こうして計画経済期に目指

された社会的な"平等"が急速に過去のものとなっていったのである。

　そして計画経済期には否定されてきた租界時代の"都市の記憶"でさえも，一種の文化的な資源として積極的に利用されるようになった。例えば，租界時代の上海に生きた小説家の作品がベストセラー入りし，西洋と東洋が入り混じる租界での生活様式や建築をテーマにした書籍が数多く出版されるようになった。列強によって建てられた外灘の西洋式高層建築群は，銀行やホテルに姿を変えた。租界のなかで生まれた庶民住宅「里弄(リーロン)」は，現代的な商業施設や，ショップ，飲食店が密集するスポットへと生まれ変わった。上海万博でも，「里弄」住宅の門扉（石庫門）を模した万博施設「上海館」が建設された。租界時代は，過去-現在-未来のイメージが複雑に交錯した"上海性"というハイブリッドなローカリティを表す，先端的な"意匠"となっていったのである。

❷ 「開発の時間　開発の空間」の第二ラウンド

　万博というメガイベントを終え，上海はさらなる成長発展のなかで"都市インフラの成熟"という「開発の時間」を迎えようとしている。都市の持続可能な発展のためにも，老朽化した住宅群やインフラの更新などさらなる都市改造の推進や，ローカリティと結びついた歴史的環境の活用手法の深化が要請されている。これは上海万博のテーマでもあった「より良い都市，より良い生活」と関連した循環型のエコシティの実現として結晶化していくに違いない。他方で，都市文化の培養器である都市空間は，よりいっそう全球化を意識した「開発の空間」へと変貌しようとしている。最先端の高層ビルや大規模商業施設，マンション群や戸建て住宅などの建設が進み，中国版バブル崩壊への危機意識など，まるでないかのようである。先進国でみられるようなさまざまなストリートカルチャーも徐々に花開きつつある。2015年には「上海ディズニーランド」の開園が予定され，東京（千葉），香港に次ぐ第三のディズニーワールドの"聖地"が，中国大陸に出現しようとしている。こうしたさらなる建造環境の変容が都市文化にもたらす"波及効果"は，まだまだ計り知れない。

　上海は，成長に向けたさまざまな諸力が絡まりあうプロセスがすすみ，もはや中国の都市であって中国の都市ではなくなりつつある。上海が孕み始めたこの"世界（都市）性"は，中国の国力のさらなる発展とともにすすむ世界都市ネットワークのグローバルな再編のなかで，どのような姿を顕していくことになるのか。今後も中国が社会主義体制を手放さない以上，それはおそらく計画経済期に夢見た社会主義的ユートピアの"何か"と，分かち難く結びついたものとなることだろう。

（神山育美）

図Ⅰ-10-1　ハイブリッドな（？）都市成長を続ける上海

▷4　1920年生まれの上海出身の女流作家・張愛玲が特に有名。代表作に『半生縁』『金鎖記』『傾城の恋』などがある。

▷5　Ⅱ-7　▷4

参考文献

高橋孝助・古厩忠夫編，1995，『上海史』東方書店．

町村敬志編，2006，『開発の時間　開発の空間』東京大学出版会．

植田政孝・古澤賢治編，2002，『アジアの大都市』日本評論社．

岩間一弘・金野純・朱珉・高綱博文編著，2012，『上海——都市生活の現代史』風響社．

Ⅱ 空間と文化：都市の社会理論(1)

 マルクス主義の都市理論と新都市社会学

1 都市の危機への対応

　1960年代〜70年代にかけて，先進国では都市への資本と人口の集中が加速するにつれ，国家は空間の配置や編成を通じて都市に介入し，人々の日常生活を管理(コントロール)するようになった。また，人種問題，社会的不平等・不公正，公害・環境問題などの「都市の危機」が顕在化した。これらの状況に対応して，1970年代の主にフランスを中心とするヨーロッパでは，M. カステル[1]や J. ロジュキーヌ[2]に代表される都市社会学者が，都市を「集合的消費」の場と捉え，国家という公的権力の介入による都市計画が抱える諸矛盾を指摘しはじめた。集合的消費とは，住宅，交通・輸送，教育，医療・福祉などを指す。カステルらは，それら集合的消費手段を通じて，労働力が再生産され，都市の構造が形づくられると考えた。この潮流は，「新都市社会学」と呼ばれる。

2 シカゴ学派の都市社会学への批判

　新都市社会学とは何に対する「新」なのか。それまで都市社会学とはシカゴ学派の都市社会学を指してきた。「新」は，それを批判的に乗り越えるべく新しく台頭してきたことを意味する。カステルらは，シカゴ学派に対して，第一に，都市を一定の領域に区切られた自立した領域，いわば物理的な容器として捉え，都市を生態学的な秩序を持つものとして考察した点，第二に，都市の空間的形態が，そこでの社会的諸関係や生活様式を決定するとした点，第三に，素朴な経験主義に基づくフィールドワークに勤しむ無理論的性格が，国家や体制の存在を等閑視し，都市を資本主義の生産システムや投機のメカニズムから独立した存在として扱うなど，都市をめぐる全体性の認識を手放している点を批判した。このようなシカゴ学派のアプローチは，上述の「都市の危機」のダイナミズムを捉えることができず，それは「都市社会学の危機」でもあった。

3 マルクス主義の拡張と新都市社会学の軌道修正

　それに対して，新都市社会学はマルクス主義を都市理論へと拡張することによって対処した。ただし，従来のマルクス主義は，階級闘争など社会全般に該当する事象を扱い，都市固有の理論的対象を抽出できないでいた。そこでカステルは，フランスの構造主義的マルクス主義者 L. アルチュセール[3]が社会構造

▷1　M. カステル (1942-)
スペイン生まれの都市社会学者。1960年代〜70年代は，フランスのパリ大学，80年代以降はアメリカのカリフォルニア大学バークレー校などで教鞭をとる。

▷2　J. ロジュキーヌ (1939-)
フランス生まれの都市社会学者。

▷3　L. アルチュセール (1918-1990)
アルジェリア生まれの構造主義的マルクス主義哲学者。主著に『マルクスのために』(平凡社，1994) など。

を重層的決定という観点から分析したように、経済、政治、イデオロギーの三要素の重なり合いからなる都市の全体的な社会構造のなかに、都市が抱える問題や矛盾を位置づけ分析しようとした。そして、都市における集合的消費過程を「都市的なるもの」と定義して、マルクス主義的都市理論独自の理論的対象とした。しかし、1970年代のカステルらの新都市社会学にも問題がなかったわけではない。カステルらは、都市的なるものを経済的な次元に特化し、構造が主体に与える影響を不可逆的なものとしたため、都市で生きる人間の主体性や能動性を汲みとることができないという弱点があった。また、都市を集合的消費の場とする見方は、都市のなかで生じる衝突や矛盾に関心を寄せるという点で、シカゴ学派に対する批判の第二と同じ限界を抱えていた。

そこでカステルは1980年代以降、ジェンダー、エスニシティなど、独自の価値・利益を追求する行為主体・集団間の対立に着目することによって、都市的なるものを、経済的な次元のみならず、コミュニティ、文化、政治の自律をめぐる「都市社会運動」の観点から捉えなおしていった。従来のマルクス主義は、資本家-労働者間の階級関係に照準し、その階級闘争の場は主に工場や会社などの生産の場に限られていたが、新都市社会学は、その闘争の場を都市や日常生活に据え、資本家-労働者に限らない、広範な利害関係者間の闘争を通じて、都市的なるものが再編成されていくダイナミズムを考察した。その結果、都市における日常生活や経験の多様性をすくい取ろうとするなかでシカゴ学派のモノグラフへの再評価の気運が高まり、80年代以降、新都市社会学とシカゴ学派は相互浸透するようになった。

また都市のなかでという構え、すなわち都市を集合的消費の容器として捉える見方では、空間それ自体の生産のメカニズムや社会的組織化の側面は見過ごされてきた。H.ルフェーヴルが指摘したように、空間とは中立的で透明なものではない。空間それ自体が資本主義の社会的諸関係の媒体であると同時に生産物なのである。なかでも金融・不動産資本は、既存の都市の枠組みを越えて流通し、集中と分散などの不均等発展を伴いながら建造環境や地域の変化に大きな影響を及ぼす。この点に関しては、地理学のD.ハーヴェイが資本の不均等発展や資本蓄積の循環過程にみられる社会的不平等という観点から考察し、地理学とマルクス主義の接合を図った。そして、カステルもハーヴェイも、都市の社会的諸過程と空間的諸形態の関係を弁証法的かつ動態的に捉えたルフェーヴルに依拠し、都市を自明な境界を持つ対象としてではなく、より大局的で偏在的なシステムである資本主義下の政治的・経済的・文化的諸力のせめぎ合いの所産として考察した。マルクス主義において学問分野の境界は意味をなさないとハーヴェイが述べたように、マルクス主義の都市理論は、資本主義下の都市で営まれる社会的諸関係の全体性へ接近する方法であり、新都市社会学は、地理学、政治学、経済学、都市計画学などを横断する。　　　（南後由和）

▶4　カステル、M.、山田操訳、1984、『都市問題』恒星社厚生閣：カステル、M.、石川淳志監訳、1989、『都市・階級・権力』法政大学出版局。

▶5　カステル、M.、石川淳志監訳、1997、『都市とグラスルーツ』法政大学出版局。

▶6　Ⅵ-2 参照。

▶7　Ⅶ-8 参照。

▶8　Ⅶ-9 参照。

▶9　ハーヴェイ、D.、竹内啓一・松本正美訳、1980、『都市と社会的不平等』日本ブリタニカ：ハーヴェイ、D.、水岡不二雄監訳、1991、『都市の資本論』青木書店。

▶10　ハーヴェイ、D.、奥田道大・広田康生訳、1983、「マルクス主義者の神話に抗して——シカゴ・スタイル」奥田道大・広田康生編『都市の理論のために』多賀出版、p.153。

参考文献

C. G. ビックバンス編、山田操・吉原直樹・鯵坂学訳、1982、『都市社会学』恒星社厚生閣。

奥田道大・広田康生編訳、1983、『都市の理論のために』多賀出版。

吉原直樹・岩崎信彦編、1986、『都市論のフロンティア』有斐閣。

Ⅱ　空間と文化：都市の社会理論(1)

 現象学的地理学の都市研究

1　現象学的地理学とは？

　私たちが手にする地図には，建物や道路，地形や等高線など，用途によっていろいろな要素が描き込まれている。けれども，地図に描き込まれることのない要素が存在していることを見落としてはならない。それは，人間の生きられた経験だ。人間の生きられた視点や見方は，ひとによってさまざまに異なる。通常「地図」と呼ばれるものは，そうした雑多な要素を削ぎ落し，誰が見ても間違いがないよう，いついかなる時も同じに見えるよう作られている。こうした地図は客観的であるといわれる。

　地理学者の仕事は，できるかぎり客観的な地図を作ることだと，長い間信じられてきた。しかし，1970年代にそうした当たり前の信念に異議を唱える地理学が，イーフー・トゥアンやエドワード・レルフといった人々によって生み出された。彼らは，いわゆる客観的な地図には人間が不在であると批判し，人間の経験や主観性を取り戻すことを目指した。そして，**現象学**と呼ばれる哲学の知見に基づいて，地理的空間は人間によって経験されることではじめて意味を持つのだと主張した。このような経緯から，彼らが生み出した地理学は現象学的地理学や人文主義的地理学(ヒューマニスティック・ジオグラフィ)と呼ばれている。

　現象学的地理学者が着目した概念のひとつは，「場所（place）」であった。この概念は，環境や位置，地域といった，類似の地理的概念と似通っているが，それ以上の含みを持っている。例えば，「居場所がない」「場違い」といった言い方がある。そこで言及されている「場所」ないし「場」とは，ただ特定の空間の拡がりを示すばかりではなく，そこに結びつけられた個人や集団のアイデンティティといったものをも含みこんでいる。現象学的地理学者にとって，場所という概念が持つこうした複雑な要素は，人間による空間経験の多様性を鮮明に示すものであった。かくして現象学的地理学者は，空間という概念が人間を不在にしがちであることを批判し，場所という主観的な概念を重視したのであった。

2　現象学的地理学の都市批判

　現象学的地理学者によれば，かつて人間は土地と一対一の関係性を取り結んでいた。しかし技術が発展し近代化が進むことによって，生まれ落ちた土地に

▶1　現象学
現象学とは，20世紀初頭にE. フッサールによって提唱された哲学である。このほか現象学的地理学が依拠する哲学に，M. ハイデガーの解釈学やM. メルロ・ポンティの実存主義が挙げられる。

生きるということは，もはや人間にとって逃れられない絶対の宿命ではなくなった。さらに人間は，あたかも道具のように土地を操作する手段をも手に入れた。例えば地理学者たちが生み出す地図は，土地を人間の支配下におくためのツールである。人間はその平面上に線を引き，面を描き，土地をばらばらに分割し，わがものとして所有する。それとともに，人間不在の空間という概念が，しだいに浸透していったのである。

　こうして人間は，たしかに土地を自由に改変することができるようになった。しかしそのかわりに，土地との豊かな関係性を手放すことになってしまった。このような事態を，レルフは「没場所性」と呼んで批判している。都市では，そのような没場所性がことさら際立って現れる。例えば，郊外住宅地ではどれをとっても同じような景観がひたすら延々と続いている。ショッピングモールやテーマパークで人々は，自分がどこにいるのかわからなくなるような，ちぐはぐな体験をすることになる。レルフにとってこのような空間設計は，場所の固有性を台無しにするものであり，人間のアイデンティティを見失わせるものだった。こうして現象学的地理学者たちは，本来あるべき人間と土地との関係性を取り戻すべく，場所の復権を唱えたのであった。

3 都市は没場所か？

　このような空間／場所の捉え方は，1990年代以降のグローバル化をめぐる議論のなかで，再考を迫られることになる。グローバル化によって空間の均質化は地球規模で進行し，それに伴って場所の固有性はますます失われるものと考えられていた。例えば私たちはどの国に行ってもマクドナルドの看板を目にするのだから，なるほど均質化が進んでいるといえそうだ。

　しかし，ほんとうに都市はただ没場所になる一方なのだろうか？　少し見渡しただけでも，これに反する証拠はたくさん挙げられる。都市の消費文化に目を向けると，懐かしさやご当地性を売りにした観光地やテーマパークが，場所の固有性（「らしさ」）をうるさいほどアピールしている。政治の場面に目を向けると，「かけがいのない領土」というような，土地の固有性を訴えかけるフレーズは，衰えるどころか再燃しているようにすらみえる。したがって，空間を客観的で均質的なもの，場所を主観的で固有のものと切り分けて考えるだけでは，現代都市をうまく捉えることはできそうにない。いま求められているのは，現象学的地理学の知見を踏まえつつ，均質化する力と差異化する力との複雑なせめぎ合いのなかで，場所を再概念化することである。

（原口　剛）

参考文献

トゥアン，Y. F., 山本浩訳, 1993, 『空間の経験』筑摩書房.

レルフ, E., 高野岳彦・石山美也子・阿部隆訳, 1999, 『場所の現象学』筑摩書房.

II 空間と文化：都市の社会理論(1)

3 場所の空間とフローの空間

1 ネットワーク社会における都市とは何か

　ケータイを片手に街を歩くと，プラスティックな建物とチカチカとしたディスプレイが目の端に入る。それらは「ここではないどこか」を一瞬想像させるが，同時に「すでにどこかで見たような」既視感にも襲われる。そんな感覚に戸惑いつつ，ケータイの着信に気付いて通り過ぎ，忘れていく。「今・ここ」が別の時間-空間と交差する情報ネットワーク化した都市的光景である。

　情報化社会，ネットワーク社会における都市-地域とは何か。高速化した情報処理，膨大なデータベース，そして双方向的なテレコミュニケーションの発展は，人間と空間の関係，とりわけ都市にどのような影響を与えるのか。社会学者M. カステルが，『情報都市』(1989) 以降，「場所の空間」と「フローの空間」という概念を彫琢しはじめたのは以上のような問題意識からである。

2 場所の空間とフローの空間

　「場所の空間」とは，人々が共に生き，記憶や作法を共有しながら作り上げてきた社会的意味や歴史的特殊性，いわば「集合的記憶」（M. アルヴァクス）が埋め込まれた場所である。つまり，共通の経験を時間的経過のなかで空間的に組織化した場所のことである。

　しかし，19世紀以降の産業型資本主義の進展は，一部の地域に大量の労働人口を流入させた。そのため近代都市は，人口密度や異質性を高め，地域的・歴史的に特殊な場所の空間を流動化する。それに対して近代の都市計画やモダニズム建築は，特定の都市-地域に，普遍化された「進歩」や「革命」という理念や，形式的な「合理性」や「機能性」を上書きし，社会的流動性を国民国家や地域社会という画一化された領域へと囲い込もうとしてきた。

　しかし，1980年代以降の政治経済体制，すなわち情報処理・蓄積・伝達の技術を高度化させて生産体制を再編成する情報型資本主義の都市-地域は，そのような普遍化への夢をもはや持たない。では，カステルがいう情報型資本主義に特有の空間の論理，すなわち「フローの空間」とは何か。

　まず，特定の都市-地域に中枢管理機能，金融システム，先端研究機関などの知的セクターが集中し，情報エリートのコネクションが構築される。その一方で，安価な設備投資と労働力の確保が容易な場所を求めて，生産拠点がグ

▷1　Castells, Manuel, 1989, *The Informational City*, Blackwell.

▷2　Castells, Manuel, 2000, *The Rise of Network Society*, second edition, Blackwell, pp.408-409, p.453.

▷3　この点については，Boyer, Christine, 1983, *Dreaming the Rational City*, The MIT Press. およびショエ, F., 彦坂裕訳, 1983,『近代都市』井上書院などを参照。

ローバルに流動する。都市−地域は、ネットワークのノードとしてフレキシブルに開発され、その一部は一極集中化したハブとなり、世界都市、情報都市、グローバル・シティなどと呼ばれてきた。ただし、近代の産業都市において一体化していた産業地区と後背地との都市−地域的関係は寸断され、その隙間に格差や排除を作り出す。つまり、都市−地域とそこに生きる人々の関係はより流動的になり、分断される。

この情報型資本主義を背景にして流行した建築様式が、ポストモダニズム建築である。これらの建築意匠は、イメージや記号を自由に操作できるかのように扱い、場所を情報空間のような存在に変容させる。こうした空間の操作は、「ディズニー化」と呼ばれる消費社会的な生活様式、あるいは「ジャスコ化」や「ウォルマート化」と呼ばれるより広汎な郊外生活として世界的に浸透している。こうして、建築意匠と人々の関係は、置換可能になる。

さらに、ケータイ、ノートパソコンなどのモバイルメディアの普及は、多様なコミュニケーションを移動過程で処理可能にし、空間ごとの機能分化を曖昧にする。そして、メディアのパーソナル化は、場所を共有して経験される集合的紐帯を弱め、「ネットワーク化された個人主義」を生み出した。つまり、人々の空間の経験は移動的で、かつ個別的になる。

情報型資本主義は、都市−地域の構造、建築意匠の表象、移動−場面の経験を変容させ、人間と空間の関係を解き放つ。人々の移動が活発になり、空間も流動的になるにつれて、人間と空間の関係は曖昧になり、集合的記憶が埋め込まれた場所の空間は忘却の波打ち際にさらされる。フローの空間とは、空間における身体・物財・情報のフローが高まるにしたがい、空間そのものがフローしていく過程なのである。

3 〈都市的なもの〉、ふたたび

「場所の空間」と「フローの空間」という対概念は、硬直的で、場所の空間をロマン化していると批判されてきた。また、カステル自身もフローの空間を情報エリートにのみ適合する論理として扱ったことを認め、修正を施している。例えばカステルは、彼が「フローの空間の草の根化」と呼ぶ反グローバリズム運動のようにフローを社会運動へと転用していく動きを捉え、場所の空間がコミュニケーションの選択や社会移動の機会を狭め、フローの空間がそれを広げる傾向があることも認めている。場所の空間とフローの空間は、複雑な形で縒り合わされているのである。

しかし、そのような批判や修正、研究重点の変化にもかかわらず、カステルの問題の中心は、『情報都市』以来、変わっていない。場所の空間とフローの空間の間、すなわちローカルとグローバル、場所的領域と電子的ネットワークの間で〈都市的なもの〉の現在を問い続けること、これである。　　（田中大介）

▶4　ブライマン, A., 能登路雅子監訳, 2008, 『ディズニー化する社会』明石書店.

▶5　Castells, Manuel, Mireia Fernaldéz-Arèvol, Jack Linchuan Qiu, and Araba Sey, 2007, *Mobile Communication and Society*, MIT press.

▶6　Castells, Manuel and Ince, Martin., 2003, *Conversations with Manuel Castells*, Polity. また、ネットワーク社会論への研究重点の移行とともに、カステルの都市−地域や場所−空間への問いは背景に退いているようにもみえる。現時点でのカステルの最新著作は、Castells, Manuel, 2009 *Communication Power*, Oxford university press. である。

▶7　Castells, Mauel, 1999, "Grassrooting the space of flow", *Urban Geography*, 20 (4): pp.294-302.

▶8　カステル, M., 矢澤修次郎・小山花子訳, 2009, 『インターネットの銀河系』東信堂, p.270.

II 空間と文化：都市の社会理論(1)

4 グローバル・シティと分極化

① グローバル・シティの形成と「シティ・セールス」

　グローバル化を駆動する多国籍企業は，全地球上に張りめぐらされた情報と金融のネットワークに基づいて，経営／生産拠点の効率的な再配置を繰り返している。ただし，国境を越えた流動性が高まると，人や企業，各種の資本の集積の度合いはむしろ高まることになりがちな点に注意が必要だ。地球上のどこででも経済活動が可能ならば，多彩な人材が一箇所に集まることによる創発的なクリエイティビティと，対面的で迅速な意思決定，そして多種多様で専門的な生産者サービスの集積こそが，かえって替えがたい価値を持つからだ。

　その結果世界中の都市は，中枢管理機能と金融市場が集中してかつてない戦略的重要性を担うようになったいくつかのグローバル・シティを筆頭に，ＩＴ産業が集積するシリコンバレーやバンガロールなど，特定の産業や物流の世界的回路の結節点となる都市が，階層的(ヒエラルキカル)に再編成され，構造化されてゆく。

　こうした状況の中で，流動性と集積性がともに高い金融資本や多国籍企業，そこで働くコスモポリタンなエリート層を呼び込むべく，世界の各都市は，都市間競争が激化しているという危機感を煽って，都市空間そのものを商品化する「シティ・セールス」にしのぎを削り，各種の「グローバル・シティ・ランキング」での順位づけに一喜一憂することになる。これはすなわち，グローバル・シティとは，グローバル化現象の結果として生まれるというだけでなく，グローバル化に適応するというイデオロギーのもと意図的に「作られる」ものでもあるということを意味している。「**千客万来の世界都市**」を掲げ，既存の住民や産業のニーズに対応するのではなく，潜在的な都市成長と高い投資効率のシーズを想定して，戦略的な都市づくりを仕掛けていくことを目指した石原都政以後の東京もその典型に違いない。

　それでは，「シティ・セールス」の具体的なメニューにはどのようなものが含まれるのだろうか。コスモポリタンなエリート層にアピールする魅力の創出のためには，税制的な優遇など制度面の整備とともに，彼らのビジネスを支えるサービスやインフラが提供される空間の提供が不可欠だ。ただしそれは，機能的なオフィスビルを整備するだけでは不十分だ。彼らが滞在するタワーマンションや高級ホテル，商談のための各国料理の高級レストラン，国際会議を行うコンベンションセンターも必要だ。こうした需要を満たすために，都市行政

▶1　**千客万来の世界都市**
これは，石原慎太郎都知事が就任1年後の2000年に策定した長期マスタープラン，『東京構想2000』（東京都，2000年）のサブタイトルである。ここでは，「激化する都市間競争に勝ち抜き，日本経済を力強く牽引する世界に冠たる国際都市」を目指して，東京の魅力を高めることが謳われている。

は特定地区の再開発を戦略的に誘導し，六本木や汐留などの再開発が進んだ2000年代の東京がまさにそうであったように，グローバル化は自らに適合的な空間の生産を伴って進行していくのだ。これらの再開発は，産業資本主義時代の役割を失った港湾・重工業エリアや，移民や低所得者が集住するインナーシティなど，都心に近いにもかかわらず地価が安いまま放置されている地区を高級化させる形をとることが多いが，インナーシティが再開発の対象になった場合には，家賃高騰による住民の立ち退きなどの深刻な社会問題をしばしば伴う。

2 都市の分極化

一方，産業構造の変化に目を向けてみると，後期資本主義に突入した先進諸国では，製造業の発展途上国への移転が進み，脱工業化した情報化社会へと進んでいく趨勢にある。グローバル・シティに集中する高所得でコスモポリタンなエリート層も，ＩＴ，金融業，各種研究職，文化産業（デザイナー，メディア，広告……），専門的な生産者サービス（法務，会計……）など，現代の資本主義を牽引する広義の情報経済に従事する人々である。

しかし，グローバル・シティの形成に伴って流入するのは，情報経済や多国籍企業の中枢にいるエリートだけではない。長時間労働と旺盛な消費活動を特徴とする彼／彼女らが華やかな生活を効率的に送るためには，オフィス・家庭双方におけるさまざまな**再生産労働**や補助的業務の外注化が必要であり，それが都市における下層サービス産業に対する需要を増大させるが，こうした産業は原理的に海外移転が不可能だという特徴がある。どんな技術発展により通信・運輸価格が低下しようとも，コンビニや外食・中食産業，保育や介護，ビル清掃や家事代行業は，先進国の生産労働の傍らになければ意味がない非貿易財だからだ。それゆえそうした，生産性が低く労働集約的な業種に低廉で豊富な労働力が必要とされ，先進国のどの社会においてもその労働需要は，発展途上国からの移民や出稼ぎ労働者によって満たされることが多くなっている。

S. サッセンらは，こうした上層と下層のふたつの国際移動の結果として，都市の分極化が起こると指摘した。グローバル・エリートも移民や出稼ぎ外国人も，それぞれの所得水準や職場の立地にあわせた地域に集住し，それぞれに適合的な店舗やサービスが周囲に形成されていく。その光景にある種のレイシズムをはらんだ視線が注がれることもあり，地域イメージや地価などの面でも，グローバル化は都市内部の地区間格差の拡大を帰結しやすい。そして先に指摘したように，さまざまな政策的誘導のもとグローバル・シティが「作られる」側面があるのだとすれば，湾岸や都心部のきらびやかな再開発地区がもてはやされる一方で，外国人労働者を含めて見えにくい貧困が確実に広がりつつある東京に住む私たちは，そうした分極化傾向がどういった政策的背景によって生まれてきているのか，しっかりと注視していく必要がある。

（五十嵐泰正）

▷2　これをジェントリフィケーションという。Ⅱ-6参照。

▷3　**再生産労働**

再生産労働とは従来，家父長制と資本制の結びつきの中での労働力の再生産を意味する概念だったが，近年重要になっている（高齢者）介護の領域をこの概念で捉えるために，「労働力を常に活性化させ，次世代の人間＝労働者を生み出すために，生誕から死亡までのライフサイクルに関わって行われるすべての労働」と再定義されるようになってきている。

▷4　Ⅶ-10参照。

▷5　バブル期から1990年代の東京の変貌を分析して，分極化の兆しを指摘した園部雅久は，都市分極化論を，アングロサクソン型の資本主義システムになっていくとその国の世界都市は分極化を強めていくという，〈警鐘モデル〉として理解するべきと指摘している。

参考文献

カステル, M., 大澤善信訳, 1999,『都市・情報・グローバル経済』青木書店.

伊藤るり・足立眞理子編, 2008,『国際移動と〈連鎖するジェンダー〉』作品社.

サッセン, S., 伊豫谷登士翁監訳, 2008,『グローバル・シティ』筑摩書房.

園部雅久, 2001,『現代大都市社会論』東信堂.

II 空間と文化:都市の社会理論(1)

5 郊外化とエッジシティ

1 近代都市化と郊外化

　一般に,都市の周辺領域は「近郊」や「郊外」と呼ばれ,日本の場合,元々は農村地帯であることが多い。だが,社会の近代化の過程で多くの都市中心部が業務空間に特化し,そこで働く人々の居住空間が都市の周辺領域に押し出されるようにして都市が拡大してゆくと,都市近郊は農村ではなく,住機能を中心に分化した都市の部分領域になっていく。現代的な意味での「郊外」は,こうした近代の都市化に伴う都市の社会構造上の変化と,それに対応する空間構造上の変化によって生み出された。英語で郊外を意味する言葉は"suburb"だが,それは都市的領域を指す"urb"——urbanの語源である——に,隣接性や付随性を意味する"sub"が結びついて成立している。この言葉の成り立ちにも示されているように,郊外とは都市に付随した都市の部分領域でありながら,都市中心部から区別される社会的な機能や構造,景観や空間を持つ領域である。

2 ブルジョワ・ユートピア?

　現代の「郊外」の範域を数量的データに基づいて捉えようとする場合には,「都心」とみなしうる領域への通勤・通学率が一定の比率以上を占める領域として対象化することが可能である。例えば現在の日本の国勢調査では,東京都区部や政令指定都市,あるいは人口50万人以上の都市を中心市として,中心市への15歳以上の通勤・通学者数の割合が当該市町村の常住人口の1.5％以上あり,中心市と連接している市町村を「周辺市町村」としている。この「周辺市町村」を広義の郊外として理解することも可能だし,指標となる通勤・通学者の割合を5％,10％と操作することで,中心都市とより強くむすびついた領域を「郊外」と見なすことも可能である。だが,現代の郊外の社会としてのあり方を特徴づけるのは,都心への通勤・通学者の存在それ自体ではなく,そのようにして都市周辺に居住生活の場を持つようになった都市住民がそこに作り出していった生活の形や文化であり,それらを支える価値意識である。

　例えば,R.フィッシュマンの郊外研究のタイトルである『ブルジョワ・ユートピア』[1]が示すように,アメリカ合衆国の郊外住宅地は,環境の悪化した都市から逃れたブルジョワ階級が,彼らの生活の理想を実現するユートピアと

▶1　フィッシュマン,R.,小池和子訳,1990,『ブルジョワ・ユートピア』勁草書房。

して建設していった。同様の理念は，日本の郊外化の歴史の中にも見て取れる。東京の高級住宅地の代名詞として知られる田園調布は大正期に渋沢栄一によって設立された田園都市株式会社が上流市民階級向けに開発・販売した「理想の郊外住宅地」が起源である。こうした「理想郷」としての郊外住宅地は他にも，東京の洗足田園都市や目白文化村，関西の苦楽園や六麓荘などがある。さらに戦後は，日本住宅公団が住宅不足を解消しつつ住宅の近代化を試みた団地やニュータウンの建設によって，より大衆化された「理想の郊外生活」の場が大都市周辺に大規模に作り出され，民間の不動産会社や住宅会社によっても「夢のマイホーム」の建設が数多く進められていった。週末の新聞に折り込まれる大量の不動産広告は，そうした「郊外の夢」が依然として存在し続けていることを示している。

③ 多様性と多面性

だが，都市で働く中産階級のための理想の住宅地というのは，郊外という空間とそこでの社会生活を意味づける理念的な枠組みであると同時に，郊外の社会と生活の現実を覆い隠す**イデオロギー**でもある。

似たような一戸建て住宅や集合住宅が立ち並び，同じように都心に通勤する雇用労働者が大量に暮らす郊外の一見均質な広がりの中にも，多様な差異が存在する。東京を例に挙げると，業務空間として高度化した都心の外側をホワイトカラー層を中心とする郊外がとりまいており，さらにその外側には工場が集積し，そこで働くブルーカラー労働者が多く居住するという空間構造を持っている。都心の外側を「白い郊外」が取り囲み，そのさらに外側を「青い郊外」が取り囲むという構造を持っているわけだ。また，同時期に開発されたニュータウンの中にも，分譲された地区と賃貸の地区，公営住宅の地区では階層も意識も異なり，さらにその周囲の旧住民との間にも職業，階層，意識などの差異があり，そうした差異が学区や自治会の区分によって固定されることもある。

また，東京のような大都市の周辺に，横浜，さいたま，千葉のような複数の都市を含む広大な大都市圏には，「都心／郊外」という二元的関係では捉えられない空間構造や関係のネットワークが存在する。「青い郊外」に居住する人々の中には，都心ではなく郊外の工場に通勤する人も多い。横浜や千葉のような大都市圏の中の「小さな都心」に通勤する人々もいれば，郊外に立地した大規模ショッピングセンターで働き，都心のデパートよりもそうした商業施設でもっぱら買い物をする人もいる。このように多極化した都市的中心を含んだ都市圏は，「エッジシティ」や「ネットワークシティ」と呼ばれる。郊外化は，郊外自体のこうした構造変容も含みつつ，現在もなお進行中の過程なのだ。

（若林幹夫）

▷2　こうした郊外住宅地の大規模な出現の背景には，1950年成立の住宅金融公庫法，51年成立の公営住宅法，55年発足の日本住宅公団などの政策的な背景があり，さらにその背景には工業化・産業化を進める産業政策と国土政策があった。

▷3　**イデオロギー**（ideology）
イデオロギーという概念は，広くは「観念的諸形態」，とりわけ社会的存在に規定された観念のことを指すが，現実の社会的存在の矛盾を覆い隠す「虚偽意識」という意味でも用いられる。社会学におけるいくつかの主要な概念はこのようにしばしば多義的なので，特に初学者は注意が必要だ。

▷4　「青い郊外」という言葉は，西澤晃彦　2005,「ホームレスの空間」吉見俊哉・若林幹夫編『東京スタディーズ』紀伊国屋書店, pp.72-95によっている。若林幹夫, 2007,『郊外の社会学』ちくま新書, pp.74-76も参照。

▷5　石原千秋, 2005,「郊外を切り裂く文学」吉見俊哉・若林幹夫編『東京スタディーズ』紀伊国屋書店, pp.154-164は，自らが暮らすニュータウンの中に走るこうした「微妙な差異」を報告している。

II　空間と文化：都市の社会理論(1)

6　ジェントリフィケーション

1　ジェントリフィケーションとは何か？

都市の中心部では建築物が次から次へと建設され続けている。居住用高層マンション，最新オフィスビル，**ポストモダン**の意匠を凝らしたショッピングモールなどが新たに建ち並び，その景観の変化はじつにめまぐるしい。他方では，かつて高度経済成長の時代に人々のあこがれの的だった郊外の住宅地では高齢化や荒廃が進み，まるで見捨てられようとしているかのようだ。

都市中心部の景観を塗り変えるこうした現象は，ジェントリフィケーションと呼ばれる。社会学者のR. グラスが1964年にロンドンの様子をこの用語で説明して以来，都市研究の領域ではジェントリフィケーションをめぐって数々の研究や議論が積み重ねられてきた。というのも，この現象はそれまで当たり前とされていたモデルを打ち破るものだったからだ。

都市を読み解く上でモデルとされてきたのは，シカゴ学派のE. W. バージェスが提唱した同心円地帯理論であった。このモデルによれば，新たに都市に流入する人々は，経済的に安定するにしたがってやがて郊外へと移住していく。そのことによって都市は円を重ねるように広がり，都心ちかくの**インナーシティ**には貧しい人々やマイノリティの人々がとり残される。ところが，ジェントリフィケーションはこのモデルを裏切るかのように，インナーシティを最先端のライフスタイルが繰り広げられる舞台へと塗り替えていくのだ。こうして，既存のモデルでは捉えきれないこの現象を解明することが，現代都市のダイナミズムを読み解く上で鍵となる課題となったのである。

2　ジェントリフィケーションの理論

ジェントリフィケーションをめぐっては，大きくふたつの意見の相違があった。第一の意見は，ジェントリフィケーションを「都市への回帰」や「都市再生」の文脈で捉えようとするものである。インナーシティに新たな居住者が流入する際，そのもっとも重要なアクター＝ジェントリファイアーとなるのは，ニュー・ミドルクラス（新たな中間層）と呼ばれる人々である。ニュー・ミドルクラスとは，ここでは，知識産業や高度なサービス労働に従事する，高収入な階層の人々を指す。これらの人々は，1960年代以降に巻き起こった，既存の社会・文化への対抗文化を継承しているともいわれる。したがって，新たなラ

▷1　ポストモダン
近代を批判的に乗り越えようとする，学問を含めた文化運動総体を指す。建築様式に関しては，かつて画一的で規格化されていた建築様式に対して，ポストモダンの建築様式はありとあらゆる文化的嗜好を無造作に取り混ぜた「遊び」の要素を強調している。

▷2　Glass, Ruth, 1964, *London: Aspects of Change*, Center for Urban Studies and MacGibbon and Kee.

▷3　インナーシティ
都心中心部を取り巻く地帯。アウターシティ＝郊外に比して都市中心部に位置していることから「インナーシティ」と呼ばれる。これらの地帯では，建物への投資が行なわれないまま放置され，地域は荒廃しがちであった。しかし一方では，安価な住宅を見出しやすいことから，そこにはマイノリティや貧困層の集住地域が形成された。

イフスタイルや，文化の多様性に敏感かつ寛容なニュー・ミドルクラスが流入することによって，地域経済の底上げにつながるだけでなく，さまざまな文化やライフスタイルが共存する多文化主義的状況が生み出される，という肯定的な見方である。

第二の見解は，この見方に真っ向から対立するものだ。この見解によれば，ジェントリフィケーションとは，あくまで資本の都心回帰であり，インナーシティを新たに商品化する運動にほかならない。地代の安価なインナーシティに文化的装飾をほどこし，それを高値で売り払う。そうすることで，差額の地代は土地所有者・金融業者・不動産業者の懐にまるまる流れ込む。そこで何より問題となるのは，家賃の高騰がそこに住んでいた居住者の立ち退きや排除を引き起こす，ということだ。この視点にたつ代表的論者の N. スミスにしてみれば，ジェントリフィケーションとは現代の階級闘争の最前線＝フロンティアにほかならない。

3 ジェントリフィケーションの現代的文脈

さらに，より広い経済的視点からは，ジェントリフィケーションとは以下の点において現代の都市変容を具現した事象でもある。第一に，ジェントリフィケーションは高次のサービス産業に従事する裕福なニュー・ミドルクラスと，製造業の空洞化によって失業した労働者や低賃金のサービス労働者との分断を現している。前者がジェントリフィケーションによって都市居住を謳歌しているそのときに，後者の人々は地代や家賃の高さゆえにその地域から追い出されてしまうのだ。第二にジェントリフィケーションは，高次のサービス産業に従事するニュー・ミドルクラスを呼び寄せることによって，インナーシティを世界都市ネットワークから成るヒエラルキーの中枢へと塗り替えるのであり，この意味で経済のグローバル化と連動している。

また政治的視点からは，特に1990年代以降のジェントリフィケーションは，一方ではグローバルな都市間競争を生き抜く戦略の要として位置づけられ，他方ではマイノリティや排除された人々への敵意を剥き出しにする**報復主義**と結びつきを強めた。こうしてジェントリフィケーションは都市全域で勃興するようになり，排除や立ち退きの問題がもはや無視しえぬものとなるなかで，多文化主義を礼賛する楽観的解釈は鳴りを潜めた。そのかわりに，文化と経済の関係性，とりわけアートが資本に包摂されジェントリフィケーションの呼び水となる事実をいかに批判的に捉えるかという問題が焦点化されている。

（原口　剛）

▶4　Caulfield, John, 1994, *City Form and Everyday Life: Toronto's Gentrification and Critical Social Practice*, University of Toronto Press.

▶5　スミス, N., 原口剛訳, 2014, 『ジェントリフィケーションと報復都市——新たなる都市のフロンティア』ミネルヴァ書房。

▶6　**報復主義**（revanchism）
報復主義は，失地回復主義とも訳しうる。報復主義において，都市下層の人々は都心へのすぐれたアクセスを持つインナーシティを不当にも盗み取っているのだと糾弾され，排除・立ち退きが正当化される。

参考文献
高祖岩三郎, 2007, 『流体都市を構築せよ！』青土社。
ズーキン, S., 内田奈芳美・真野洋介訳, 2013, 『都市はなぜ魂を失ったか』講談社。

Ⅱ　空間と文化：都市の社会理論(1)

7 エステ化する都市

▷1　Ⅱ-6 参照。

▷2　Ⅱ-6 ▷3参照。

　都市のエステ化（審美化）とは，都心の活性化を目的とした再開発が進行する過程で，「美しさ」を基準に都市空間が再構築されていく現象を指す。現代では，都市のエステ化は，「ジェントリフィケーション」とパラレルに展開する"美学的な政治"として認識されるようになってきた。

1　ジェントリの回帰とディベロッパー

　Ⅱ-6 では，「都心回帰」や「都市再生」といった文脈の中で，ニュー・ミドルクラスと呼ばれる人々が，イメージの悪いインナーシティにニューカマーとして居住するようになったことが指摘されている。

　ニュー・ミドルクラスと呼ばれる人々は，インナーシティにおいて自らの美意識や嗜好に合ったライフスタイルを送る人々であった。彼／彼女らは，インナーシティのコンドミニアムなどの高級マンションに住み，時代の最先端を行くショップで買い物をし，高級レストランで食事をするなど，衣食住のすべてをインナーシティで賄うことを好んだ。また，アーティストやクリエーターたちは——ニュー・ミドルクラスに属す人々と属さない人々がいるが——，インナーシティを活動の場として選択し，老朽化した倉庫や工場跡をアトリエや住宅として借り受け，そこを拠点に創作活動をはじめた。ニュー・ミドルクラスのこうした"奇矯な"行動はやがてディベロッパーたちの目を引き，あらたな都市開発の手法として昇華されていく。徐々にインナーシティは，ニュー・ミドルクラスの消費行動や趣味にかなう視覚的・感覚的に「好ましい」「美しい」空間としてディベロッパーによって演出されるようになっていった。

　インナーシティは新しい価値を生み出す不動産投資のアリーナに変貌した。ディベロッパーたちは，ニュー・ミドルクラスが希求する美的空間の創造を代弁するかのように，高所得者を対象とした高層マンションや商業施設，最新鋭のオフィスビルやアトリエ・ギャラリーなどを次々と建設していった。このような不動産開発は，グローバルな都市間競争の中で生き残りを模索する都市の再開発戦略と歩調を合わせる形で進められていった。それまでの経済政策の行き詰まりによって，都市自治体主導の都市開発を行うことが財政的に難しくなると，土地利用をめぐる諸制度の規制緩和を通じて，市場原理を活用した再開発が推進されるようになっていった。

　新たなビルや住宅が建設される一方で，インナーシティに数多く残る老朽化

した建築物を活用した再開発も実施されていった。アーティストやクリエーターたちが集住する古びた倉庫や工場跡地は，その地域の歴史性や固有性を体現した審美的価値を持つ場として発見され，特別な文化的雰囲気をたたえる最先端の空間へと生まれ変わっていく。そして同時に，これらを生かした街づくりが進められていった。

2 「審美化」の錬金術と疎外

グローバル化が進む現在，審美的価値に基づく都市の再開発は，先進国にとどまらず，新興国や途上国でもみられるようになっている。例えば近年，目覚ましい経済成長を遂げる中国・上海では，低開発の都心部に新たな成長力を付与する手法として，「里弄(リーロン)」住宅と呼ばれる集合住宅の建築様式を用いた再開発が定着しつつある。

「里弄」住宅は，2001年に香港の華人資本が建設した「新天地」と呼ばれる複合商業施設の成功をきっかけに，その経済的，歴史的価値がひろく認められることとなった。上海・旧盧湾区政府の依頼を受けて造られた「新天地」は，租界時代につくられた「里弄」住宅の外観や街路を残しながら，そのなかに外資系のレストランやバー，ショップやホテルや映画館といった現代的な商業施設が埋め込まれた，最先端の消費空間である。「新天地」が建設された一帯では，高級高層マンションやオフィスビル，ホテル，デパートの建設が進み，グローバルエリートやニューリッチ層が好む審美的な空間の形成が進んでいる。こうして，「里弄」住宅が密集する上海浦西の旧盧湾区や黄浦区は，不動産資本にとって価値ある投資対象地域へと変貌することになったのである。

審美的価値に基づいて設計された都市空間においては，空間に新たな価値を付与し，さらなる不動産投資が促される一方で，それに不適合な存在は，自然と淘汰されるようになっていった。「美しく」開発された都心の地価が高騰することで，昔からの住人や，早い時期に移住してきたものの決して裕福ではないアーティストやクリエーターたちは，しだいに他地域へと移動を迫られていった。最先端の消費空間では，審美性を守るための監視が自発的に強化され，そのまなざしのなかで，ニュー・ミドルクラスたちにとって居心地の良い空間のありようを壊すような人々は排除されていく。上海の都市再開発でも，先住の人々の強制的な立ち退きが問題となった。

「審美性」とは当然のことながら中立的な価値ではない。それは，ある社会層の嗜好や欲望が，ひとつの価値基準として人々の内面に結晶化したものである。「美しい都市」という耳触りのよい言葉の裏に，誰の価値が反映され，それによってどのような人々が排除されてしまうのか。それに気づくことができる鋭敏な感性が私たちには必要とされている。

(神山育美)

図Ⅱ-7-1 「里弄」の様子

▷3 Ⅰ-10 参照。

▷4 里弄
19世紀後半から20世紀初頭にかけて上海に建設された集合住宅。上海が半植民地であった時代，主に租界(外国人居留地)に居住する華人を対象に建設された。その多くはレンガ造りで，中洋折衷の建築様式となっている。老朽化が進み，下水道などの設備もなく人口過密による生活環境の悪化が問題となっていた「里弄」住宅は，これまでの都市開発においては取り壊しの対象でしかなかった。(図Ⅱ-7-1)。

参考文献
ハーヴェイ, D., 吉原直樹監訳, 1999,『ポストモダニティの条件』青木書店。
園部雅久, 2001,「エステ化する都市——都市とジェントリフィケーション」園部雅久『現代大都市社会論』東信堂, pp.191-216。
ズーキン, S., 森正人・松田いりあ訳, 2004,「ジェントリフィケーションとヌーベル・キュイジーヌ」『社会学雑誌』21：pp.108-126。

Ⅱ　空間と文化：都市の社会理論(1)

8　監獄都市

1　都市の変遷

　古来，都市は防御とともに形成された。大砲の登場によって攻撃力が飛躍的に上昇しても，なお幾何学的な要塞が探求されてきた。だが，近代を迎え，地上には各都市を結ぶ鉄道網がはりめぐらされ，空からの爆撃も可能になると，もはや市壁の意味はなくなった。20世紀の後半は，国家間の戦争ではなく，むしろセキュリティへの意識から，都市という共同体の内部にさまざまな見えない分断線が引かれた。その背景には，ハイテク情報技術と連動することで，以前では不可能だった人々の個別の動きの把握，あるいは監視ができるようになったことが挙げられるだろう。かつてのゲットーとは異なり，誰もが自由にふるまいながら，それぞれの動きを追跡できるような監視社会だ。

　アメリカでは9.11の同時多発テロ以降，日本では1995年のオウム真理教による地下鉄サリン事件を契機に，他者への不寛容が顕著になった。公共空間は，不特定多数の人間が出入りし，むやみに人を排除できない。いや，見知らぬ人が行き交う場所こそが，公共空間である。とすれば，誰もが潜在的なテロリストだ。日本でも，バスの停留所，駅前の工事現場，コンビニ，そして地下鉄など，いたるところで「テロ警戒中」の張り紙を見かける時期があった。

2　要塞かテーマパークか

　M.デイヴィスの著作『要塞都市LA』(1990)は，ロサンゼルスの決して明るくはない近未来的な状況を描き，セキュリティの意識が建築と都市を変容させていることをいち早く論じた。彼はさまざまな事例を紹介している。例えば，ホームレスが寝にくいデザインのベンチ，野宿できないよう不定期に散水するスプリンクラーを設置した公園，侵入者を威嚇するフランク・ゲーリー設計の建築，外部と隔離されたゲーテッド・コミュニティの住宅地，空から監視しやすいよう住宅の屋根に番地の数字を描いた犯罪多発地区などだ。デイヴィスは，他者への恐怖により，空間のアパルトヘイト化が進行しているという。彼によれば，近代が終焉し，人々は自由を失い，公共性は著しく衰退した。

　『要塞都市LA』の4章が，『VARIATIONS ON A THEME PARK』という都市論のアンソロジーにも収録されたように，テーマパーク化こそが90年代都市の最前線である。もっとも，これは中川理がいうディズニーランダゼイ

▷1　デイヴィス, M., 村山敏勝・日比野啓訳, 2001,『要塞都市LA』青土社。

▷2　Sorkin, M. ed., 1992, *VARIATIONS ON A THEME PARK*, Hill and Wang.

ションとは違う。公共性の衰弱という点では同じだが、ディズニーランダゼイションは人々の共感を求めて安易なキャラクター建築に走るものである。一方，都市のテーマパーク化は，楽しい空間よりも，ゲーテッド・コミュニティのように他者を排除する囲われた安全な人工環境のことを意味する。ここにはホームレスはいない。おそらく，これは強制的に収監される牢獄ではなく，危険な外部から逃れるために自ら望んで入ろうとする監獄都市でもある。

3 同時性と検索型

日本でも少年犯罪への憎悪をマスコミが煽り，公園にはホームレスを排除するベンチが増殖している。またマンションやハウスメーカーの商品住宅は，セキュリティのシステムを標準装備するようになった。ピッキング対策や防犯ガラスなどの物理的な強化策もさることながら，監視カメラ，センサー，そして指紋や虹彩によるバイオメトリクスを導入した認証システムなどが注目されている。セキュリティは巨大なマーケットになり，情報技術を牽引する重要な産業となった。公共空間でも監視カメラが増殖している。

東浩紀は，権力のモデルがパノプティコン的な同時性からアーカイブ型の検索に移行しているという。フーコーがいうパノプティコンは，中心から周囲の独房をすべて見渡す有名な監獄の空間モデルであり，今見られているかもしれないという抑圧によって囚人を矯正する。つまり視覚の同時性が鍵だ。一方，通過する車のナンバーを自動的にアーカイブ化する道路のNシステムは，後に事件が発生すれば，アーカイブを検索し，情報を割りだす。今見られているのではなく，時間にズレがある。コンピュータが平時から一見無意味なデータを膨大に集めることで，いざというときに役立つ。しかし，これはあらゆる人間を潜在的な犯罪者とみなすことでもある。

4 スキャナー化する空間

監禁が同じタイプに閉じ込める鋳型だとすれば，ドゥルーズがいうように，管理はたえず変形する鋳造作業であり，網の目が変わる篩に似ている。同じ人物でも管理設定を変更すれば，かつて入れた場所にアクセスできなくなる。エレクトロニクスの首輪をつけた人間。最近のオフィスビルはカードによってすでにこうした空間を実現しているが，未来では公共空間もこうなるだろう。

筆者は，建築空間のモデルがシェルターからスキャナーへ移行するのではないかと考える。シェルターとは，物理的な壁によって空間を防御するものだ。一方，スキャナー的な空間とは，誰にでも開かれているが，絶えず空間を走査することで個人を特定し，匿名でいることはありえない。そしてアーカイブに接続し，問題のある人物だと判明すれば，空間へのアクセスを拒み，つまみ出す。現状では，空港がスキャナー的な空間にもっとも近いだろう。　　（五十嵐太郎）

参考文献

五十嵐太郎，2004，『過防備都市』中央公論新社。

ドゥルーズ，G.，宮林寛訳，1992，『記号と事件』河出書房新社。

中川理，1996，『偽装するニッポン』彰国社。

東浩紀「情報自由論」『中央公論』2002年7月号〜2003年10月号連載。

II 空間と文化：都市の社会理論(1)

9 ゲーテッド・コミュニティ

1 ゲーテッド・コミュニティの定義

　ゲーテッド・コミュニティは世界中で建設されており，急速に広がっている。アメリカでは1980年代後半からいたるところで見られるようになり，2001年の段階ですでに400万世帯が住んでいる[1]。エドワード・J．ブレークリーとメアリー・ゲイル・スナイダーは，ゲーテッド・コミュニティを公共スペースが私有化され，出入りが制限された住宅街区と定義する。これらは非居住者による侵入を防ぐため，壁やフェンスによって囲われた安全な住宅地とされている[2]。入口には24時間体勢で警備員が配された警備所や電子的なカードキー，監視カメラ，訪問者を識別できるようなインターホンシステム，錬鉄製のゲートなどが設置されているという。さまざまな障壁によって，居住者の住宅だけでなく，内部の街路や公園，諸施設，オープンスペースの使用も制限している[3]。また，ゲーテッド・コミュニティはライフスタイル型，威信型，保安圏型の3類型に分類されている[4]。ゲートを設置する理由はいずれも犯罪と部外者に対する恐怖にあり，ゲートが都市の混乱と無秩序を防ぐ手だてとして期待されている。

2 ゲーテッド・コミュニティが象徴するもの

　ブレークリーとスナイダーはゲーテッド・コミュニティが象徴するものとして，セキュリティと排他性，私有化とコミュニティの管理を挙げる。
　セキュリティは住民がゲーテッド・コミュニティを選択するにあたって重要な意味を持つ。ジークムント・バウマンはゲーテッド・コミュニティの主要な目的を部外者の立ち入りを阻むことにあるとし，囲い込みの内側で安全であると感じれば感じるほど外側の他者に対して恐怖を感じるようになると論じる[5]。囲い込みは自らを孤立させるとともに，よりよいセキュリティを求め続けることにつながるという。また，セータ・ローはフェンスやゲート，警備員の存在が内部に暮らす人の恐怖のイメージを強化すると指摘する。これはセキュリティが市場化され人々に広く消費されることで，安心するどころか他者への恐怖がさらにかきたてられるようになることのジレンマを示している[6]。ゲーテッド・コミュニティの住民はセキュリティを求め続けなければならないし，他者に対する恐怖を抱き続けるのである。
　次に，私有化とコミュニティの管理であるが，これは1980年代以降のネオリ

▷1　Sanchez, Thomas W., Robert E. Lang and Dawn M. Dhavale, 2005, "Security versus Status?: A First Look at the Census's Gated Community Data," *Journal of Planning Education and Research*, 24: pp.281-91.

▷2　ブレークリー，E.・スナイダー，M.，竹井隆人訳，2004，『ゲーテッド・コミュニティ』集文社．

▷3　Low, Setha M., 2003, *Behind the Gates: Life, Security, and the Pursuit of Happiness in Fortress America*, Routledge.

▷4　ブレークリーとスナイダーによれば，ライフスタイル型は内部に住民のみが利用可能なレジャー施設がつくられている。威信型は，ゲートは格差と威信を象徴しており，超富裕層から中流階級まで住民の階層を示している。保安圏型では住民自身がゲートをつくることに特徴があり，労働者階級の住宅地にもみられるタイプだという。

ベラリズム政策に伴う福祉の後退に対応している。エヴァン・マッケンジーはアメリカでは，ゲーテッド・コミュニティのようにコモン（共有する土地，設備施設）を有する住宅地が自治体の行政機能を代替しているとする。ゴミ回収や道路の管理など生活問題の共同処理からレクリエーション施設などのアメニティ供給まで，生活サービスがコミュニティ内でまかなわれているのである。さらに，マッケンジーはコモンを有する住宅地は資産の共同所有権，住宅所有者組合への強制的加入，住宅地内の制限約款という住宅居住者に課せられた規則によってコミュニティが管理されるとする。ゲーテッド・コミュニティ内では，住民がさまざまな規則を取り決め，それにしたがって行動するという，住民による自治が行われているのである。

図Ⅱ-9-1 郊外にあるゲーテッド・マンションとそのエントランス

3 日本のゲーテッド・コミュニティ

日本でもゲーテッド・コミュニティは少ないながら建設されているが，ゲーテッド・マンションと呼ばれる居住区全体をフェンスで囲う高層マンション（図Ⅱ-9-1）や日本版ゲーテッド・コミュニティとも呼ばれるセキュリティタウンが，2000年代以降数多く建設されている。ゲーテッド・マンションは威信型の類型に相当し，セキュリティが強化されている都心部の高級物件や，一見ゲート化されているようにはみえないが，内部の住居，公園や集会所などの諸施設，オープンスペースへの入場が居住者に限定されているような郊外の若い家族向けの標準的物件まで，さまざまな価格帯がある。他方，戸建住宅からなるセキュリティタウンは内部をゲートによって閉鎖しているわけではないが，周囲をフェンスや自然の地形によって境界づけた上で出入口を限定したり，車両や人による通過交通を防ぐ工夫をしたり，監視カメラを住宅地の出入り口や住宅地内部の公園に設置したり，警備会社による巡回警備を定期的に行ったりと，住宅地内の安全を維持しようとする対策が取られている。このセキュリティタウンは，ゲートを設置することへの代案としてディベロッパーによって考え出されたものであり，セキュリティが住宅の販売戦略において最重要項目になる中で増加しつつあるという。

諸外国では犯罪への恐怖によってセキュリティが市場化されたことがゲーテッド・コミュニティ増加の契機になった。それに対し，日本では警備業の発展や監視カメラなど防犯技術の発達に「体感治安の悪化」という風潮が加わり，セキュリティが「おまけ」のサービスとして導入されたことが，ゲーテッド・マンションやセキュリティタウンを含めたゲーテッド・コミュニティ増加の契機になった。そこでは売り文句として，不審者の侵入を防ぐこと，子どもを守ることが強調されているが，ゲーテッド・コミュニティが数多く建設されているのは犯罪率のきわめて低い郊外住宅地なのである。

（中野佑一）

▶5 バウマン，Z., 奥井智之訳，2008，『コミュニティ』筑摩書房。

▶6 Low, Setha M., 2003, *Behind the Gates; Life, Security, and the Pursuit of Happiness in Fortress America*, Routledge.

▶7 マッケンジー，E., 竹井隆人・梶浦恒男訳，2003，『プライベートピア』世界思想社，p.38。

▶8 古原直樹，2007，『開いて守る』岩波書店。

▶9 竹井隆人，2005，『集合住宅デモクラシー』世界思想社。

▶10 浜井浩一・芹沢一也，2006，『犯罪不安社会』光文社新書。

II 空間と文化：都市の社会理論(1)

10 都市下層社会

1 都市下層社会を捉える

都市下層社会を捉えるすそ野は広い。ここでは隣接領域を含めて，都市貧困に焦点をあてた代表的な議論を紹介してみたい。それは，A．ギデンズの言い回しを借りれば，「貧困に苦しむ人たちを咎める」理論と「社会のあり方を咎める」理論とで，常に競合している。社会学は，後者の立場から考えていく。

2 欧米の議論から

O．ルイスは，1940〜50年代に急激な都市化が進んだメキシコにおいて，農村と都市に住む5つの家族の調査を行った。そして，貧困は社会問題というだけでなく，それ自体に様式がある「貧困の文化」が存在するとした。それは階級分化した資本主義社会に対する適応様式であり，人々にとって社会的・心理的な重要性を持つのである。ルイスが意図したわけでは決してないが，この貧困の文化の議論は，その後，保守派の研究者が唱えた貧困を個人の原因とする議論において，大いに利用された。

こうした議論への反証として，E．リーボーの研究がある。リーボーは，1960年代の公民権運動のただ中にあったアメリカの街角において，「黒人」の男性たちの日常世界を詳細に調査した。そして，都市下層の彼らは独自の文化的伝統を保持しているのではなく，社会の目標や価値を実現しようとして失敗し，それをごまかそうとしているにすぎないこと，彼らが世代を超えて貧困の文化の中にあるようにみえるのは，親子間の文化伝達によるのではなく，親子とも社会的・経済的に困難な状態に位置づけられるからであること，つまり下層の人々の不平等な経験は社会の不平等な構造と分かちがたく結びついているのだということを説いた。

W．J．ウィルソンは，1980年代以降の都市の変化を捉えて，議論をさらに展開する。脱産業化の進む80年代以降，大都市のインナーシティに位置するゲットー（隔離された下層社会）において，「**アンダークラス**」が急激に増加した。ウィルソンはそれは貧困の文化ではなく，主流社会では当たり前の人間や施設との日常的な関わりがない状態である「社会的孤立」が重要であると指摘した。そしてインナーシティで社会的孤立が深刻化したのは，貧困層の集中が起こっているからであり，それは都市の経済や階層構造の変容に由来している

▷1 ギデンズ，A.，松尾精文他訳，2009，『社会学（第5版）』而立書房。

▷2 ルイス，O.，高山智博他訳，2003，『貧困の文化』ちくま学芸文庫。

▷3 リーボー，E.，吉川徹監訳，2001，『タリーズコーナー』東信堂。

▷4 II-6 ▷3，III-1 参照。

▷5 アンダークラス
1980年代以降にアメリカ合衆国の大都市に急増した非常に不利な立場に置かれた人々を指して使われるようになり，大きな議論を巻き起こした。

とした。

3 日本の都市下層社会に関する研究

　日本に目を転じよう。明治期の都市下層社会については、地方政府によって多くの実態調査が積み重ねられた。それを資料としつつ、中川清は、相対的な都市下層が経済・社会の変動にいかに対応していったのかを生活構造論の立場から分析した。そして、日本の都市の近現代とは、伝統的な貧困層が地域から世帯へ、そして個人へと分散し、不可視化していく過程であったことを明らかにした。

　1950年代半ば以降、日本の都市は高度経済成長期および成熟期を迎える。都市下層社会はたしかに存在していたものの、注目は減り、寄せ場、被差別部落、エスニック・コミュニティなどを対象とした実証研究が細々と行われた。例えば、寄せ場研究を例にとると、経済学者の江口英一は、寄せ場労働者を相対的過剰人口（失業および半失業の状態にある労働者）の典型として捉え、また大橋薫らの社会病理学者は、個人の病理現象として説明しようとした。

　これらの説に異を唱えて、都市社会学者の青木秀男は、差別論からの都市下層論を展開した。都市下層とは、都市の最底辺にあって階層的・空間的に隔離された人々であり、過酷な収奪と差別の要件が同時に課せられた人々や地域空間であるという。そうしたなかで寄せ場は、独自の文化の構造を持ち、労働者は下位文化と対抗文化を揺れ動く存在であることを指摘した。

　西澤晃彦はさらに議論をすすめ、都市下層を、非組織・非定住を強いられ、なおかつ労働力化された存在様式とする。そして、そうした社会層が存在する社会空間である寄せ場や、エスニック・コミュニティ、ホームレスの人々の生活空間に照準し、その規範や秩序を明らかにした。

　こうして日本の都市社会学における都市下層社会の研究は、特定の属性や経歴を持った人々がいかに社会から差別・隔離されるのか、その動態を明らかにし、そうした内外での相互作用のなかで、どのような規範や行動様式が生成されているのか、それにどのような意味があるのか、に注目してきたといえる。

4 都市下層社会再考

　しかし、日本の都市下層社会に関する理論的な展開はまだ乏しい。ましてや非正規雇用者が増加し、「総寄せ場化」といわれるような貧困や格差の増大、および大災害のもたらす被害のなかで、現代の都市下層をどのように捉えていくべきなのか。「貧困に苦しむ人たちを咎める」理論に与することなく、都市社会学からの新しい理論形成が求められている。

（山口恵子）

▶6　ウィルソン, J. W., 青木秀男監訳, 1999,『アメリカのアンダークラス』明石書店。

▶7　Ⅵ-1 参照。

▶8　生活環境の変化と生活主体の関係を明らかにする議論。中川清, 1985,『日本の都市下層』勁草書房。

▶9　寄せ場
日雇の仕事を探す労働者と手配師（労働者を探すブローカー）が集まり、日雇労働市場が開かれる地域。場所によっては低家賃で泊まれる簡易宿泊所街（ドヤ街）がある。

▶10　江口英一・西岡幸泰・加藤佑治編著, 1979,『山谷』未來社。

▶11　青木秀男, 1989,『寄せ場労働者の生と死』明石書店。

▶12　西澤晃彦, 1995,『隠蔽された外部』彩流社。

参考文献
青木秀男編, 2010,『ホームレス・スタディーズ』ミネルヴァ書房。
西澤晃彦, 2010,『貧者の領域』河出書房新社。

Ⅱ　空間と文化：都市の社会理論(1)

11 都市のエスニック・コミュニティと文化

1 都市のエスニック・コミュニティ

　都市では，しばしば，移民やエスニック・マイノリティが結ぶ独自のネットワークに基づき，エスニック・コミュニティと呼ばれる集住地域が姿をあらわす。エスニック・コミュニティは，世界各地に見られるチャイナタウンのように，主流社会とは異なる言語の看板や異なった外観の建物が集まった可視的な場所を指す場合もあれば，景観からは判断できないもののエスニック・マイノリティの間のインフォーマルなネットワークを媒体として成立している場合もある。エスニック・コミュニティとは，エスニシティを共有するメンバーが結びつき，共通の帰属意識を確認するとともに，そのような帰属意識に基づいたさまざまな行為を導く社会空間と考えることができる。なかでも，エスニック・コミュニティに，ほかの（あるいは主流の）社会空間とは異なった独自性を付与すると考えられる「文化」への関心が集まっている。

▷1　都市におけるエスニック・コミュニティの類型については，奥田道大，2004，『都市コミュニティの磁場』東京大学出版会，を参照。

2 下位文化としてのエスニシティ

　20世紀初頭のシカゴ学派社会学の中心的人物であったR. E. パークは，「人種関係サイクル」というモデルを提示し，都市におけるエスニック・マイノリティは，主流社会との接触や競合を経て，やがてそれに適応し，いずれ同化するであろうと予測した。しかし，1970年代に，C. S. フィッシャーは，アーバニズムがもたらす社会的効果のひとつとして，都市においては，「非通念的な下位文化」として，ある特定の出自を共有し，独自の文化を持つエスニック集団の文化が強化される傾向があることを例示した。フィッシャーの下位文化論は，都市化が，都市空間における多様なエスニック・コミュニティの形成と維持を促進するものであることを強調するものであり，エスニック・コミュニティを支える制度的基盤，人的ネットワーク，独自の文化への関心をいっそう高めることとなった。こうして，エスニック・コミュニティ研究は，都市社会学の中心的課題のひとつになったのである。

▷2　Ⅶ-3 参照。

▷3　フィッシャー，C. S.，広田康生訳，2012，「アーバニズムの下位文化理論に向かって」森岡清志編『都市社会学セレクションⅡ 都市空間と都市コミュニティ』日本評論社，pp. 127-164。Ⅲ-3 も参照。

3 エスニック・コミュニティと文化

　エスニック・コミュニティの多くは，移民やマイノリティが，主流社会側から公式・非公式に排除されたり，同じ集団のメンバーとのネットワークに頼っ

たりすることで，特定の地域に集住することによって生まれる。伝統的なものはチャイナタウンなどのエスニック・タウンであろう。これらの地区には，マイノリティと関連した組織・施設・店舗などが集中し，そのネットワークの結節点となっている。このようなコミュニティは，マイノリティの生活や労働の場であり，アイデンティティの拠り所であり，さまざまな社会運動や文化活動の中心となる。独自のエスニックな文化の共有は，集団内の連帯を強化し，マイノリティの生活の安定や主流社会へ適応するのに不可欠なものと考えられる。とはいえ，経済的成功とともに集住地区を離れ，主流社会に溶け込んでいくマイノリティも少なくない。

　一方で，特定の出自を持つ人々が集まる場所は，失業，貧困，犯罪，家族崩壊，「人種暴動」などの問題を抱えた「ゲットー」「スラム」と見なされることも多い。例えば，アフリカ系アメリカ人の集住地区として知られるロサンゼルスのサウスセントラル地区や，移民を含む低所得者が集中するパリの郊外地区などが，その代表的な例であろう。これらの地区では，しばしば貧困や社会問題の世代間連鎖を生む「貧困の文化」の存在が指摘されている。その一方で，圧倒的な人種差別や不平等な環境を巧みに生き抜くゲットー住民の「ストリート・ワイズ（路上の知恵）」の存在を強調する議論も少なくない。だが，いずれにしても，エスニック・コミュニティやゲットーの形成，変化，衰退は，その集団独自の文化的要素だけではなく，マイノリティが社会構造のなかでどのような政治的・経済的・歴史的な位置にあるか，そして主流社会が彼らをどのように扱っているのか，という問いと関連づけて理解されるべきであろう。

❹ 消費文化のなかのエスニック・コミュニティ

　現代社会における消費文化は，エスニック・コミュニティと主流社会との関係を大きく変えようとしている。なかには，手軽に「異文化」「異国」が体験できる場所として，消費や観光の対象となる例も多い。サンフランシスコのチャイナタウンは観光地として再開発される一方，中国系新移民の集住地区は別の場所に移っている。また，東京の新宿・大久保地区は，韓国系ニューカマーが集まる場所であると同時に，「韓流ブーム」のなかで韓国のポピュラー・カルチャーを体験・消費できる「コリアタウン」として観光地化している。このような現象は，マイノリティ側に新たな経済戦略・イメージ戦略を与え，都市の多民族性・多文化性を肯定的に捉える風潮にもつながる。しかし，「異文化」の過剰な演出は，そのような場所やマイノリティ集団が抱える歴史的背景への偏った理解を生んだり，現実に存在する差別や構造的不平等から目をそらしたりすることに結びつく。このように，エスニック・コミュニティは，多様なアクターによる，エスニックな文化イメージをめぐる生産・変容・受容・抵抗といった実践の現場ともなっている。

（南川文里）

▷4　ゲットーは，「人種暴動」と呼ばれるマイノリティが関与した暴動・騒擾事件の舞台となることも多い。このような暴動の背後には，マイノリティに対する人種差別や暴力，職業・教育・居住機会における排除と不平等，主流社会への失望などが存在している。

▷5　「貧困の文化」は，O. ルイスによるメキシコの家族を扱ったエスノグラフィーで用いられた表現であったが，その後，アメリカなど先進国の貧困問題において，その問題の原因を貧困層が有する態度や価値観の側に見出そうとする議論で用いられるようになった。ルイス, O., 高山智博他訳, 2003, 『貧困の文化』ちくま学芸文庫。 Ⅱ-10 も参照。

▷6　アンダーソン, E., 奥田道大・奥田啓子訳, 2003, 『ストリート・ワイズ』ハーベスト社。

II 空間と文化：都市の社会理論(1)

12 ストリートの身体文化と都市

1 遍在するストリートの身体文化

　日曜日の昼過ぎ，東京郊外のとあるJR駅付近で人だかりができていた。覗いてみると，20歳前後の男性4人組が，ブレイクダンスを披露している。持ち込んだオーディオから音楽を流し，軽快なステップで見物人を魅了する。見物人はダンスに手拍子をし，終了後には拍手を送っていた。

　ブレイクダンスに限らず，こうしたパフォーマンスを目にしたことがある人は，少なくないはずだ。夜の商店街でギターを弾き語る者，公園でストリートバスケに興ずる若者の姿などは，その代表的なものだろう。こうしたストリートの身体文化を，社会学はどのように対象化できるのだろうか。以下では，身体，場所，即興性，都市という切り口から，この点に迫ってみよう。

2 身体の作り替え

　ストリートで展開されるこうしたパフォーマンスは，身体を使ったパフォーマンスである点に共通性がある。それも大がかりなセットを必要とせず，最低限の小道具のみで，できるだけ身体ひとつで実践可能なものである。こうした身体パフォーマンスに私たちが魅了されるのは，常人には実践不可能な技芸がそこで展開されているからだろう。

　けれども，ここで注意が必要なのが，ブレイクダンサーも，自然にそれができるようになったわけではないことだ。彼らもかつては初心者だったに違いない。しかし長期にわたる練習と努力を通じて，ストリートでそれを披露できるまでになったわけである。踊ったり，歌ったり，滑ったりといった身体文化の習得は，膨大な時間と情熱が投入されることによってはじめて可能になる。私たちは，身体が容易には変容不可能であることを知っているがゆえに，こうしたパフォーマンスの凄さを実感でき，魅了されるのである。

3 場所の創造

　ストリートの身体文化にとっては場所が重要である。ブレイクダンスにしてもスケボーにしても，普段着のままで，普段出歩く場所でそれをすることに意味がある。

　この点は他の文化的営為と比較したときの大きな特徴である。例えば，ス

▶1　こうした技芸については，ローズ，T.，新田啓子訳，2009，『ブラック・ノイズ』みすず書房がその模様を詳しく伝えてくれる。

▶2　イアン・ボーデンは，スケーターが建築物をトリックの対象として捉え，ストリートを上演の舞台へと変容させてしまう実践を

ポーツは体育館や陸上競技場など専用の場所で，専用の服装や道具を用いて行われる。しかし，ストリートの身体文化は，人々が行きかう路上が活動の場所となる。専用の空間を不可欠とするスポーツに対し，専用の空間を持たないストリートの身体パフォーマンス。このことは逆に，パフォーマーの実践によって，ストリートのあらゆる場所が舞台として立ち現れることを意味する。パフォーマーの振る舞いは，日常のストリートの光景を思いもよらない形で変化させる潜在性を備えているのだ。

図Ⅱ-12-1 米軍横田基地のストリートバスケは，近代スポーツをストリートの身体文化の側に「流用」した営みと言えよう。駐車場がパフォーマンスの舞台へと様変わりする（2009年）

4 即興性

ストリートの身体文化のさらなる特徴は，即興性である。ブレイクダンス，スケボー，ラップのバトル，これらすべては決められたシナリオ通りに行われるのではなく，その場で即興的に実践される。この点もスポーツとは対照的である。

例えばフィギュアスケートの場合，演技開始の第一アクションから終了まで，決められたプログラム通りに技が展開される。しかしストリートの身体文化の場合，一定の技のバリエーションはありつつも，それをどのタイミングで繰り出すか，そして新たな技に挑戦するかどうかは，状況次第である。またラップのバトルなどは，相手の挑発への応答で相手を言い負かすメッセージを打ち出す点が重要となる。確定したプログラムをミスなく演技するのではなく，即興的実践の只中からプログラムが事後的に立ち上がってくる点に，ストリートの身体文化の核心はある。

5 都市で上演されること

最後に，ストリートの身体文化が都市で展開されることの含意に触れておこう。冒頭の日曜昼過ぎのブレイクダンスからもわかるように，こうした身体文化は通りすがりの不特定多数の人々に向けて披露される。名前も知らない他者からの視線を受けて，ダンサーたちはパフォーマンスに入り込む。

ここにあるのは，村祭りのように互いが互いを見知っていることを前提にした上演ではない。そうではなく，パフォーマーと通りすがりの見物人の間に，身体文化を介した束の間の共有空間を立ち上げる営為である。すなわち，旧知の関係を土台とした上演ではなく，上演を介して一時的に社会関係を生成する営みである。

見ているのは「誰」なのか。これがわからない中で，見物人との間にゼロから共演関係を紡ぎだすこと。ストリートの身体文化が，ほかならぬ都市で披露されることの含意は，この点にあるように思われる。

（石岡丈昇）

記述している。ボーデン，I., 齋藤雅子他訳, 2006, 『スケートボーディング，空間，都市』新曜社。

▶3　映画『8Mile』（カーティス・ハンソン監督, 2002年）を参照。この映画については，小泉義之, 2005,「アンダークラスのエクリチュール」『文學界』59(2)：pp.237-239。

▶4　プログラムと即興の関係については，数多くの社会理論の研究がある。代表的なものとして，ブルデュ, P., 今村仁司・港道隆訳, 1988, 『実践感覚Ⅰ』みすず書房；高木光太郎, 2001, 『ヴィゴツキーの方法』金子書房。

参考文献

田中研之輔, 2003,「都市空間と若者の『族』文化——スケートボーダーの日常的実践から」『スポーツ社会学研究』11, pp.46-61。

カイル, C., 北川純子監訳, 2000, 『アーバン・ブルース』ブルースインターアクションズ。

II 空間と文化：都市の社会理論(1)

13 都市暴動

1 都市暴動研究の困難

　都市暴動は明らかに都市的現象であり，それが生起した都市社会に構造的原因を持つ。しかし，それを社会学的研究の対象とすることは非常に難しい。難しいからという理由だけではないかもしれないが，都市暴動の研究は少ないし，卒論や修論で取り上げようと思っても，指導する先生は勧めないだろう。この難しさということから，都市暴動の都市社会学的意味を考え直してみたい。

2 都市暴動の参与観察？

　それが都市祝祭ならば，いろいろな制約や核心からの距離はあれ，参与観察が可能である。しかし都市暴動の場合はどうか。暴動の現場に隠しカメラやビデオを持ち込んだり，暴動に肉薄した報道を解読したりすることによって，それはある程度まで可能かもしれない。しかし，その参与性は非常に微妙なものである。カメラやビデオを持ち込んでも，警官隊に石を投げたり，商店に放火したりするわけではないし，そうしなくても逮捕される可能性は高い上，逆に傍観者的態度を隣の「暴徒」にスパイなどと見とがめられるかもしれない。報道を介した場合，その報道はジャーナリストが以上の限界を抱えつつリポートしたデータと見なければならないし，彼らにつきもののセンセーショナリズムから自由にデータを見ることは容易でない。このような思考実験を通して明らかになることは，都市暴動は，その場に存在する身体（行進する身体，投石する身体，放火する身体）としてまず経験されるということである。その経験を参与観察的に分析するためには，極論すればその身体にならなければならないが，それは実際にも，倫理上も容易ではない。

3 都市暴動の構造分析？

　都市暴動が暴動に参加する身体の集合態であるならば，その集合態を許容する（または禁止できない）制度や建造環境＝都市空間の分析から都市暴動の意味に迫れるかもしれない。たしかに，大人数の身体を収容するだけの空間がなければ都市暴動は不可能だし（テロやゲリラになってしまう），暴行の対象がなければ，ただのそぞろ歩きになってしまう。しかし，広場があってもいつも怒れる群衆が満ちているわけではないし，商店があってもいつも略奪されているわけ

ではない。都市暴動の構造的条件は必要条件に過ぎない。ただしそのうちには，より積極的な条件と消極的な条件があるように思われる。例えば，繁華街のショウウィンドウが投石によって破壊される場合を考えてみると，ガラスの割れる音に破壊の快感があるだけなのかもしれないし，ショウウィンドウが誘う消費に対する羨望や嫉妬が原因なのかもしれない。後者ならば投げつけられる石はまさに羨望や嫉妬のまなざしをなぞって飛んでいく。石はいずれカネが解決するだろう消費の欲望を先取りしているといえるのではないか。

4 都市暴動の民俗学？

　都市暴動は歴史上目立ちやすい事実なので，歴史学には豊富な研究の蓄積がある。それらを再解釈することを通して，都市暴動の社会性に漸近することができるかもしれない。ただ，そのとき注意しなければならないのは，都市暴動の実行者は当該の都市社会の多数派であると，細かく検討せずに前提にしてしまうことである。その結果，都市暴動は民衆の心性（歴史学の用語ではマンタリテ）や伝統的な民俗と結びつけられることになる。この「予断」にはふたつの問題がある。ひとつは，本当に都市暴動の実行者が都市社会の多数派であるかどうかという問題である。筆者は日本近代史上もっとも重要な都市暴動のひとつである日比谷焼打事件（1905年）を詳細に検討した結果，それが「日比谷・焼打」事件であり，日中に日比谷公園内外の公共機関で日露講和への政治的抗議を行った人々（社会階層的には新中間層で比較的少数派）と，夜間に市中の大通りで交番や路面電車への破壊と放火を見物した人々（都市下層社会の人々で比較的多数派）が複合した事件だったと結論づけた。その際特に重視したのは，彼らが都市空間のどこでどのような暴行に及んだかという点である。具体性に注目すれば実行者は均質な多数派とはいえなくなる。

　もうひとつは，彼らを暴行に突き動かしたのは，本当に民衆心性や伝統的民俗だったかという問題である。日比谷焼打事件の夜の群衆は，大通りで焚かれた焼打の火を見物した。筆者は，そこに伝統村落における「道祖神火祭り」や「盆の迎え火」の再現が見られたのではないかと推測した。しかし，この推測には「共同体によるその外部の制御」という魅力的な課題を導き出せるものの，実証的にはやはり無理がある。たとえ彼らが出郷した村の祭りの幻影を一瞬垣間見たとしても，現実には彼らは焼いた交番に管理され，路面電車で通勤する日常を暴動の後も生きていくのである。通時的な心性や過去から呼び起こされる民俗としては捉えられない論理が，彼らの暴行には込められていたのではないだろうか。

　　　　　　　　　　　　　　　　　　　　　　　　（中筋直哉）

▷1　ルフェーヴル，G.，二宮宏之訳, 1982,『革命的群衆』創文社。

▷2　中筋直哉, 2005,『群衆の居場所』新曜社。

▷3　中筋直哉, 1992,「巷に燃える火」『ソシオロゴス』16。

Ⅱ　空間と文化：都市の社会理論(1)

14　都市祝祭の社会学

1　都市祝祭研究の系譜

　祝祭の研究は，主に村落社会を対象にして，戦前から民俗学・人類学・宗教学の分野で行われてきた。都市祝祭の研究が盛んになったのは，1960年代以降の都市人類学による取り組みからである。戦後の産業化・都市化の進展により，民俗学・人類学・社会学の分野で都市研究への関心が高まり，都市人類学では，人類学的調査手法——参与観察と聞き取り——による都市祝祭研究を通じて，都市文化や都市社会の構造・複雑性を解明する試みが行われる。そこでは，祝祭の起源や形式の研究が主であった従来の祝祭研究を超えて，都市祝祭を支える人々の文化，社会のシステムの追求に力点がおかれた。これらの成果を継承して，社会学的関心に基づく研究があらわれる。それは，都市化社会における人々や集団の在り方を，社会的枠組みとの関連性から一般化・理論化する試みである。

2　都市祝祭研究の社会学的アプローチ

　1960年代・70年代の都市人類学を中心とする都市祝祭研究では，「秩父神社大祭」[1]や京都の「祇園祭」[2]など，伝統的都市でくりひろげられる都市祝祭が主たる対象であった。そこでは，都市化社会における都市的生活様式の特質と限界を問題認識の基底において，都市民俗文化の持つ共同体的な生活原理を再評価していた。この先行研究群の対象事例の多くは，祝祭を構築していくなかで，対抗と緊張関係にある各々の地域住民や地域組織が，最後は複合的集団行動——地域的共同性——を形成していく構図によって描かれている。このように対象事例や抽出知見が固定化しつつあった都市祝祭の研究動向にひとつの矢を放ったのが，松平誠の「高円寺阿波おどり」と「YOSAKOIソーラン祭り」の事例研究である。[3]

　松平は，日本都市における主要な祝祭類型として，「伝統型」と「合衆型」を提示する。「伝統型」とは，伝統を祝祭の基盤にすえて，核となる伝統を保持する社会集団によって運用される都市祝祭のことである。一方，「合衆型」は，「伝統型」とは対照的な現代の祝祭類型として位置づけられる。つまり，伝統とは無縁で，不特性多数の個人が自分たちの意志で選択したさまざまな縁につながって一時的に結びつき，個人が「合」して「衆」をなし，あるいは

▶1　中村孚美，1972，「秩父祭り——都市の祭りの社会人類学」『季刊人類学』3(4)：pp.149-192。

▶2　米山俊直，1974，『祇園祭』中公新書。

▶3　松平誠，1990，『都市祝祭の社会学』有斐閣；松平誠，2008，『祭りのゆくえ』中央公論新社。

「党」「連」「講」などを形成してつくりだす祝祭である。それは，個人に分解され，集団帰属性を欠如した都市生活における祝祭の類型であり，「集団」の対極にある「集合」的な祝祭の性格を持つ。「高円寺阿波おどり」と「YOSAKOI ソーラン祭り」がこの事例として取り上げられる。

　松平は，1970年代以降を，社会的な統合がゆるみ集団の解体と個人への回帰がみられる「社会解体期」の一典型として捉える。そこでは，産業社会の解体がはじまり，脱産業化時代への志向性も強まりつつある時期としての社会的枠組みが提示される。この時期には，人々は，生活を律してきた生産中心主義の禁欲的な倫理観念から解き放たれ，それまでの効率一辺倒の時間節約的な価値観から，コンサマトリー（自己充足的）な価値を追求する，「楽しみ」を視野に入れた生活へと変化がおこったとする。1960年代・70年代の都市祝祭研究で取り上げられた事例が，「伝統型」の分析に集約されていたとすると，現代都市社会の生活・文化の構成原理をひもといてくれる，脱地縁という性格を持ちコンサマトリーな価値を追求する「合衆型」の事例分析に，松平研究の真骨頂があるといえる。「産業社会から脱産業化へ」という社会的枠組みを基底におき，現代の都市祝祭を通じて，現代生活文化のあり方を一般化・理論化する社会学的なアプローチから，示唆に富んだ知見が提起されるのである。

③ 都市祝祭研究の今後

　松平は，地縁のつながりを破って新たな都市生活のつながりを探ろうとする「合衆型」祝祭を，20世紀後半に相応しい都市祝祭であると述べる。ここには，地域社会における共同性形成と地縁との関係を，現代においてどう読み解いていくかという根本問題が存在する。はたして「合衆型」の都市祝祭は，これからも支持されて継続されていくのだろうか。「伝統型」がこれからも継続していくとすれば，そこには過去とは違う新しい現代的な継続要因が潜んでいることはないだろうか。都市祝祭を，祝祭的な地域活動として捉えた場合，これからの活動推移をみていくことにより，地縁と地域活動の継続性との関係，個人の自己充足と集団の秩序との関係など，地域活動の生起・継続要因の現代的解明につながる知見が抽出できるのではないだろうか。

　産業社会の解体がはじまり，脱産業化の時代への志向性が強まりつつあるとされた時期からすでに数十年が経過して，時代は21世紀に入った今，地域社会をとりまく社会的枠組みを改めて捉え直すことが要請されよう。それを前提にして，都市社会における人々や集団の在り方を明らかにする都市祝祭研究の今後に，地域社会における共同性形成という現代的課題を解決するための糸口をみつける可能性がみてとれる。

（竹元秀樹）

Ⅱ　空間と文化：都市の社会理論(1)

15　都市のドラマトゥルギー

1　都市の空気は役者にする

　人々の日々の行動は，意図的にせよ無意識にせよ，多分に演劇的である。こうした指摘には，多くの人が直感的には理解も共鳴も示すところだろう。だが，その日常劇の具体的なありようをつぶさに観察しようとした人は少ない。社会学者E. ゴフマンは，そうした稀有な例外のひとりである。

　そのデビュー作と言ってよい "The Presentation of Self in Everyday Life" の冒頭でゴフマンは，「ある行為主体が数人の人の居合わすところへ登場すると，通常彼らは新来者について情報を得ようとするか，あるいは彼について彼らがすでに所有している情報を活用しようとする。……個人についての情報は，彼が人びとに何を期待し，彼らは彼に何を期待してもよいかをあらかじめ知らせ，状況を定義するのに役立つのである」と記している。そして「私が関心を持つのは，もっぱら参加者が他者の前で挙動を呈示するときの演出上の諸問題 dramaturgical problems にほかならない。演出技術 stage-craft，舞台操作 stage-management によって取り扱われる事柄は，ときに末節のものではあるが，それらはきわめて一般的なのである」。

　もちろん，人と人が出会い，相互行為（interaction）していく中で，そこで行われていることの意味が定義されていく，もしくはある定義へと導くよう行為者が腐心——ゴフマン流に言うと印象操作——する，といった事態はいつの時代，どのような場所においても存在したのだろう。しかし，互いの氏素性，地位・身分などが判然としない新来者（ストレンジャー）同士が関わりあう機会は，近代の都市において飛躍的に増大したこともたしかだろう。

2　舞台装置としての盛り場の変遷

　なかでも，ストレンジャー同士が触れあう場として急速に発展したのが，都市の商店街・繁華街であった。そして，20世紀の日本社会，特に東京における盛り場を劇場に見立て，その変遷を精査したのが吉見俊哉『都市のドラマトゥルギー』である。吉見によれば，まず1920年代には，江戸の盛り場の系譜を引き，そこに「幻想としての〈家郷〉」を求めて人々が群れ集う浅草から，煉瓦街や博覧会，百貨店など開化の土壌を持ち，「先送りされる〈未来〉」を志向する人々が闊歩するモダンな銀座への移行があった。そして1970年代には，いわ

▷1　E. ゴフマン（1922-1982）
北米圏で活躍を続けた社会学者。

▷2　ゴッフマン, E., 石黒毅訳, 1974,『行為と演技』誠信書房。

▷3　ゴッフマン, E., 石黒毅訳, 1974,『行為と演技』誠信書房, p.1。

▷4　ゴッフマン, E., 石黒毅訳, 1974,『行為と演技』誠信書房, p.17。

▷5　吉見俊哉, 1987,『都市のドラマトゥルギー』弘文堂。なお同書に関しては，難波功士, 2008,「盛り場の変遷」井上俊・伊藤公雄編『社会学ベーシックス4——都市的世界』世界思想社, pp.125-134参照。

▷6　団塊の世代
第二次世界大戦後に多くの出生をみた結果，日本社会において人口ピラミッド上の巨大なこぶが生じた。

ゆる**団塊の世代**[6]の上京者たちを中心に，やはり家郷（＝場所的・共同化的な志向）が求められた新宿から，その時々の流行を志向するポストモダンな渋谷――非場所的・個別化的なベクトルのはたらく――への移行があったという。

　もちろん，こうした盛り場（での出会い）のあり方，そこでの状況の定義（the definition of the situation）は，非常に流動的であり，時代とともに移ろいやすいものである。ゴフマンは言う。その定義の維持に参画する「チームは一つの集合である。がしかし，特定の社会構造ないし社会組織に関連して形成される集合ではなくして，状況に関わる定義が維持されている相互行為ないしは一連の相互行為に関連して形成される集合なのである」[7]。銀ブラをきめこんだ**モボ・モガ**[8]にしても，渋谷・青山・六本木を回遊した**クリスタル族**[9]にしても，「時代の最先端のオシャレと遊びを享受している私たち」という定義をアドホック（その場，その時限り）に構築・維持すべく，街に繰り出したのである。

③　メディア化する街路

　ドレスアップして街に出かけ，「イケてる」自分を演出・確認する。そうした志向は，もちろん今日も続いている。だが1990年代以降，渋谷が東京近郊や全国（さらに海外）からの買い物客を誘引する一方で，渋谷にショップを構えたブランドが郊外に出店するなど，渋谷の郊外化ないし郊外のシブヤ化が進んでいく[10]。特別な舞台装置としての盛り場が，メディアでの氾濫，ないしメディアとの相互浸透によって，その「ありがたみ」を減じさせていったのである。

　マンガ『闇金ウシジマくん』[11]は，2000年代の郊外の殺伐を描いて余すことないが，作中で何度か「盛り場の現在」を描き出してもいる。例えば「ギャル汚(お)くん」シリーズでは渋谷を，「楽園くん」シリーズでは原宿を。前者での主人公ジュンは，「パッと見で十分だ。つーか見た目が重要。タグチェックするのにも心が通い合うのにも　この街では時間が足りねェ!!」[12]と呟く。後者での主人公センターTも，「パッと見の視線が欲しくって　服に金をつぎ込む俺。俺にとってファッションは存在を証明する自己表現」[13]と語る。だがセンターTは，ストリート・ファッション誌でのランキングに一喜一憂し，心の支えは，皆の憧れの読者モデル（読モ）とつきあっていること。街を行きかう誰かと状況定義を共有しあおうとするよりも，雑誌の編集者やカメラマンのストリート・スナップの視線の中に，自身の存在意義を確認しようとしている[14]。

　あるキャラ（クター）を演じることが日常となった今[15]，都市の街路が自分を上演する特別な舞台ではなくなっているのだろう。人々のアイデンティティがより可変的となり，旧来の氏素性（家柄・学歴・勤務先の社名など）がより不確かなものとなりつつある現在，あえて匿名的な都市空間に出向こうとはせず，既知の友人たちと地元でまったり過ごすことを，若者たちは好み始めているのかもしれない[16]。

（難波功士）

▷7　ゴッフマン, E., 石黒毅訳, 1974, 『行為と演技』誠信書房, pp.121-122。

▷8　モボ・モガ
西洋文化の影響を強くうけ, 洋装で銀座のカフェなどに出入りした若い男女を, モダン・ボーイ, モダン・ガールと呼び, その風俗・流行が当時さまざまに語られた。なお大阪心斎橋を遊歩することは, 「心ブラ」。

▷9　クリスタル族
田中康夫の小説『なんとなく, クリスタル』（河出書房新社, 1981年）に由来。難波功士, 2007, 『族の系譜学』青弓社参照。

▷10　東浩紀・北田暁大, 2007, 『東京から考える』NHKブックス参照。

▷11　真鍋昌平作。2004年より『ビッグコミックスピリッツ』（小学館）で不定期連載されている。

▷12　『闇金ウシジマくん』4巻, 小学館, 2006年, p.115。

▷13　『闇金ウシジマくん』17巻, 小学館, 2010年, p.97。

▷14　難波功士, 2009, 『創刊の社会史』ちくま新書参照。

▷15　土井隆義, 2009, 『キャラ化する／される子どもたち』岩波書店参照。

▷16　『闇金ウシジマくん』にも「ヤンキーくん」シリーズをはじめ, 地元つながりの若者たちがたびたび登場している。

II 空間と文化：都市の社会理論(1)

16 広告都市

▷1 フィリップ・K. ディックの短編集『まだ人間じゃない』(浅倉久志他訳，早川書房，1992年)に収められた「CM地獄(原題 Sales Pitch)」では，セールスロボットに追いかけまわされるディストピア(ユートピアの逆)が描かれている。

▷2 電子看板のこと。中村伊知哉・石戸奈々子，2009，『デジタルサイネージ革命』朝日新聞出版参照。

▷3 加藤肇・中里栄悠・松本阿礼，2012，『移動者マーケティング』日経BPコンサルティング参照。

▷4 北田暁大，2000，『広告の誕生』岩波書店；福間良明・難波功士・谷本奈穂編，2009，『博覧の世紀』梓出版社など参照。

▷5 戦前から戦後にかけての広告都市・大阪に関しては，難波功士，2010，『広告のクロノロジー』世界思想社；高野光平・難波功士編，2010，『テレビ・コマーシャルの考古学』世界思想社など参照。

▷6 難波功士，1996，「広告化する都市空間の現在」吉見俊哉編『都市の空間 都市の身体』勁草書房，pp.233-262；北田暁大，2002，『広告都市・東京』廣済堂出版；由井常彦他，2010，『セゾンの挫折と再生』山愛書院など参照。

▷7 パルコが手がけた読

1 "Sales Pitch"（販売宣伝の口上）

　西暦2054年を舞台とした映画『マイノリティ・リポート』のワンシーン。街を歩く主人公（トム・クルーズ）に向けて，壁面の映像ディスプレイに彼の年格好に即した広告が次々と映し出され，コマーシャル・メッセージが語りかけてくる。ディスプレイの前を通り過ぎる人の属性に応じて，上映されるCMが瞬時に切り替えられていくのである。この映画の原作者はフィリップ・K. ディックであり，彼の小説やその映画化作品の中には広告が遍在する悪夢のような未来社会が描かれることが多い。街中に溢れるデジタルサイネージや監視技術の進捗をみていると，こうした近未来もサイエンス・フィクションの世界にとどまるだけのものではなさそうである。実際にAR（拡張現実）技術の広告への利用や，GPS（全地球測位システム）を利用したモバイル広告などの実用化が始まっている。

　こうした都市空間の広告媒体化の始点は，パリに花開いたロートレックらのポスター芸術や，日本では1920～30年代の都市を舞台とした交通広告・屋外広告，さらには博覧会の隆盛に求められよう。そして戦後になると，東京を起点とした「広告都市」化の波は全国へとひろがっていった。

2 セゾンの壮図と挫折

　そうした中，とりわけ広告化された街路として注目を集めたのが1970～80年代の渋谷であり，その最大のプレイヤーは堤清二率いる「セゾン」であった。西武百貨店（池袋店）を中心とした西武流通（セゾン）グループは，ファッションビル・パルコなどによって渋谷公園通りを「セゾンな空間」へと再編していく。斬新なポスターやテレビCMなどの広告表現によって，また先鋭的な商品・店舗構成によって，西武渋谷店やパルコ渋谷店界隈には「時代の先端を行っている感」が漂っていた。またパルコ主導のイベントやタウン情報誌などによっても，そうした雰囲気は強化されていく。インターネットの普及以前，人々，とりわけ若者たちは新しい出来事や情報を求めて街を漫ろ歩いたのである。

　そして1980年代，西武セゾングループは，流通業として単に商品を売るだけではなく，無印良品など自らのブランドを立ち上げ，商業空間や住宅地，レジャー施設の開発にも着手していく。また劇場や美術館を有し，独特な品揃え

の書店やCDショップ・映画館を展開するなど、セゾン文化という言葉すらも囁かれるようになる。単なる物販ではなく、ライフスタイルまでをも提案・供給する「総合生活産業」を標榜するようになり、具体的な土地の痕跡を残す「西武（蔵国）」から「SAISON」へと大きく舵をきっていった。だが、都市空間のみならず、すべての生活の局面に介在し、自らの存在をプレゼンテーションしようとしたセゾンの壮大な夢は、バブル景気の退潮の中、一気に崩壊していく。

　大正から昭和にかけて、さらには戦後においても、都市を遊歩する人々に向けて、ポスターや看板、ネオンサイン、アドバルーンなど広告たちは妍を競いあっていった。だが1990年代以降、都市ないし盛り場の代替物としてショッピングモールが全国にひろがっていく。渋谷のストリートがたむろする場として魅力を失い、若者たちは地元のモールへと吸引されていった。盛り場の輝きが失せるとともに、「広告都市の20世紀」は幕を閉じたのである。

3　掌の中の広告都市

　1990年代、渋谷は東急グループによる「SHIBUYA109」を中心に（コ）ギャルの街へと転じていき、公園通りからセンター街へと人々の注目は移っていく。東急ハンズに対抗すべく「ロフト」も渋谷を賑わせたが、今は西武百貨店から分離・独立している。今日、さまざまにラッピングされる109の壁面や林立する巨大映像ディスプレイは、依然渋谷が広告都市であることを示しているが、それがいくら最新のテクノロジーを駆使していようとも、古くからある屋外広告や街頭イベントなどと基本的には同一の手法とも言えるのである。

　だがリアルな都市空間の広告媒体化とは別に、近年、ヴァーチャルな広告都市が新たな展開を遂げている。例えば、ある人気のRPG（ロール・プレイング・ゲーム）シリーズでは、神室町という架空の繁華街を舞台に物語は展開していくが、神室町は新宿歌舞伎町とイコールと考えてもよく、ゲーム内に実在の店舗や商品も数多く登場する。こうしたゲーム内広告は以前から存在したが、ゲームのオンライン化の流れの中で、時期やユーザーに応じてゲーム中の広告内容（ポスターや看板など）を随時切り替えて配信することも可能となってきている。また、あるコインパーキング・チェーンを経営する不動産会社は、自社の各駐車場脇の看板に「神室町にOPEN！」と謳い、このゲームとのタイアップを広告している。ゲーム内の街路にその駐車場が存在することが、今度はリアルな都市空間における広告のネタとされているわけだ。こうした複雑な構造は今後ますますひろまっていこう。フィジカルな都市空間や身体とは別の位相で、広告都市は新たな展開をむかえているのである。

（難波功士）

図Ⅱ-16-1　香港の広告ラッピングバス（2010年）
撮影：難波功士

者投稿雑誌『ビックリハウス』は、当時の若者たちに多大な影響を与えた（北田暁大、2005、『嗤う日本の「ナショナリズム」』NHKブックス；萩原朔美、2010、『劇的な人生こそ真実』新潮社など参照）。

▷8　1984年のベストセラー『金魂巻』において㊤の学者の卵は「文化も売ります西武」の袋を提げている（渡辺和博とタラコプロダクション、2010、『金魂巻』主婦の友社）。セゾンの文化事業に関しては、今泉正光、2010、『「今泉棚」とリブロの時代』論創社；永江朗、2010、『セゾン文化は何を夢みた』朝日新聞出版など参照。

▷9　難波功士、2009、「広告の空間論」伊藤守編『よくわかるメディア・スタディーズ』ミネルヴァ書房、pp.154-155参照。

▷10　http://sankei.jp.msn.com/economy/business/100316/biz1003161954036-c.htm（2010年12月16日アクセス）。

▷11　http://www.gpara.com/article/cms_show.php?c_id=19512&c_num=14（2010年12月16日アクセス）。

Ⅱ 空間と文化：都市の社会理論(1)

17 ファッションと都市

▷1 ジンメル, G., 居安正訳, 1976, 「大都市と精神生活」『ジンメル著作集12 橋と扉』白水社.

▷2 Ⅱ-16 参照.

▷3 PARCO
1973年, 西武資本系列のセゾングループによって, 渋谷に建設されたファッションテナントビル. ビル周辺を含めて開発された一帯は「渋谷公園通り」と言われ, 当時の最新のファッションを身につけた若者が集まるスポットとなった.

▷4 SHIBUYA109
1979年, パルコおよび渋谷公園通りの開発に対抗して東急グループが開発したファッションテナントビル.

▷5 ラフォーレ原宿
1978年, 森ビルにより建設されたファッションテナントビル. 原宿の目抜き通りである表参道と明治通りの神宮前交差点に位置し, 原宿のランドマーク的な存在となった.

▷6 DCブランド
デザイナーズ＆キャラクターズブランド. 当時の国内新鋭デザイナーやメーカーの商標を持つ商品ブランドのことで, 1970年代後半から1980年代に流行したファッションの総称でもあ

1 ファッション空間としての都市

都市にはファッションのイメージによって華やかさを与えられた空間がある. そこは流行の商品が寄せ集められるショッピングの空間であると同時に, お洒落をした人々が往来し, その華やかな雰囲気を楽しむ余暇の空間でもある.

デパートやファッションビル, あるいは服屋が集積するファッションの空間に集う人々自身も着飾った服装に身を包んでいる. G. ジンメルによれば, 匿名性の高い都市社会において, ファッションは, 自分が何者か＝アイデンティティを示す手段であるという.[1]

以下では, 現代日本社会において, 都市とファッションがどのように関わってきたかをみていこう.

2 ファッション空間が広がった1980年代都市

モノ（商品）と人から織り成されるファッション空間が都市に広がっていくのは1970年代後半から1980年代にかけてであり, その広がりは, 大量生産大量消費の時代から, 個性を消費する時代へと移り変わる時期と重なる. ファッション空間の先駆けとなったのは東京の渋谷・原宿界隈だ.[2] この一帯にはこの時期, 現在でもある「PARCO」[3]や「SHIBUYA109」[4]あるいは「ラフォーレ原宿」[5]など若者向けのファッションビルが大手資本によって次々に建設され, 当時流行したDCブランド[6]など最新のファッションが手に入る大規模な消費空間と化していった. また, ビルの開発は周辺の街路にも手が加えられる街づくりを引き起こし, 都市の中に, ファッションのイメージによって秩序づけられる記号空間が出来上がった.

ファッションが映える場として舞台化されたこの界隈を, 消費者自身もそのイメージに添うようにお洒落をして歩き, 互いのファッションを見せ合い, その記号的な差異を"個性＝アイデンティティ"として競い合うことが, 都市的な楽しみの経験となった.

吉見俊哉は, このような80年代的な都市の消費空間とそこでの人々の関係, すなわち〈見る－見られる〉という視線を介した匿名他者とのコミュニケーションのあり方を, 舞台と演者－観客として上演論的に考察した.[7]

3 都市の隙間を埋めるファッション・ストリート

1990年代の中頃になると，独立資本の小さな服屋が集まり，大手資本が開発してきたファッションエリアの隙間を縫うように点在しはじめる。80年代を通して開発された渋谷・原宿界隈の裏通りに発展した「裏原宿」と呼ばれるストリートがその代表的な場所である。ここでは，大資本が用意するファッションとは差別化された「**ストリート・ファッション**」と呼ばれる服装が流行した。それは，既成の大衆消費文化からの距離をとる若者主導の**下位文化**的な要素も合わせ持ち，衣服に限らず音楽やスポーツ，食文化など若者のライフスタイルそのものとも密着したファッションであった。その意味では，「ストリート・ファッション」は，大衆文化から距離をとる一部の若者たちのトライバルなファッションでもあったと言える。また，「裏原宿」的なストリートは，東京だけでなく地方都市にも出現するようになり，大きな流行へと発展した。

ただ，「ストリート・ファッション」がそれなりのマーケットへと成長すると，それらのストリートというファッション空間に大資本が介入しはじめ，2000年頃になると，「ストリート・ファッション」も結局は大衆文化のバラエティのひとつとして消費されるようになる。それは，都市の下位文化が資本に回収されていく過程でもあった。

4 変容するファッションと都市の関係

2000年代に入ると，インターネットの技術革新とその普及によって，オンラインショッピングが充実し，インターネット上には仮想のファッション空間が出現する。大手アパレルメーカーが運営するものから個人運営のものまで多種多様なオンラインショップが次々に開設され，都市に出ることなく自宅のPC越しにショッピングを楽しむことが可能になった。

一方で，都市のファッションエリアには，不景気も影響して空き店舗が目立つ状況が続いている。また，実際，都市のファッション空間の中心に「ユニクロ」のようなファストファッションも参入し，以前のように，都市のファッション空間はひとつのファッション・イメージで秩序づけられるものではなくなり，多様なイメージが混在するようになった。お洒落のスタイルもさまざまで，いわゆる「大流行」という現象がなかなか見られなくなった。

インターネット上におけるファッション空間の出現と都市のファッション空間の衰退は，消費が積極的に都市と結びついていたこれまでの時代から移行しつつあることを示唆している。

(中村由佳)

図Ⅱ-17-1 ファッションで彩られる原宿・神宮前交差点

▶7 吉見俊哉, 1987, 『都市のドラマトゥルギー』弘文堂。

▶8 ストリート・ファッション
アパレル業界(モード)が作り出す既成のファッションに対して，街に集まる若者たちによって流行現象化するファッションのこと。

▶9 下位文化
ある社会の支配的な文化から逸脱した文化現象。サブカルチャーともいう。

Ⅱ　空間と文化：都市の社会理論(1)

18　情報空間と都市

1　サイバー都市論

　1964年，都市地理学者の M. ウェッバーは「都市的な場所と非場所的な都市領域」と題した論考を発表した。電気的なコミュニケーション・メディアが普及し，それに媒介された専門家集団や，興味関心で結びついた「関心の共同体 (community of interest)」の台頭によって「場所ではない都市領域」が現れつつあり，それが「ポスト都市の時代」をもたらすだろうという都市とメディアの未来の到来を，今から半世紀ほども前にウェッバーは予想したのだった。それは M. マクルーハンが，「都市は観光客向きの文化的幽霊としてならともかく，もう実在しない。どのハイウェイの食堂にもテレビがあり，新聞があり，雑誌がある。それはニューヨークやパリとまったく同じように世界都市的だ」と述べたのとほぼ同じ頃のことだ。

　インターネットも携帯電話もなく，カラーテレビすらまだ普及していなかった時代に，現代のメディアと社会についてしばしば語られているのと同様のことが予言されていたことに，私たちは驚くべきなのだろうか。それとも，メディアと社会の関係をめぐる想像力の変わらなさの方にこそ驚くべきなのか。実際，インターネットが普及し始め，ネットワーク上に「電子政府」や「電子商店街」が現われ始めた1990年代半ば以降，「電脳空間の中のサイバー都市の出現」と，それに伴う「現実の都市の行方」が，さまざまな形で語られてきた。

2　都市というメディア

　都市とメディアが代替関係にあるように語られるのは，都市がそもそも情報の集中や交換の場であり，それによって売買や取引，集団の結成やデモンストレーションなどが行われる場所として存在してきたからだ。さまざまな土地や社会から人も物も情報も集まり，それらの組み合わせを通じて新たな物や情報，そして人間の新たな生き方や思想を生み出してきた都市は，そもそも地理的世界の中で異なる土地や集団の間にあって，それらの間の関係を媒介する「メディア」だった。それは人と物と情報が行き来する「交通空間」だったのであり，それゆえ「情報空間」でもあったのだ。

　都市のメディア性は，それが文字通り「空間」であり「場所」であること，すなわち複数の人間によって共有され，その内部に多様な人や物や情報からな

▷1　Webber, M., 1964, "The urban place and the non place urban realm," M. Webber, J. Dyckman, D. Foley, A. Gunnenberg, W. Wheaton and C. Wurser eds., *Exploration into Urban Structure*, Philadelphia University Press, pp.79-153.

▷2　マクルーハン, M., 大前正臣・後藤和彦訳, 1981,『マクルーハン理論』サイマル出版会, p.61。

▷3　交通と都市についてのこのような理解は，マルクス, K.・エンゲルス, F., 廣松渉訳, 2002,『新編輯版　ドイツ・イデオロギー』岩波文庫などに先駆的に示されている。

る部分領域を含み，その間を人びとが行き来できる広がりであることによって支えられていた。「メディア」というと，人と人をつなぐ回線やチューブのような線的なものをイメージする人もいるかもしれないが，都市というメディアは広がりを持った「空間」なのだ。「情報空間」に相当する英語のcyberspaceは，SF作家のウィリアム・ギブソンが『ニューロマンサー』で用いたのが最初とされる。ギブソンはそこで，コンピュータ・ネットワークに意識を接続したハッカーが経験するネットワークのヴァーチャルな現象世界を，都市空間のような広がりを持ち，壁や建物の立ち並ぶ空間として表現した。現代の社会的想像力の中でも都市は，ネットワーク内の世界を考えるための隠喩として機能している。

▷4 ギブソン，W.，黒丸尚訳，1986，『ニューロマンサー』早川文庫SF。

▷5 このことについては，ボイヤー，M. C.，田畑暁生訳，2009，『サイバーシティ』NTT出版や，若林幹夫，2010，『〈時と場〉の変容』NTT出版などを参照。

3 それでも人は，街角に並ぶ

マクルーハンが言ったように，テレビや雑誌，あるいは今日のインターネットやケータイやスマートフォンが，物理的な空間の中の都市を「文化的幽霊」にしてしまったという事実は，今のところない。この点において，「サイバースペースの中の都市的な場」が「現実の都市」に取って代わるという仮説は，現時点では間違いである。だが，現実の都市で私たちが行ってきたさまざまな行動が，ネットワークにつながれたディスプレイとキーボードによって取って代わられるようになったこともまた事実である。

私たちはもう，コンサートのチケットを求めて街のプレイガイドに並ぶことはないし，CDショップに行かずともサイトから音楽を直接ダウンロードすることもできる。銀行の窓口に行かずとも机の上の端末やケータイで用を済ますことができるし，旅行の予約もネットの方が割安だ。実際の街の中で人と会ったり食事をしたりする場所を探すのすら，まずはネットを使って情報収集し，乗り換え案内サービスや地図検索サービスで経路を調べ，その店が気に入ればメールやツイッターで友人や不特定多数の他者たちに情報を発信する。もちろん，インターネット以前にも，新聞，雑誌，ラジオ，テレビなどのメディアを通じて発信され，流通し，共有された情報やイメージが，現代の都市生活の重要な側面を形作ってきた。この意味で，新聞も雑誌もラジオもテレビも，20世紀の都市を構成する重要な要素だったのであり，20世紀の終わり近くになってそこにインターネットや携帯端末が加わったというのが，社会史的事実である。

▷6 この点については，Ⅴ-1参照。

だが，そんな現代でも新しいゲーム機器やゲーム・ソフト，パソコンの新OSの発売日には，店頭に徹夜で長蛇の列ができたりする。オタクの街・電脳の街である秋葉原で，情報空間に日々アクティヴに関わる人々が，「現物」をいち早く入手することと，新発売の現場に立ち会うことを求めて行列する。現代における物理的な都市とヴァーチャルな世界との関係を考えるための切り口のひとつが，そこに示されているのではないだろうか。

（若林幹夫）

▷7 秋葉原については，森川嘉一郎，2008，『趣都の誕生』幻冬舎文庫を参照。

III　都市構造：都市の社会理論(2)

1　人間生態学と同心円地帯理論

1　人間生態学

　19世紀後半，1850年からの40年間で，約3万人の人口が100万人を超すまでに急成長した都市がある。アメリカ北部の五大湖からミシシッピ川につながる水運の結節点であり，1850年代に建設された大陸横断鉄道の結節点でもあったシカゴがそれである。

　シカゴに集まった人々と資本によって，シカゴの社会・空間構造は大きく変化を遂げた。都市の中心部には，**中心業務地区**が出現した。都心地域は，利便性が高いために，多くの人々や企業にとって魅力的である。なおかつ，都心地域は周辺地域に比べて面積が狭いため，都心地域を手に入れるための競争は激化しやすく，地価が高騰することとなる。したがって，都心地域を入手することができたのは，企業や組織であった。企業や組織は都心地域を，広い敷地面積を要する工場用地として利用するわけではなく，必ずしも広い敷地面積を要しないオフィスビルとして利用した。このようにして，都心地域は中心業務地区として発達することになったのである。

　19世紀末から20世紀初頭にかけてのシカゴのように発展段階にある都市では，都心地域への企業や組織の流入は止まらない。すると，都心地域は徐々に周辺に向かって拡張することになり，やがて旧来の住宅地の一部は，都心地域に近接した地域となってしまう。そのような地域の住民は，近い将来，オフィスビル群に飲み込まれ，生活環境が悪化することが予想されるため，環境がよく比較的地価の安い郊外へと転居を考えるようになる。しかしながら，都心地域が拡張することによって，自らが暮らしている土地の地価も高騰しつつあるので，土地は手放さず所有しておきたいと考える。このようにして，郊外に転居するものの，もともと住んでいた家屋はそのまま賃貸物件として保有するという選択をする住民も現れた。住環境はよくないものの，都心地域に近く，なおかつ安価なこの賃貸物件は，労働力として流入した外国人にとって好都合であった。

　シカゴに流入したのは，アメリカ国内の人々だけではない。大量の移民がシカゴに流入した。労働力として流入した外国人が最初に就く仕事は，ビル清掃や食堂の洗い場といった，高度な言語能力を必要としない職場である。そのような職場は，まさに都心地域に集中しており，そのため職場に近接した住居に住むことは通勤に要する時間的・金銭的コストを節約することにつながった。

▷1　**中心業務地区**
CBD（Central Business District）の翻訳。

▷2　シカゴに流入した移民には，ドイツ人，アイルランド人，イングランド人，スコットランド人，スウェーデン人，ノルウェー人，デンマーク人，フランス人などであった。

こうして，都心地域を取り囲むようにして，土地利用が移ろいやすい地域が出現することとなった。

このように，シカゴに集まった人々と資本は，必要な空間や社会的資源を手に入れるために互いに競争することによって，篩にかけられたように，ある種の空間分布に落ち着いていった。また，旧来の住宅地が移民たちの街へと推移したように，新たな住民による侵入の影響を受け土地利用が変化することが頻繁に生じる地域も生じていた。このように，階級や制度，人々の行動を空間分布から説明する方法を，人間生態学と呼ぶ。

2 同心円地帯理論

こうして，都心に形成された中心業務地区（Ⅰ）を取り囲むようにして，土地利用が移ろいやすい推移地帯（Ⅱ）が形成された。この推移地帯の中には，GHETTO（ゲットー）と呼ばれた貧しいユダヤ人街や，シチリア島出身者が集まる LITTLE SICILY（リトル・シシリー），スラム街などが含まれていた。また，オフィスに比べてより広い敷地面積を要する工場も，この中に立地した。

工場労働者たちは，通勤にかける時間的・金銭的コストをなるべく少なくすることを好む。そのために，推移地帯のすぐ外側が工場労働者たちの住宅地（Ⅲ）となった。その外側が，一般の住宅地（Ⅳ）であった。そしてもっとも外側には，当時普及しだしたばかりのマイカーに乗って中心業務地区まで通勤するホワイトカラーたちの住宅（通勤者地帯：Ⅴ）が広がることとなった。

シカゴ大学の社会学者であった E. W. バージェスは，20世紀初頭のシカゴがこのような同心円構造によって構成されていたことを明らかにし，北米において形成された都市は同心円構造をなすという，同心円地帯理論を唱えた。バージェスが描いた地図には，中心業務地区や推移地帯などのように各同心円の特徴を示す名称以外にも，DEUTSCHLAND（ドイチェランド）などのように，ある特定の地域の特徴を示す名称も描かれていた。ドイチェランドとは，ゲットーでの暮らしの中である程度財産を蓄えた者が，より居住環境のよい場所で暮らすために，ゲットーの外側に移住することによってできた街を指しており，ドイツ人気取りのユダヤ人，と成功を揶揄する命名であった。このように，発展段階にある都市は，外側に向かって拡張していくという傾向を持つことも，バージェスによって示された重要な知見である。

この同心円地帯理論は，明瞭でわかりやすく，都市社会学者をはじめ多くの研究者に影響を与えた。しかしながら，世界のすべての都市をこの同心円地帯理論で説明することができるわけではない。この理論は，歴史が浅く，広大な平野が広がっている北米において形成された都市に特にあてはまる理論だと考えるべきである。

(浅川達人)

▷3 このような過程は，sort and shift と呼ばれた。

▷4 invasion and succession と呼ばれる概念は，このような過程を指す。

▷5 図Ⅵ-2-1参照。

▷6 たとえば，東京の空間構造については，倉沢進・浅川達人編，2004，『新編 東京圏の社会地図 1975-90』東京大学出版会：玉野和志・浅川達人編，2009，『東京大都市圏の空間形成とコミュニティ』古今書院などを参照されたい。

参考文献

浅川達人・玉野和志，2010，『現代都市とコミュニティ』放送大学教育振興会。

Park, Robert E. and Burgess, Ernest W., 1925, *The City: Suggestions for Investigation of Human Behavior in the Urban Environment*, The University of Chicago Press.

Ⅲ 都市構造：都市の社会理論(2)

2 アーバニズム

1 都市化がもたらすもの

　都市化は社会をどのように変え，人間関係や生活のあり方，人々の意識にどのような影響を及ぼすのか。こうした問いは，これまで社会学において繰り返しなされてきた。都市を近代化の様相がもっとも顕著に現れる場所であると捉え，最初に都市に関する考察を行ったのは，F. テンニエスや G. ジンメル，M. ヴェーバーなどの社会学者たちである。その後，アメリカでシカゴ学派と呼ばれる社会学者たちがこれらの人々の視角を受け継ぎ，19世紀後半から20世紀初頭にかけて急激に都市化したシカゴをフィールドとして，精力的に実証的研究を進めた。その成果は膨大なモノグラフとして蓄積され，やがてひとつの理論図式として結実する。それが1938年に発表された L. ワースのアーバニズム論である。シカゴ学派は都市における社会解体と再組織化に注目して研究を進めたが，ワースは特に前者にこだわって理念型として定式化を行った。

2 ワースのアーバニズム論

　アーバニズムとは，ごく簡単に言えば，都市に特徴的に見られる生活様式のことである。まず，ワースは都市を人口の規模・密度・異質性の3つの点から定義する。そして，それらの程度が高まれば，アーバニズムがより明確に現れると考えた。ワースがアーバニズムを構成する諸特性として挙げたのは，分業の進展，**空間的凝離**，都市的な社会関係とパーソナリティ，公的統制機関の発達，大衆化と集合行動などである。

　これらの中で後に論争の的となったのは，社会関係とパーソナリティに関する記述である。ワースの理論図式を構成する命題は複雑に入り組んでいるが，単純化すれば以下のようになる。まず，社会関係では，それまで家族や親族，近隣において見られたような，親密で全人格的なふれあいを伴う第一次的接触が衰退し，匿名的・表面的・一時的・分節的な第二次的接触に置き換わっていく。都市の人々は，村落の人々と比べてより多くの人と関わりを持っており，より多くの集団に加わっているが，他者との関わりは分割されたそれぞれの局面に限定されるようになる。そして，感情的・情緒的つながりを欠く人々が密集して生活することで，都市に特有のパーソナリティ，すなわち競争・出世・相互搾取の精神，無関心や慎みの態度などが生み出されるとするのである。

▷1　テンニエス，F.，杉之原寿一訳，1983，『ゲマインシャフトとゲゼルシャフト』岩波文庫；ジンメル，G.，松本康訳，2011，「大都市と精神生活」松本康編『近代アーバニズム　都市社会学セレクション第1巻』日本評論社，pp.1-20；ウェーバー，M.，世良晃志郎訳，1964，『都市の類型学』創文社．

▷2　ワース，L.，松本康訳，2011，「生活様式としてのアーバニズム」松本康編『近代アーバニズム　都市社会学セレクション第1巻』日本評論社，pp.89-115．

▷3　空間的凝離
職住の分離や，類似した属性を持つ人々が集住することで居住地の分化が起こること．

▷4　ワースの命題群を詳細に整理した研究としては以下のものがある．これにはフィッシャーが既存の都市研究をもとに行った検証も紹介されている．松本康，1990，「新しいアーバニズム論の可能性」『名古屋大学社会学論集』11, pp.77-106．

3 ワースに対する批判

ワースのアーバニズム論は都市社会学に大きな影響を与えたが，その一方で大きく分けてふたつの点から批判を受けることになった。

第一に，ワースがアーバニズムとして捉えた社会事象は，都市という人口学的な要因がもたらす効果では十分に説明できないとする批判である。例えば，G. ショウバーグは，ワースの理論は産業化以降の都市にしかあてはまらないとして前産業型都市という類型を提示し，テクノロジーや文化的価値，社会的権力といった要因が都市の生活様式を考える上で欠かせないとした。また，新都市社会学の代表的な論者である M. カステルは，シカゴ学派の研究者たちが国家や自治体による施策や資本主義経済の影響を無視していると批判し，都市を全体的な社会構造に位置づけて捉えるべきであると主張した。

第二に，都市においても家族や親族，近隣といった親密な関係は衰退しておらず，それらは都市のいたるところに存在しているという批判である。例えば，W. F. ホワイトは，ボストンのイタリア系住民の居住地が「スラム」と呼ばれるような無秩序な地域ではないことを明らかにした。また，M. アクセルロッドは，デトロイトを対象にした量的調査により，都市においても地域コミュニティが存続することを明らかにしている。

さらにこの両面からの批判として，H. J. ガンズによる研究がある。ガンズは，都市の中心業務地区の周辺部（インナーシティ）と都市の外周部（アウターシティ），郊外の3つの地域に分けて検討した結果，ワースが指摘したような社会関係やパーソナリティは，インナーシティの一部にしか見いだせなかったとする。そして，住民の生活様式は，人口学的な要因よりも，経済的な条件や生活周期の段階，流動性といった属性的な要因からの方が，はるかによく説明できるとしたのである。

4 日本における議論の展開

日本でワースのアーバニズム論が紹介されるようになったのは，高度経済成長が本格化し急激な都市化の時代を迎えた1950年代後半以降である。さまざまな議論が展開される中で生まれた日本の都市社会学の成果として，倉沢進の都市的生活様式論が挙げられる。倉沢は生活問題の処理方法に注目し，村落で自給自足や住民の相互扶助により解決されてきた生活問題は，都市では専門家や専門機関によって共同的に処理されるようになるとした。また，高橋勇悦は，第一次的接触と第二次的接触の中間に位置するような関係，もしくは両者の特徴を持つ関係を一・五次関係と呼んだ。これは，第二次的接触が優位な成熟期の都市で形成された親密な関係は，ワースの時代に想定されていた親密な関係とは性質が異なるという主張に基づいた概念である。

（伊藤泰郎）

▶5 ショウバーグ, G., 倉沢進訳, 1968, 『前産業型都市』鹿島出版会。

▶6 カステル, M., 山田操訳, 1984, 『都市問題』恒星社厚生閣。

▶7 ホワイト, W. F., 奥田道大・有里典三訳, 2000, 『ストリート・コーナー・ソサエティ』有斐閣。

▶8 アクセルロッド, M., 鈴木広訳, 1978, 「都市構造と集団参加」鈴木広編『都市化の社会学』（増補）誠信書房, pp.211-221。

▶9 Gans, Herbert J., 1962, "Urabanism and Suburbanism as Ways of Life: A Re-evaluation of Definitions", A. M. Rose ed., *Human Behavior and Social Processes*, Routledge and Kegan Paul, pp.625-648.

▶10 倉沢進, 1987, 「都市的生活様式論序説」鈴木広・倉沢進・秋元律郎『都市化の社会学理論』ミネルヴァ書房, pp.293-308。

▶11 高橋勇悦, 1988, 「大都市青少年の人間関係の変容」『社会学年報』17：pp.1-16。

Ⅲ　都市構造：都市の社会理論(2)

3　都市下位文化理論

▷1　Ⅲ-2 参照。

▷2　フィッシャーは以下の論文で下位文化理論を発表した。フィッシャー, C. S., 奥田道大・広田康生訳, 1983,「アーバニズムの下位文化理論に向けて」奥田道大・広田康生編訳『都市の理論のために』多賀出版。
　また, フィッシャーは下位文化理論の検証を進め, それらは2冊の本にまとめられている。フィッシャー, C. S., 松本康・前田尚子訳, 1996,『都市的体験』未來社；フィッシャー, C. S., 松本康・前田尚子訳, 2002,『友人のあいだで暮らす』未來社。

▷3　ワースとフィッシャーでは「アーバニズム」という言葉で指す内容が異なる。ワースが都市化によってもたらされる生活様式をアーバニズムと呼んだのに対して, フィッシャーは都市化そのもの（すなわち都市度）をアーバニズムと呼んだ。

▷4　松本康, 1992,「都市は何を生み出すか——アーバニズム理論の革新」森岡清志・松本康編『都市社会学のフロンティア2——生活・関係・文化』日本評論社, pp.33-68。

1　新たな文化が生まれるのが都市である

　ワースのアーバニズム論は, 都市化の程度が高まれば社会解体がより明確に現れるという理論であった。しかし, 現実の都市では, 親密な関係は何らかの形で維持されており, 伝統的な規範に反する逸脱行動がより多く発生する程度のことはあっても, 社会解体と言えるような状況にまではいたっていない。また, 都市という人口学的な要因を持ち出さなくても, 住民の属性によって社会関係やパーソナリティのかなりの部分を説明できることが後に明らかにされた。
　それでは, 都市そのものにこだわることは意味がなくなってしまったのであろうか。ネオ・シカゴ学派を自称するC. S. フィッシャーは, まず都市における逸脱を広い意味で捉え, 社会でそれほど問題視されない好みやスタイルの問題まで含めて, それを「非通念性」と読み替える。その上で, 非通念的な新しい文化, すなわち下位文化は都市においてこそ発展するというメカニズムを定式化した。これがフィッシャーによるアーバニズムの下位文化理論である。

2　類は友を呼び文化が生まれる

　フィッシャーは, ワースよりもシンプルに, 都市を人口の集中という点からのみ定義する。しかし, 人口が少ない地域であっても, 大都市の近郊に位置している地域とそうでない地域を同一に扱うことはできない。そこで, 特定の場所が都市である程度（都市度）は,「あるコミュニティの中, およびその近傍に住む人々の数」で決まるとした。松本康の言葉を借りれば, 居住地の都市度を「日常的に接触可能な人口量」により捉えることができるとしたのである。
　ところで, 人間は自分と同じタイプの人と親しくなることを好むという説がある。フィッシャーはこの同類結合原理を前提として議論を進める。接触可能な人口量が多い地域に住む人は, 自分と同じタイプの人と接触するチャンスが多い。したがって, 都市度が高い地域であるほど, 好みやスタイルを共有するネットワークがより多く形成され, それを基盤に多様な下位文化が生み出されることになる。特に, 相手を見つけることが難しい少数派の人であるほど, 都市度の高さは重要な意味を持つ。このように, 下位文化理論の特徴のひとつは, 社会の解体とはまったく逆の人々の連帯という側面に注目した点にある。
　人口量は多様な下位文化を生み出すだけでなく, それを強化する効果も持つ

ている。なぜならば、一定の人口量に達すれば、下位文化を支える制度の設立や維持が可能になるからである。制度によって下位文化は人々の目に見える形になって現れる。そして、それを支える人々のネットワークやアイデンティティは強化され、さらに新たな人々を引きつける。例えば新ジャンルの音楽は、それが定期的に演奏される場が確保されることが転機になるだろうし、民族的マイノリティは、自分たちを組織化することで、固有の文化を育んだり次の世代に伝えたりする活動を活性化できるのである。

3 都市は常に新しくあり続ける

都市で次々と生まれる下位文化は、やがて他の異なる文化と接触することになる。場合によっては、ある下位文化の存在が他の下位文化を担う人々に脅威として感じられることで、緊張や対立が起こることもある。フィッシャーは、こうした接触によっても下位文化は強化されると言う。なぜなら、自分たちの文化をより強く意識するようになることで結束も高まるからである。しかし、フィッシャーは接触がもたらす別の効果も指摘する。それは下位文化の伝播である。接触は緊張や対立をもたらすこともあるが、その一方で互いの文化に影響を与えあうということもある。強化と伝播という矛盾した過程が同時進行するダイナミズムについては、理論的に今後より深められるべきであるが、こうした下位文化相互の接触こそが文化的な異質性を増幅させるのである。

十分な強度を持つにいたった下位文化は都市の支配的な文化にも伝播する。それは社会全体にも伝播することになるかもしれないが、その頃には都市はさらに新しい下位文化が育つ段階にある。こうして都市は常に新しくあり続ける。しかも、フィッシャーは新しさの内容を問わない。このことは都市化の行く末を特定の生活様式によって提示したワースへの重要な批判にもなっている。

4 下位文化理論の魅力はどこにあるのか

フィッシャーの下位文化理論の焦点は、都市そのものが社会に及ぼす影響にある。したがって、都市よりも下位文化の方にむしろ関心がある人は、人口量という要因だけを取り上げる議論に物足りなさを感じるかもしれない。また、下位文化理論は接触可能な人口量を議論の出発点にしているが、リニアモーターカーのような交通手段やインターネットのような通信手段が発達すれば、都市に居住しなくても同類結合は可能になり、都市でないところにも下位文化が生み出されうる。しかし、交通手段は利用者の人口量を背景に都市を中心に整備されているし、対面的な接触が日常的に可能である場の重要性が今後失われることもないであろう。都市の優位性はそう簡単には揺らがない。フィッシャーの下位文化理論は今でも可能性を秘めているのである。

（伊藤泰郎）

▷5 フィッシャーの研究の背景は、以下の論文で考察されている。松本康, 2002, 「ネオ・シカゴ学派の都市社会学──シカゴ学派とハーバード構造主義の交差」『社会学史研究』24, pp.29-43。

▷6 フィッシャーは臨界量（critical mass）と呼んだ。

▷7 例えば、エスニック・サブカルチャーを支える制度の形成について、樋口は人口量以外のさまざまな要因を組み込んだ分析モデルを呈示している。樋口直人, 1996, 「エスニック・サブカルチャーの形成と資源動員──ニューカマー外国人の経験的研究のために」『一橋研究』21(3): pp.137-153。

▷8 したがって、問題は人口への集中ではなくそれへのアクセスということになり、フィッシャー自身も後に下位文化理論がこうした「アクセス理論」である可能性を示している。Fischer, Claude S., 1995, "The Subcultural Theory of Urbanism: A Twentieth-Year Assessment", American Journal of Sociology, 101(3): pp.543-577.

III　都市構造：都市の社会理論(2)

4　都市社会構造論

1　日本の都市社会学固有の課題

　社会学一般が必ずしも社会構造の解明を最重要課題としていないように，都市社会学も都市社会構造の解明を最重要課題とはしていない。社会移動と大衆化によって特徴づけられる近現代の都市社会を，構造として把握するのは容易ではない。具体的にみても，郊外のニュータウンや都心近傍のスラムの中に構造的な事実を見出すのが容易ではないことは明らかである。にもかかわらず，第二次世界大戦後の日本の都市社会学は，都市社会構造の解明に多大な労力を投入してきた。地域開発が生み出した企業城下町の研究も，コミュニティ政策の資源となる町内会の研究も，理論的には都市社会構造論として探究されてきたのである。

　そうした都市社会構造論にはっきりとした方向を与えたのは，倉沢進と似田貝香門による「都市社会構造論」という名の論文である。この論文は先行研究への批判を通して，集団構造として都市社会構造論を構築する方向を提示した。以下ではこの論文のストーリーに沿って，都市社会構造論の基本論理とその問題点を解説してみたい。

2　生活構造でも階級構造でもなく集団構造

　「都市社会構造論」論文において，まず批判されるのは鈴木栄太郎による「正常人口の正常生活」が持つ構造性，すなわち都会人の生活構造への注目である。そもそも鈴木は農村社会学で詳細に展開したような集団構造論を都市社会学では行わず，かわりに都市住民の生活上の定型性や反復性を構造として捉えようとした。この見方はマルクス主義経済学の労働者観とある程度親和的であり，鈴木の批判的後継者である鎌田とし子や布施鉄治らは，「都会人」を「賃労働者家族」に置き換えて，鉱工業都市におけるその解明を課題としてきた。しかし「都市社会構造論」論文は，そうした生活構造が都市において集合的に成立できる条件として，やはり集団構造を解明すべきであると主張する。

　次に批判されるのは，島崎稔の「都市の論理」概念である。島崎はマルクス主義経済学の立場から資本主義経済の再生産装置として都市を捉えるが，「都市社会構造論」論文は，そうした都市の論理が具体的に表れるのは，やはり都市内に展開する集団構造なのだから，それこそを解明すべきであると主張する。

▷1　倉沢進・似田貝香門，1970,「都市社会構造論」『社会学評論』21(2)。

▷2　[Ⅶ-14]参照。

▷3　鎌田哲広・鎌田とし子，1983,『社会諸階層と現代家族』御茶の水書房；布施鉄治編，1982,『地域産業変動と階級・階層』御茶の水書房。

▷4　島崎稔・北川隆吉編，1962,『現代日本の都市社会』三一書房。

このようにして「都市社会構造論」論文は，都市社会構造を集団構造として把握する方向を提示したのである。

3 構造と変動

では，都市内の集団構造を解明することによって，都市社会学はどのような新しい知識を得ることができるのだろうか。つまり都市社会構造論の目的とは何か。

それは，都市社会変動の契機を探ることである。集団構造のまさに構造的な矛盾点や，それ自体が内包する自己変革の契機を明らかにし，そこに関わる新しい集団的実践（社会運動や自治体の政策）の意義を取り出したり，そうした実践の成否の予測を立てたりすることである。つまり都市社会構造論は都市社会運動論や都市政策論とセットで探究すべきものなのである。そこで得られた集団構造に関する知識も，社会運動や社会政策に関わる当事者の実践に貢献すべきものなのである。「都市社会構造論」論文の一方の著者である似田貝香門は，都市政策が都市社会構造を維持・更新させる装置として作動する様や，都市社会運動が都市社会構造に新しい要素を加え，別種の構造へと変化させる様を，ひとつの地方自治体をある程度のタイムスパンを通して解析していく，「自治体行財政の社会過程分析」を提唱した。

▶5 蓮見音彦編，1983，『地方自治体と市民生活』東京大学出版会。

4 都市社会構造論の現代的可能性

しかし，こうした都市社会構造論には見過ごせない欠陥があった。まず集団構造が伝統的な村落のように持続的かつ支配的なものでは必ずしもない点である。というのも伝統的な村落でも集団構造は時間的に変化するし，鈴木栄太郎が前社会的統一と呼んだように，非集団的な要素も少なくないからである。産業都市の圧力団体や大都市の町内会の事例研究が蓄積される一方で，それがそれぞれの都市の中でどれほどの影響力を，どれほどの時間的・空間的広がりをもって与えているのかは自明のことではなかったが，それを自明視させる弊害を生じさせた。

また，現代の市場社会化，個人化の流れの中で，パーソナルネットワークや非営利組織など，従来型の集団構造では捉えられないような，都市住民の生活や集合的実践が増えてきたことがある。むしろそれらこそ新しい都市社会構造かもしれないのに，従来型の集団構造に固執する弊害を生じさせた。

ただし，阪神・淡路大震災や東日本大震災を経た今日，外からの衝撃による社会解体の危機を生き延びるための社会構造を規範的な意味で模索しなければならなくなってきている。町内会や消防団がそのままそうだというのではないが，そうした従来型の集団活動を通して人々が実現してきた社会維持・修復の営みを現代に再生させる条件を探ることも，現代の都市社会構造論の重要な課題であるように思われる。

（中筋直哉）

▶6 Ⅳ-15 参照。

III 都市構造：都市の社会理論(2)

5 町内会の歴史と未来

1 町内会の特徴

　町内会・部落会・自治会などと名称が違っても，現代日本の社会で定住し地域生活に入ることは，遍在する地域組織，すなわち町内会に加入することを意味する。任意加入とされてはいるが，現実には自動的かつ世帯員ぐるみの加入であり，そこに一種の社会的強制力が働いている。町内会がスタートした明治期から，国家は行政意志の徹底した浸透を図り，かつ民生施策の貧困を埋めるため，都市部では任意団体としての町内会の組織を利用する姿勢が強かった。町内会は，地域固有の地縁を基軸として，住民相互の親睦にとどまらず，地域住民が必要とする公共的サービスの重要な部分（初等教育，福祉，公衆衛生，安全，防災・防犯など）の一部を担い，しかも多くの行政事務を委託・委任され，行政権力の上意下達のパイプとして利用されてきた歴史をもつ。

　明治維新以後，急速に西欧的近代化の道を追求した日本は，町内会を動員した中央集権体制の構築にエネルギーを傾け，地方行政やその監督下におかれた国民の民生に対する政策は，ついに先進諸国のレベルにまでにはいたらなかったといえる。

2 町内会の歴史的系譜

　鎌倉期以後，村落社会には「惣村」と呼ばれる自治的地域共同団体が生まれ，中世後期，まず京都，遅れて大坂・江戸に成立した惣町と一定の相同性を持つ「町」は，町内会形成の原基となったと考えてよい。この町は，地域的単位として，その秩序を住民の手で共同管理し，町屋敷保有に基づく「町の人」の結合を生み出し，起請を経た加入と町に対する貢献義務を負担した。加えて町内の比隣相助のために「町掟」の受容から危機に際する共同防衛と内部治安の維持に協力し，加えて町役（年寄-月行事）を頭に「談合」で町政のあり方を決定し，さらに町連合（町組）へと参加する要件を存立の基盤とした。もちろん，こうした「町自治」の範囲と内容は，時の権力によってオーソライズされることを要し，権力の意志や指令（「町触」）に従属する。こうした町自治のあり方は京都・大坂・江戸の間に違いがあり，町管理のパターンについても日本の町の存立形態における「固有性」の比較分析が必要と考えられる。

▷1　名称は，部落会・町内会・自治会・町会・区会・住区住民協議会など，同一的には用いられていない。

▷2　町掟（まちおきて）
「町掟」とは，町方の自治運営や治安維持のための町内の規定である。

▷3　近年，優れた近世都市自治の研究が生み出されている（『年報都市史研究』シリーズ，山川出版社など）。

3 町内会の評価の対立

　町内会は，明治近代以後の貧困な国家・地方行政における民生施策の一部を地域として担うための下部組織にならざるをえなかった。さらに太平洋戦争時には，戦争遂行のために町内会は行政補完機能の担い手として動員され，国家総動員体制（大政翼賛体制）のもとで地域社会はさらに政治的に組織化された。1940（昭和15）年には「部落会町内会整備要綱」（内務省訓令）が公布され，上部組織である大政翼賛会のもとで戦意発揚・物資配給・徴税事務・出征兵士留守宅支援・防空・防火・救護など銃後を担う公認の末端行政機構として，翼賛会に任命された役員によって運営されることになる。こうして町内会は，戦時体制へと組み込まれるが，敗戦を経て連合国の占領下となる1947年，GHQ（占領軍総司令部）は，こうした町内会を軍国主義と戦争遂行の一翼と断じ，これを受けて政令第15号は戦後日本の民主化の障害として町内会の解散を決定した。町内会が戦争協力組織の一環として機能したことは，以後，研究者の間に「近代化の遅れ」を論点として残した。だが，このマイナスの歩みの記憶にかかわらず，占領の終結（講和条約以後）を迎えた1952年には，再び町内会の機能の復活・再生が，非公式に進められる。特に，戦後の混乱期にも町内会が日常の民生（生活物資の配給に始まる）を支えてきた点は評価されるところとなり，もうひとつの流れである「文化型」論という論点が浮かびあがった。

4 状況の変化

　高度経済成長の光と影の体験を背景に，1970年代から国家レベルで「コミュニティ施策」が登場し，国民の日常生活の場での「人間性の回復」が目標とされるなか，町内会がその舞台となる。さらに80年代には，テーマ別コミュニティの形成が大きな政策的課題となり，90年代以降，町村合併による地域再編政策の下で，衰退を露呈していた地域に新たに活力を投入しうる「自治的コミュニティ」の実現が論じられるにいたった。しかし，町内会は特に都市部でその加入率を低下させ，また都市化の大きな波により町内会を主体とした地域活動への住民の参加意欲も不十分となり，さらに地域への関心低下の流れの抑制も困難となり，町内会が負担してきた機能も専門処理機関の成熟に伴う代替がしだいに広がる。町内会の役割は大きく限定され，その存立状況の変化に耐えて生き残るには，新たな存在意義の確認，機能の限定と充実が求められる。その上で，「都市内分権化」を目標とした制度設計が具現化される。例えば「学区」規模で法的地位と権限を確立した地域自治区は，行政権限の一部を分掌するとともに，とくに地域評議会を附置することで，住民自治の質的成熟への一歩が歩みだされる。この流れのうちで，町内会にも，地域住民の積極的「参加」を実現させる意欲と行動の媒体となることが望まれる。

（小浜ふみ子）

▷4　1940〜50年代，町内会は近代化に逆行しているとの主張が大勢を占めていた。

▷5　「文化型」論
集団形成が伝統的な文化パターンと深く関連する点を主張する。また，町内会の社会的機能については，多数の研究が蓄積されている。倉沢進・秋元律郎編，1990，『町内会と地域集団』ミネルヴァ書房を参照。

参考文献
辻中豊編，2009，『現代日本の自治会・町内会』木鐸社。

Ⅲ　都市構造：都市の社会理論(2)

6 都市コミュニティの理論

1　産業化・都市化による社会変容の理論

　社会学は，産業化・都市化によりコミュニティがどのように変容していくかという問題に一貫して取り組んできた。その成果として一方では「アーバニズム論」(L. ワース)が，他方ではそれを批判する理論として「下位文化理論」(C. S. フィッシャー)が主張され，都市コミュニティの変容に関する理論化が進んだ。わが国においては，第二次世界大戦後の高度経済成長期に進展した産業化・都市化による社会変容を背景にして，「都市コミュニティ論」の研究が進められる。1960年代から70年代にかけては，大都市郊外周辺部において急速に拡大する**スプロール**地域の住民の暮らしや，各地に展開した生活環境条件を争点とする住民運動などを手がかりに，都市地域社会の秩序構造の分析が試みられる。その研究の多くは，流動性の高い地域社会を念頭において考えられた「大都市型コミュニティ論」であった。

2　大都市型コミュニティ論

　「大都市型コミュニティ論」の代表的な理論としては，倉沢進と奥田道大のコミュニティ論があげられよう。倉沢は，どの地域社会に住もうと，また永住する意志の有無にかかわらず，その地域社会を自発的共同によって向上せしめようとする態度を市民意識――コミュニティ意識――とした。すなわち，普遍的で脱地域的な市民を基盤とするコミュニティ論を提起したのである。そして，その新しい市民意識の萌芽を，団地住民の自発的な連帯行動にみた。一方，奥田は，都市化現象の規模の拡大と深化の過程にあって，都市コミュニティは新しく問われる積極的概念であると主張する。模範的地域社会の概念は，「地域社会の分析枠組」によって提示される4つの地域社会モデル(図Ⅲ-6-1)のなかの，「コミュニティ」モデルにあてはまる。それは，自然に醸成されるのではなく，住民主体の能動的運動による（状況変革的）社会化により新しい価値――地域的連帯――を創出する運動モデルとしてのコミュニティにあてはまるのだ。倉沢・奥田は新しい市民意識や地域的連帯の創出・形成可能性を強調するが，これを空想的性格・希望的観測であるとして批判したのが，鈴木広の「地方都市型コミュニティ論」である。

▷1　Ⅲ-2 参照。

▷2　Ⅲ-3 参照。

▷3　スプロール
都市外縁部の宅地化・市街化が，無秩序・無計画に広がっていくことをいう。生活基盤の整わないままの都市化の進行は，狭小過密な住宅群の増加，用排水系統の混乱，公共施設・都市施設の整備の立ち遅れなどのさまざまな問題を発生させた。

3 地方都市型コミュニティ論

鈴木は，地方都市とりわけ土着型社会の流動化を考察して「地方都市型コミュニティ論」を提起する。そこでは，コミュニティ意識は**コミュニティ・モラール**と，**コミュニティ・ノルム**の二軸から4つのコミュニティ意識の形態――（Ⅰ）地域的相互主義，（Ⅱ）地域的利己主義，（Ⅲ）開放的利己主義，（Ⅳ）開放的相互主義――と区分される。モラールは「相互主義-利己主義」を両極とする，共同性をあらわす軸として，ノルムは「地域的特殊主義-地域的開放主義」を両極とする，地域性をあらわす軸として設定され，両軸を交差することによって，4つの意識形態が図式化される。（Ⅰ）はコミュニティ意識の原型として，また日本の場合最頻型として時代を経て，（Ⅱ）（Ⅲ）（Ⅳ）へ変容しうるとする。（Ⅳ）は現実的にはユートピア的にのみ機能する類型とされ，そのため（Ⅳ）に近似する倉沢の「市民意識」や奥田の「コミュニティ・モデル」には否定的評価が下される。そこには，倉沢や奥田らの「大都市型コミュニティ論」が基底に持つ，コミュニティ解放論としての地域的共同体に対する否定的評価への批判がある。コミュニティ意識の原型である（Ⅰ）が破壊されたところには自己中心主義が帰結するしかないことを危惧するのである。

4 都市コミュニティ論の現代的課題

1980年代以降の日本における都市コミュニティの理論化は，主な舞台を「ネットワーク研究」と「エスニシティ研究」に移し進められていく。その過程において，上述三者の理論は賛否両面の評価を受ける。その要因として，三者の理論を成立させた都市社会構造の現在における変容がある。当時において先鋭的・少数型と説明されていた状況が現在では普遍的・多数型に，逆に当時普遍的・多数型と説明されていた状況が現在では少数型になるなど，社会状況のリアリティが時間の経過とともに変容することにより，当時は不可能とされた状況の実現可能性が現在において高まることがある。例えば，最初から断念された鈴木の「（Ⅳ）開放的相互主義」の意識形態が，利己主義の貫徹に対する相互主義への希求という社会意識の変容により，実現可能性が高まることが想定できる。都市研究の現代的課題が，都市社会構造の現代的変容に対応する新しい理論を示すことにあるとすれば，先行理論を成立させた都市社会構造の現在における変容結果を踏まえることが要請される。それにより，新しい都市コミュニティ論への懸け橋となる示唆的な再発見が可能となるのではないだろうか。

（竹元秀樹）

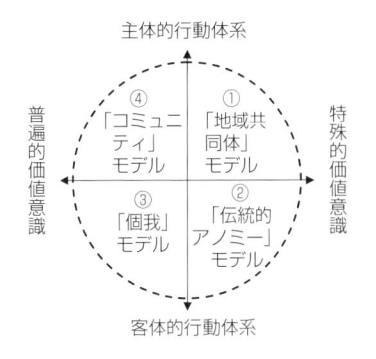

図Ⅲ-6-1 「地域社会の分析枠組」
出所：奥田道大，1983，『都市コミュニティの理論』東京大学出版会，p.28。

▶4 コミュニティ・モラール
士気意識に相応し，意識の大きさ（量・水準・強度）をあらわす。

▶5 コミュニティ・ノルム
規範意識に相応し，意識の質・方向性をあらわす。

▶6 例えば，奥田「地域社会の分析枠組」のなかの「個我」モデルが相当する。

▶7 例えば，鈴木の「（Ⅰ）地域的相互主義」の意識形態が相当する。

参考文献
倉沢進，1968，『日本の都市社会』福村出版
奥田道大，1983，『都市コミュニティの理論』東京大学出版会
鈴木広編，1978，『コミュニティ・モラールと社会移動の研究』アカデミア出版会

III　都市構造：都市の社会理論(2)

7 ハウジングとホーム
都市に住まう(1)

1　都市の希少資源

「ハウジング」は多義的な概念である。そこには，住宅という物理的建造物，居住に関わるサービスの集合体，市場で流通する商品，政策を通じて配分される財，といった，いくつかの次元が含まれている。▷1　ただし，いずれの場合も供給側の視点と密接にむすびついていることに注意したい。

都市社会学におけるハウジング研究のうち，1980年代までの主要な系譜は，人間生態学／マルクス主義都市理論／資源配分論の3つに整理できる。20世紀初頭，都市社会学の草創期に現れた人間生態学は▷2，のちに，計量的手法の導入により，都市における住宅の地帯構成や立地についてのモデルを洗練させた。マルクス主義都市理論と資源配分論は，1960〜70年代に「新都市社会学」や「ラディカル地理学」と呼ばれる立場とともに登場し，人間生態学に理論的視点が欠落している点を批判した。▷3

マルクス主義都市理論は，住宅を資本循環の過程で形成される建造環境として捉え，住宅供給を通じた労働力の再生産に着目した。資源配分論は，住宅をはじめとする都市の希少資源をめぐる社会集団間の葛藤と，資源を配分する都市管理者の働きに焦点をあてる。自然現象であるかのように居住の分化を描く人間生態学とは違って，異なった階級やエスニシティに属する人々の間で繰り広げられる闘争の舞台として都市を理解しようとしたところに両者の特徴がある。こうした視点の登場は，闘争の仲裁や予防の役割を担う福祉国家の成立や，居住空間の獲得を目指す多様な社会運動の展開に対応したものといえる。

2　福祉レジームと都市形態

ただし，先進工業国の間でも，福祉国家のあり方には，かなりの差異がみられる。G. エスピン-アンデルセンは「福祉レジーム」という視点を提示し，政府，家族，市場，非営利セクターといった，福祉の供給源の役割や規模の違いが，こうした差異を生み出すと論じた。

これを踏まえ，J. ケメニーは，オーストラリア，スウェーデン，英国を例に挙げながら，福祉レジームと住宅保有形態（tenure）に密接な関係があると指摘した。▷4　スウェーデンでは福祉への政府支出が大きく，持ち家率が低い。オーストラリアはその正反対であり，英国は両者の中間に位置する。これは偶然の

▷1　由井義通，1999，『地理学におけるハウジング研究』大明堂。

▷2　III-1 参照。

▷3　西山八重子，1986，「都市資源の管理——福祉国家の都市自治」吉原直樹・岩崎信彦編『都市論のフロンティア』有斐閣。

▷4　Kemeny, J., 1992, *Housing and Social Theory*, Routledge.

▷5　自ら居住するための住宅を購入する者の多くは家族形成期の若年層である。彼らは多くの場合，住宅ローンを利用しており，返済までは家計支出に占める住居費の割合が高くなりがちで，高率の税や社会保険料の負担を嫌う。一方，高齢期にはローンの返済が終わり，住居費は安くなっているので，それほど充実した生活保障を必要としない。このことから，福祉制度と持ち家にはトレードオフの関係が生じる。

一致ではなく，持ち家が高率の税や高水準の社会保障に対する抑止力として働くためであるという。

さらに興味深いのは都市形態との関係である。ストックホルムでは住宅のかなりの部分を占める集合住宅がシドニーでは少数派にすぎない。ロンドンは，やはり両都市の中間に位置する。ケメニーによれば，このような違いは生活の私事化／共同化の程度を反映しているという。高度に私事化された都市は人口密度が低く，広い宅地が確保される代わりに，自家用車なしでは暮らせない。公共サービスの水準は低く，市場や家族の役割が重視される。他方で，共同化が進んだ都市は，人口が集中し，保育・介護などの共同利用施設や公共交通機関が充実しており，女性の労働力率が高い。

ある社会の福祉レジーム，住宅所有形態，そして都市形態は，地理的条件や経済の発展段階によって自動的に決まるわけではない。そこには，政治ないしは交渉のプロセスが介在しているからだ。しかも，建造環境は長期にわたって存続する。このため，ある時期に作られた住宅や都市のあり方が，その社会が将来取りうる選択肢を左右してしまうのである。

図Ⅲ-7-1 「コレクティブハウス・ヨーン・エリクソン通り」（1934年）

出所：小川信子・外山義, 1991, 『ストックホルムの建築』丸善, p.24。

3 居住する身体

1980年代，英国の公営住宅払い下げに見られるように福祉国家の再編が進んだ。東欧革命後，旧社会主義諸国では持ち家率が急激に上昇した。金融のグローバル化は住宅の商品化に拍車をかけた。こうした動向に対応するべくハウジング研究が活発になるにつれて理論と方法への関心が高まり，構造化理論，社会問題論，シンボリック相互作用論，言説分析，物語分析などが導入された。

「ホーム」の意味や経験についての研究の増加は，住むことをめぐる交渉の様相をより適切に捉えるための枠組みの模索と深く関連している。ホームは，ハウジングと意味が重なりながらも，居住する身体に重点を置いた用語である。それは，身体が空間の内に住まう，あるいは空間を飼いならすことによって生まれるテリトリーに他ならない。S. マレットが言うように，ホームは名詞というよりも，状態を表わす動詞として捉えられるべきであり，必ずしも物理的な障壁によって区切られない，身体の存在の仕方である。ホームは多くの場合，特定の建造物として空間内に位置づけられるが，常にそれ以上のものである。ホームについての考察は，単なる住宅をこえて，メディアとイメージ，場所と記憶，旅と帰属をめぐる議論へと接続されるだろう。

社会的な場としてのホームが改めて問われるようになった背景に，生活の流動化と個別化が進行するなかで，ハウジングとホームの結びつきがゆらぎ，境界をめぐる交渉が重要性を増している状況を読み取ることができる。

（祐成保志）

▶6 Forrest, R. and Murie, A., 1988, *Selling the Welfare State: the Privatisation of Public Housing*, Routledge.

▶7 Jacobs, K., Kemeny, J. and Manzi, T. eds., 2004, *Social Constructionism in Housing Research*, Ashgate.

▶8 Blunt, A. and Dowling, R., 2006, *Home*, Routledge.

▶9 Mallett, S., 2004, "Understanding Home: a Critical Review of the Literature", *The Sociological Review*, 52 (1): pp. 62-89.

Ⅲ 都市構造：都市の社会理論(2)

8 nLDK
都市に住まう(2)

1 定型化された住宅

現代の日本では，大都市でも農村地帯でも，戸建てでもアパート・マンションでも，家族向けに作られた住宅の間取りに大きな違いはない。よく見られるのは，一定の独立性を持った居室をいくつか確保し，庭やバルコニーに面したところにリビングルームとダイニング・キッチンが一続きになった空間を配した「nLDK」（n 個の居室＋LDK）と呼ばれる間取りである。[1]

「脱 nLDK」は，1990年代以降の住宅建築に関する議論で繰り返し登場するテーマであった。そのなかで nLDK の原型として再発見されたのが「51 C 型」である。[2] 51 C 型とは，1951年度の国庫補助住宅標準設計のうち，食事室兼用の台所を南向きに配置し，壁で仕切られたふたつの居室を持つ約12坪の住戸を指す。食事室兼台所が「ダイニング・キッチン」という新たな名称を得ると，この間取りは「2DK」と表示されるようになった。

政府は，大都市圏で深刻化していた住宅難を緩和し，居住水準を向上させるため，1955年に日本住宅公団を設立する。公団によって鉄筋コンクリート造アパートの住宅団地が短期間のうちに大量に建設され，nDK タイプの住宅は近代的な生活のシンボルとなる。

2 ハウジングのシステム

建築家・山本理顕は，51 C 型の登場により，「初めて住戸という単位が，一つのセルのような隔離された単位になった」と指摘する。[3] 内部の間取りよりも重要なのは，ひとつの生活ユニットとしての住宅が，厚い壁や鉄の扉によって外部から隔離されている点である。戦後の住宅不足への対処を目指した簡素な造りの51 C 型と，現代の nLDK の隔たりは見かけほど大きなものではない。

では，こうした住宅はなぜ短期間のうちに私たちの生活に浸透したのだろうか。そこには建築技術に還元できない社会的条件がある。住宅の閉鎖性の高さは，親族や近隣から切り離された家族，とりわけ，親密な感情で結ばれた核家族の私生活に対応している。それはさらに，職住分離による居住機能への特化や，空間の細分化と私的占有にみられるように，働き方や消費の様式とも密接に関わっている。nLDK が凝縮された形で表現しているのは，住まいを成立させる諸制度の配置，すなわちハウジングのシステムに他ならない。

▷1 各居室は夫婦の寝室や子ども部屋として，LDK は家族が集まって食事をしたり，団らんの時間を過ごしたりする場所として使われている（ことになっている）。

▷2 鈴木成文・上野千鶴子・山本理顕，2004，『「51 C」家族を容れるハコの戦後と現在』平凡社。

▷3 上野千鶴子，2002，『家族を容れるハコ 家族を超えるハコ』平凡社，p.288。

歴史をひもとけば，それが必然的な姿ではなく，別なシステムの構想も不可能ではないことがわかる。例えばアメリカでは，マテリアル・フェミニストによって地域単位の家事の共同化が試みられ，「台所のない住宅と家事労働のない町」の実現を目指す実験が各地で展開されたことがある。もっとも，圧倒的多数の支持を集めたのは，家事を住宅の内部に留めたままでも合理化が可能であるとの主張であり，主婦の役割を固定しながら，家事の軽減を約束する設備や道具の導入であった。このとき見失われたのは，「なぜ孤立して幼児の世話をするのか，日に二，三度の食事の用意や，洗濯や，カーペットや家具やカーテンや床の手入れや，買物は，なぜ孤立して行われているのか」という問いである。日本のnLDKもまた，この根源的な問いを封じたところに成立している。

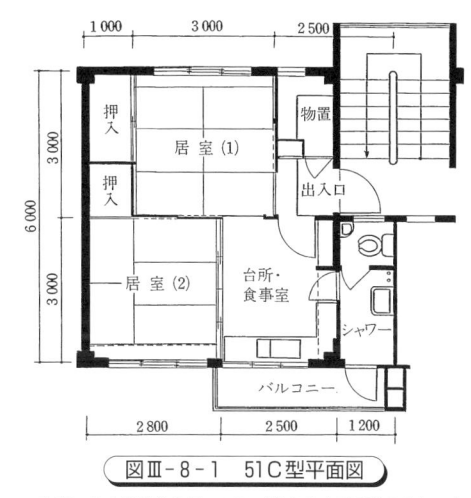

図Ⅲ-8-1 51C型平面図

出所：日本建築学会編，1989，『集合住宅計画研究史』日本建築学会，p.15。

3 nLDKの限界

nLDKと，その背後にあるハウジングのシステムは，依然として大きな力を持っている。しかし，その限界も明らかになりつつある。

住宅公団がnLDKタイプの住宅を供給しはじめた1960年代，企業は，賃金や年金制度などと並んで住宅を保障することで，優れた人材を集め，定着させようとした。独身寮，社宅，家賃補助，住宅資金積立・融資といった社内制度を通じて，「寮→社宅→持ち家」という人生のモデルコースが示された。企業にとって持ち家取得の支援は，従業員の帰属意識を高め，労使対立を緩和するメリットがあった。地価の上昇による社宅用地の含み益の増大は企業の資金調達を助けた。さらに，住宅規模の拡大と建設戸数の増加，住宅の付属物というべき耐久消費財の普及は旺盛な内需を生み，経済成長を下支えした。そして世帯にとって，持ち家は着実な職業生活と良好な家族関係の証しであった。

しかし1990年代，事態は一変する。地価の下落，従業員の高年齢化，市場のグローバル化によって，多くの企業は従業員の生活を手厚く保障する動機を失った。企業への従属と家族の忍耐によってようやく手に入れた持ち家は，安定した資産ではなくなった。含み損を抱えた企業が投資を控えるように，世帯は消費を抑制する。かつての好循環は悪循環に暗転した。

「住宅すごろく」のゴールとしての持ち家は，家族人数がもっとも大きくなるときの生活を想定している。このため，家族が縮小するときには過剰な空間を抱えることになる。雇用の流動化によって安定した住まいの確保が困難になる一方で，住宅を持て余す人々が増える。住宅の閉鎖性は，このようなミスマッチの解消にとって大きな障害となる。単なるモデルチェンジをこえて，ハウジングのシステムをいかに再編成するかが問われている。

（祐成保志）

▷4 Ⅲ-7で紹介したJ.ケメニーのレジーム論は，ハウジングのシステムが，各社会の支配的イデオロギーや政治的勢力関係によって分岐しうることを示した。

▷5 ハイデン, D., 野口美智子・藤原典子他訳, 1985, 『家事大革命』勁草書房, p.394。

▷6 大本圭野, 1996, 「居住政策の現代史」大本・戒能通厚編『講座現代居住1 歴史と思想』東京大学出版会。

▷7 平山洋介, 2009, 『住宅政策のどこが問題か』光文社新書。

▷8 森反章夫, 2005, 「『家族は解体するか』の問いかけの構図」都市住宅学会編『都市居住の未来』学芸出版社。

Ⅲ　都市構造：都市の社会理論(2)

9　住民運動と都市社会運動

1　地域開発と住民運動：「高度経済成長の時代」を超えて

　1960年，池田勇人内閣は「所得倍増計画」を発表し，日本は「高度経済成長の時代」に入っていった。池田は，この計画で「太平洋ベルト地帯」構想を打ち出し，1962年，地域間の均衡ある発展を目指す「全国総合開発計画（全総）」を策定した。これをスタートに，全総は第五次まで策定され，全国的な地域開発の指針となった。

　一方で，国家と資本の主導で進められた地域開発は，各地で自然や生活環境の破壊をもたらし，公害などの社会問題が発生する原因にもなった。こうした，開発のもたらすゆがみに，地域住民として反対する，あるいは，利益優先の開発に代わる地域社会の構想を掲げて対抗する「住民運動」が全国で発生した。

　地域開発と住民運動の対決は，高度経済成長政策を進める体制と地域社会の矛盾がもっとも集約的に現われる場面のひとつであり，この対抗の意味に向き合い，そこから新しい社会を展望することが，1960年代から1970年代にかけての都市・地域研究の焦点になった。

　この時期の代表的な研究のひとつが，似田貝香門などの研究グループによる『住民運動の論理』である。

▶1　松原治郎・似田貝香門編，1976，『住民運動の論理』学陽書房。

　もともと，ローカルな問題にねざして発生する住民運動は，特定の地域を超えた，全体社会のなかでの位置づけが難しい社会運動であった。似田貝はこの研究のなかで，全国的な地域経済のパターンと，個別の地域で発生するイシューの内容を突き合わせ，個別にはローカルに起きてくる問題が，全体として同時代の成長政策や全国的な地域社会構造の変化と結びついた現象であることを明らかにした。

　この研究が描き出した，福島県の原発立地反対運動，群馬県のバイパス建設反対運動・鉱害問題，新幹線建設反対運動，東京都世田谷区のショッピングセンター建設反対運動などの事例は，そのまま，「住民運動の時代」における貴重なドキュメントになっている。

　全国的な住民運動や市民運動の盛り上がりは，地域の保守支配体制に動揺をもたらし，東京都をはじめ，全国の都市自治体に革新首長を誕生させるきっかけになった。『住民運動の論理』では，東京都庁を対象に，「住民参加」の仕組みをどのように構築すべきかという問題も検討された。

2 「転換期」のなかの都市社会運動

1980年代にはいると,対決型の住民運動は次第に見えにくくなり,保守政治が勢力を盛り返した。こうした状況の中で,経済のグローバル化,情報技術の革新,公共サービスの民営化などの動きが進み,都市空間は再び資本主導による大規模な「都市再開発」にさらされていった。

この時代の都市空間に焦点を合わせ,「住民運動の時代」以降における新たな対抗軸のあり方を捉えようとしたのが,都市社会運動の研究である。

町村敬志は,東京における住民運動の量的研究を踏まえて,高度経済成長期に主流だった「ビル・建築物」関係の住民運動が減り,環境や福祉,女性など,従来とは内容やスタイルの異なる「新しい社会運動」が登場しつつあることに注目した。

似田貝香門は,住民運動の新たな展開として,町内会などの伝統的地域集団の活性化,多様な団体間で結ばれるネットワークの形成,「ボランタリズム」と呼ばれる新たな主体性を備えた社会運動とのつながりに注目した。

また,この時代は,社会運動の発生を促す政治経済的な「構造」とそれに対抗する「主体」の関係を捉える新しい社会構造のモデルが提起されたという点でも画期的だった。町村は,サッセンなどの議論を参考にしながら,「世界都市論」という形で都市の全体構造を捉える図式を更新し,似田貝たちの研究グループは,福山市や神戸市などを事例に,都市自治体における行財政構造の分析から,地域における多様な「集団」の位置どりを捉える,「社会過程分析」の方法を開拓した。

▶2 矢澤修次郎・岩崎信彦編,1989,『地域と自治体第17集——都市社会運動の可能性』自治体研究社。

3 「主体性」の再定義:未完の問いに向けて

高度経済成長がもたらすゆがみと対決した「住民運動」の時代から,1980年代以降の多様化する「都市社会運動」の時代へ。それは,断絶なのか,連続的な継承関係にあるのか。1960年代・70年代の住民運動は,保守化する社会のなかで「停滞」したのか,それともそのあり方を「変容」させたのか,変えたとすれば,それはどのような「変容」だったのか。

住民運動論や都市社会運動論を通じて提示された仮説群は,今も開かれた問いとしてある。なぜなら,グローバリゼーションの流れのなかで,20世紀の高度経済成長期につくられた「構造」を再編する過程は継続しており,非正規雇用の増大や格差の拡大,地方経済の衰退など,その過程で表面化した問題に対する「主体性」の再構築が,いま新たに問われているからだ。

複雑化する社会の「構造」とそれに対抗する「主体」の関係をどう捉えるか——住民運動論や都市社会運動論が投げかけた問いは,新たなステージでの「再開」を待ち望んでいる。

(山本唯人)

参考文献

町村敬志,1994,『「世界都市」東京の構造転換』東京大学出版会。

似田貝香門,1992,「現代都市の社会過程分析」鈴木広編『現代都市を解読する』ミネルヴァ書房。

III 都市構造：都市の社会理論(2)

10 地域コミュニティと地方政治

1 液状化する「町内社会」と「劇場型選挙」

空中戦と地上戦という選挙用語がある。メディア上の討論会や駅頭演説のようなマス・マーケティングが空中戦，公選ハガキ▷1に代表される「ドブ板戦術」が地上戦。都市部の住民の多くがイメージする選挙は空中戦だが，農村部のみならず，常態化している低投票率を奪い合う都市部の地方選挙でも，多くの候補者にとって空中戦に頼るのは危険過ぎ，地上戦が合理的な選択となる▷2。

地方自治の末端である市議や区議たちは，町会や同業組合の幹部層と懇意になって支援を取り付け，入手した名簿をもとに日常的に直接会いにいき，集会に動員し，地域組織の構成員の家族を含めた票を期待する。「顔の見える」票の積み上げを基本戦略とする選挙とは，社会科学的に言えば，地域の社会関係資本を可視化して資源化する営みにほかならない▷3。

こうした地方選挙という営みの実像とは，「町内社会」のお祭りだと言えるだろう。狭い区内に候補者がひしめく東京の区議会議員選挙では，顔なじみの複数の区議に義理立てするために，家族や従業員の票割りに頭を悩ます町会役員や商店主の姿が珍しくない。しかし，地付きの住民や自営業者など，地域に関与と関心を寄せざるを得ない人々が主導し，あとはせいぜいPTA活動に熱心な母親層が接点を持つ程度に過ぎない「町内社会」は，流動性の激しい現代では衰退著しい。ところが，「町内社会」や地域組織が住民の大多数を包含しえず，「顔の見えない」票が増えていってもなお，多くの陣営は，「町内社会」を相手に票を積み上げる地上戦以外に確固とした方法論を持ち合わせていない。

かくして，「有権者」と「顔の見える票」の乖離はますます顕著になり，地方政治の選挙は，地域のごく一部だけが関わりを持つサブカルチャーといった様相を深めていく。しかしそのサブカルチャー的な地方選挙が，代表者を選出する正当な手続きを目的としていることには違いなく，そこで選ばれた議員や首長が関わる政治的決定は，大多数の「顔の見えない」市民に対しても正当に影響を及ぼす。こうした状況が健全であるはずはなく，旧来型のドブ板選挙はここ20年あまり，「しがらみ」を作る政治として盛んに批判されてきた。

そうした「町内社会」の液状化を突く形で，一般有権者＝無党派層の票を掻っ攫っていくようになったのが，いわゆる劇場型選挙である。そして近年，国政やタレントが絡む知事選のみならず，一般の地方議会選挙でも従来の選挙

▷1 公選ハガキ
選挙ごとに公選法で定められた一定枚数を，推薦人を明記して選挙事務所から送付するハガキ。

▷2 候補者の名前を連呼して煩がられるあの選挙カーにしても，まともな選挙事務所ならさすがにそれで浮動票が獲得できるとは期待してはおらず，支持者に選挙戦で頑張っていることを知らしめ，彼らのテンションを上げるために行う地上戦の一戦術なのだ。

▷3 系列の市区町村議を組織してゆく都道府県議選や首長選挙も，概ねこうした手法の重層的な積み上げ——縁のある市議の親分（の親分）への投票行動——である。

の常識からは逸脱するような振れ幅の票の大移動が起こるようになっている。「町内社会」が衰退している上に、ある政党が特定の中間団体や社会層の利害を無条件に代弁できなくなった当然の帰結として、所属する地域組織の推薦や「知り合いの市議（の親分）」への義理立てからなる基礎票が激減し、ワイドショーが連呼する「空気」に影響された投票行動が支配的になっているのだ。

❷ ネット選挙で何が変わるか

こうした状況の中、市区町村議会選挙レベルでも、旧来の地上戦に頼らない新しい世代の政治家が登場し、「町内社会」の解体が著しい新興住宅地が多い自治体などでは、颯爽と初出馬した20代の最年少候補や女性候補が市議会選挙のたびに上位を独占するような、ミニチュア版劇場型選挙ともいえる現象が生じている。しかし、より開かれた民意に基づいた地方政治という期待を彼らにかけられるかと言えば、それは少々心許ないかもしれない。「町内社会」の有力者たる従来型のドブ板地方政治家ならば、いかにそれが限定的な住民層としか向き合えないものであれ、後援会活動や地域の中間団体の会合へ日参することが、地域課題を把握し、有権者の声を吸い上げる機会になっていた。それに対して、「町内社会」や特定の中間団体と関わりが薄く、組織化された後援会を持たない空中戦メインの若手政治家は、たしかに幅広い民意を「しがらみ」なく吸い上げる可能性を持ってはいるが、まったく逆に何らの市民の声にもほとんど触れられないまま無為な4年間を過ごしてしまう危険性もある。

彼らが重視するインターネットにしても、何らかの情報を集めようという明確な意思を持って検索しない限り、有益な情報にたどりつくことのない能動性を特徴とするメディアである。地域におけるwebの活用は、「町内社会」のつながりの再活性化には寄与するが、そこからまったく外れている人たちを再包摂する契機にはなりにくい。地方選挙で言えば、「町内社会」と完全に無縁に生きている有権者のディスプレイに、地域課題に関する議論や情報が表示される機会はない。基礎自治体の政策に関するネット上の「つぶやき」を拾うにしても、地域課題に特段の関心を持ちかつネット環境と親和的な人々、すなわち旧来のドブ板政治家が触れている範囲の民意の縮小版となってしまいがちだ。

ネット選挙運動解禁への期待は大きいが、基礎自治体レベルでの政治参加の前提となる地域課題への関心を喚起するためには、やはり活発な「町内社会」の存在が必要であり、ネットはそれだけでは参加型民主主義を生み出す万能薬とはなりえない。結局のところ、「顔の見える票」と「有権者」との乖離を解決するには、閉鎖的なまま立ち枯れていこうとしている既存の「町内社会」を、いかに開かれた町内＝地域コミュニティに再編していくかという、古くて新しい課題を避けて通れない。そして、インターネットというフラットなメディアは、その再編のプロセスにこそ大きな威力を発揮するだろう。（五十嵐泰正）

▶4 例えば、「政権交代への前哨戦」とメディアに位置づけられて民主党が地滑り的勝利を収めた2009年7月の東京都都議会議員選挙や、菅直人政権の震災対応への不安が喧伝されて各地で民主党現職議員が敗北した2011年4月の統一地方選などが顕著な例である。

▶5 こうした点から考えると、直接民主制を想像しやすい基礎自治体の選挙よりむしろ、メディア上の話題になることでネットでのつぶやきも増大し、ロングテールの民意を拾える国政や話題性の高い知事選挙などの方が、東浩紀の言う「一般意志2.0」（東浩紀，2011，『一般意志2.0』講談社）を機能させやすいのではないだろうか。

▶6 R.パットナムは、ある地域において民主主義をうまく機能させるには、社会関係資本の蓄積が重要な鍵を握っていると強調している（パットナム，R. D.，柴内康文訳，2006，『孤独なボウリング』柏書房）。

▶7 本項の課題からは外れるが、「地域コミュニティの再建／再活性化」という文脈で近年盛んになっている地域情報論の応用として、地方政治の再活性化も図ることは可能であろう。

参考文献

カーティス，G．山岡清二・大野一訳，2009，『代議士の誕生』日経BP社。

玉野和志，2005，『東京のローカル・コミュニティ』東京大学出版会。

Ⅲ　都市構造：都市の社会理論(2)

11 都市とジェンダー

1　都市社会とジェンダー的視点

　都市とジェンダーという視点でこれまで研究が蓄積されてきたのは，主に「育児」と「労働」の領域である。育児の問題は「家族」と関わり，労働の問題は「産業」と関わる。高度経済成長期に，都市の産業構造や家族の様態が変化し，従来とは異なる状況に直面したことで，都市社会の分析にもジェンダー的視点が取り入れられるようになった。

　産業化の進展に伴って，性別役割分業が再編成され，家族機能が変化し，新たな問題群が生じるようになり，都市空間に生じた変化や，都市的生活様式の浸透と関連づけながら，このような問題群を分析する際にジェンダー的視点を組み込んだ実証分析が蓄積されてきた。

2　郊外化と性別役割分業

　20世紀前半に都市に流入してきた人口は，都心インナーエリアに集積し，都市化が進展した。日本では大量の国内労働力の地域移動が生じた高度経済成長期の初期までこの傾向が続いた。流入者が家族を形成するようになった中期以降は，郊外の住宅地開発が進み，核家族が都市郊外に集積するようになった。

　被雇用者が就業する事業所は都心部に多く集積し，郊外には労働力を吸収できる事業所の立地は多くなかった。また，郊外化の初期には，道路・鉄道などの公共交通機関の基盤整備が追いつかず，郊外の住宅地から都心の事業所への通勤には時間を要した。さらに郊外では保育・教育施設の整備も不十分で，育児にかかる家族負担が増した。

　このような諸事情から，郊外化の進展は「男は仕事，女は家庭」というように，賃金労働を男性に，家事労働を女性に割りふる，性別役割分業を進行させ，「男性稼ぎ主」「専業主婦」の組み合わせという核家族モデルを一般化させていった。所得の上昇がこのようなモデルの実現を可能にしたのである。こうして，家族内のジェンダー秩序に即して，公的領域と私的領域の労働を分担する，都市サラリーマン核家族が定着していった。

3　郊外住宅地とコミュニティ活動

　都市郊外で核家族が増加し，性別役割分業が再編成されていった結果，育児

に関わる成人の家族員は縮小し，母親の育児負担が増した。また，男性の長時間労働による家庭内の「父親不在」が問題になり，育児環境の貧困化，母親の心理的負担の増大，時間的資源・関係資源の狭隘化などが社会問題のひとつとして認識されるようになった。[1]

そして，社会的施設の不備や閉塞する私的領域に生じる問題を広く公共の問題として問うため，1970年代には郊外住宅地で市民運動が活発に展開していった。運動の担い手の主力は，いわゆる「全日制市民」として地域コミュニティを日常生活の場にしている専業主婦だった。彼女らは，生活者の視点から，生活世界の危機を訴え，生協活動，子どものための文化活動，社会教育施設の建設請願・拡充活動，地域福祉活動，自然環境保全活動，衣食の安全を目指す生活環境運動など，コミュニティをベースにした多様な生活改善の運動を展開させていった。

このような活動を基盤に，「活動専業主婦」層が顕在化し，生活クラブ生協を母体にした「代理人」方式による女性の政治参加の形態が生み出されるなど，都市政治にジェンダー的視点を導入する契機が作られていった。[2]

以上のように，郊外住宅地に集積する専業主婦をめぐる問題や，その活動に着目する研究は，階層としては中間層の既婚女性を対象にしたものである。高度経済成長期に増大した新中間層と多様化する都市的生活様式という時代的な特徴が反映されている。

4　再都市化とジェンダー

1980年代以降，日本の都市でも都心インナーエリアの再開発が進み，少子化・晩婚化や，不動産価格の変動などの影響により，人口の都心回帰傾向が見られるようになった。高所得の専門職女性はシングル世帯や共働き世帯を形成し，都心居住を選択する例も多く見られる。また，都心の就業地に近く，多様な余暇・娯楽活動が享受できる再開発地区の集合住宅の購入者層になった。[3]

都心インナーエリアや，都市空間の再編に女性がどのように関与しているのか，再都市化とジェンダーの関係を探り，都心地域における女性の活動を分析する場合，女性の就業構造の調査は不可欠である。[4]サービス業など，女性と関わりの深い労働市場の調査の充実が期待されている。脱工業化社会においては第三次産業の成長が著しく，都市にはサービス業就業者が多い。人口の集積がサービス業の発達を促進するためである。サービス業には，企業関連サービス，余暇関連サービス，生活関連サービスなどがあり，都市における立地状況も，就業者の構造も異なる。女性は，より低所得の不安定雇用のサービス労働に配置されがちである。都市と産業構造の変容，サービス業と貧困，格差拡大について，ジェンダー的視点を組み込んだ分析が必要とされている。[5]　　　（武田尚子）

▶1　矢澤澄子編，1993，『都市と女性の社会学』サイエンス社；矢澤澄子・国広陽子・天童睦子，2003，『都市環境と子育て』勁草書房など。

▶2　国広陽子，1993，「女性政治参加のニューウェーブ」矢澤澄子編『都市と女性の社会学』サイエンス社，pp.217-254。

▶3　若林芳樹他編，2002，『シングル女性の都市空間』大明堂。

▶4　武田尚子，2009，『もんじゃの社会史』青弓社。

▶5　武田尚子，2010，『温泉リゾート・スタディーズ』青弓社，pp.9-104，pp.179-189。

Ⅲ 都市構造：都市の社会理論(2)

12 都市化と社会移動

1 都市化とは何か

　一般に都市とは多数の人口をかかえた大きな集落である。しかし都市はそこに定住する人々だけによって成立し，機能する訳ではない。外部の人々へと命令を発する政治都市，モノを生産し，それを外部で売りさばいて利益を上げる工業都市，外部からもたらされる物資を交換する場を提供する商業都市など，都市は外部と結びつく機能（要素）を（多くの場合には複合的に）持っている。当該都市を生み出し，維持するための機能が強化される場合には，その機能を支え，維持する人々がさらに多く必要となる。特に近代都市は資本主義の発展を支える商工業の拠点として，ほとんど常に外部からやって来る人々によって支えられてきた。そして，新たに流入した人々が居住地を拡張していく。

　すなわち都市化とは，当該都市を都市たらしめる機能が外部との関係の中で生じ，その機能を支えるための建造環境の整備がなされ，外部からの人口流入を伴って都市空間が編成・再編成されていく一連の過程を意味しよう。

2 空間的移動と社会移動

　社会移動とは，職業や所得などの諸基準によって表現される個々人の社会的位置が変化することである。社会学者の中には空間（地理）的移動を社会移動に含める者もあるが，ここでは両者を分けながら，都市化をもたらした人々の空間的移動と社会移動の関係を概観する。

　例えば日本の高度経済成長期（1955～73年頃）には，集団就職と呼ばれる労働力移動が国家プロジェクトとして制度的に実施され，農村部に滞留する可能性のあった新規中学校卒業者が就職列車などによって都市部に送り出された。農山漁村を離れ，より良い生活を求めて都市に向かい，商工業に従事した人々は多かった。同時に，都市部では戦後における生活の安定化とともに高校進学率が上昇していたため，低賃金で雇用できる新規中卒者を都市部で得ることが困難であったという事情もある。労働力需給がマッチしたのである。

　もちろんこれ以外にも都市を目指した人々は多かった。企業の周旋人によって雇用される者，都市部にすでに定着していた同郷者を「つて」として都市へと移り住んだ者など，さまざまなケースがあった。しかしそのいずれも，賃金や雇用機会を求めたり都市生活にあこがれたりと，都市部と農村部の社会・経

▷1　実際には集団就職の基本形態はすでに戦前に作られていた。集団就職を象徴する就職列車は，筆者が確認している限りで戦前の1939年には運行されており，戦後でも1951年には確認される（山口覚，2016，『集団就職とは何であったか──〈金の卵〉の時空間』ミネルヴァ書房）。

済的な格差を前提とする移動であった。外部から都市へとやって来た労働者の多くは社会的下層に位置づけられ，低賃金単純労働に従事することになる。そして，出郷者各自が都市生活を通じてそれぞれ異なった形で社会移動するとともに，学歴などをめぐる意識にも差異が生じていく。社会移動は世代を超えて考える必要があろう。

▷2 例えば学歴を重視するか否かで子どもに対する教育機会も変化する。

3 バージェス・モデルに見る都市化と社会移動

多数の人々が集まってきて都市化が生じるとき，その居住地は必ずしもランダムなものにはならない。シカゴ学派都市社会学者のひとりである E. W. バージェスは1925年に同心円地帯理論を発表した。都市に移動し，定住するようになった人々の居住地を，経済的階層ごとに同心円状に区分して見るというのがこのモデルの特徴である。

▷3 III-1 VI-2 参照。

都市化の過程において，都心部は企業の中枢や行政機関が立地する「中心業務地区」(CBD) としての機能に純化していく。その外周部には多くの工場が立地し，他所から集まってきた労働者の居住地が形成される。金銭的余裕ができれば居住環境の良い郊外を目指して移動する者も出てくる。郊外への転居という空間的移動は社会移動と密接に結びつく。このモデルでは富裕層がもっとも遠郊に住む者となる。先に見た集団就職者の例でも，事業に成功する者，より下層の労働市場に陥る者などに分化し，それによって居住地も変化してきたと考えられる。

4 都心回帰の時代

都市の在り方はその後，産業構造の変化やグローバル化の影響下で生じた工業の相対的衰退，情報産業の発展などに特徴づけられる「脱工業化」によって変化していく。工業の弱体化は労働者の解雇や流出を伴う。この一連のプロセスは「反都市化」と呼ばれる。都心部の公園などに居住せざるを得ない野宿者も増加していく。

他方で1990年代，特に2000年代以降には，建築技術の進展と高層建築に対する法的規制緩和によって多数の超高層住宅（タワーマンション）が都心部で建設されるようになった。都心部には世界（外部!）からもたらされる情報や商品が集中するため，そこに居住することは社会的優位の確保に結びつく可能性がある。かつては水平方向へと郊外に拡大していった都市が，今日では垂直方向に延伸する。快適性を求めて郊外へ移動した富裕者が都心部に帰還するとき，都心部もまた快適性を表現する場へと変貌する。富裕層を中心に支持される新しい居住パターンは「都心回帰」をもたらす。貧困な人々は，こうした現象と相即的に都心部から排除されるようになる。富者が流入し貧者が排除される都心部の姿は，新たな都市化の姿を示していよう。

（山口 覚）

参考文献

東浩紀・北田暁大，2007，『東京から考える』NHKブックス。
中野正大・宝月誠編，2003，『シカゴ学派の社会学』世界思想社。
山口覚，2006，「シカゴ学派都市社会学――近代都市研究の始まり」加藤政洋・大城直樹編『都市空間の地理学』ミネルヴァ書房。
若林幹夫，1992，『熱い都市 冷たい都市』弘文堂。

III　都市構造：都市の社会理論(2)

13　県人会

1　同郷者集団としての県人会

　県人会とは，他所へ移動した人々が同県人とともに創り出す同郷者集団である。ここで言う同郷者集団とは，故郷を離れた人々（＝出郷者）が，同郷者とともに，移住先において創出する社会集団の総称である。「県」という比較的広域を「同郷」の単位とする県人会から，出身市町村や出身集落・学区・島などの狭域を「同郷」の単位とするものまで，同郷者集団にはさまざまなものがある。後者のように比較的狭い空間的範囲を同郷の単位とするものは「同郷団体」とか「郷友会」と呼ばれてきた。

　同郷者集団は日本固有のものではなく，移動現象に付随して世界中で見られる。海外に居住する日系人が設立した県人会も存在する。ここでは日本の都市部で見られる県人会を取り上げてみよう。

2　県人会とは何か？

　県人会は明治期から現在にいたるまで確認される。特に農村部から都市部へと多数の人々が移動した高度経済成長期（1955～73年頃）に設立されたものが多い。それ以降では人口移動が以前ほど活発ではなくなったため，総じて県人会活動は弱まってきている。しかし名古屋市で2000年から毎年開催されている「ふるさと全国県人会まつり」のように例年10万人以上を集める新しいイベントもある。これは読売新聞社が主催する大がかりな地方物産展とでも言うべき催しであり，2017年では38道県人会がこのイベントに参加した。このイベントに合わせて新たに設立された県人会もある。

　県人会は多くの場合，望郷の念を癒すための集団というイメージで語られてきた。しかし県人会の目的や活動はそれほど単純ではない。

　そもそも県人会がどのように会員を集めるのかという点が問題である。出身集落や学区を同郷の単位とする同郷団体であれば，多くの会員同士が故郷を離れる以前から知己であった可能性が考えられる[1]。では県人会はどうであろうか。都道府県は集落や学区よりもはるかに広いため，出郷以前から会員同士が知り合いであるケースは必ずしも多くない。わざわざ同県人を集め，県人会が組織されるのは何故であろうか。

▷1　ただし，実際に同郷団体について調べてみると，会組織ができるまでは同郷者間の関係が弱かったという例も珍しくない。相互の関係が弱いからこそ人間関係の再組織化が図られるのである。

3 県人会の種類と活動

　県人会が設立されるには，ある程度の人数の同県人が比較的狭い範囲に集まっていることが前提となる。県人会の多くは大企業や官公庁，有力大学などが立地し，多くの同県人を見出しやすい都市部で設立される。特に多数の出郷者が雇用されている大企業では「職域県人会」の活動も珍しくない。また，出身市町村や出身集落ごとの同郷団体がすでにあり，それらを結合して県人会が組織される例もある。こうした設立プロセスは比較的理解しやすい。しかし，ある特定の個人が，それまで無縁の同県人を探し出して県人会を組織する例もある。県人会を考える上で，こうした事例は興味深い対象となる。

　大半の県人会の主要な活動目的は「親睦」の場を創り出し，故郷を懐かしんで語りあいながら飲食する機会を提供することにある。ところが，これと並行して，まったく別の目的をあわせ持つ県人会も少なくない。その最たる目的が国会議員から地方議員にいたる「同県出身の政治家の後援」である。県人会をノスタルジーと結びつけて語るだけでは不十分なのである。

4 故郷と現住地：ふたつの空間準拠系

　多くの県人会は「尼崎高知県人会」や「東海長崎県人会」というように「〇〇△△県人会」と名乗っている。「△△」には出身県名が入る。県人会は出身県という「空間準拠系」，つまりアイデンティティを枠付ける空間的基盤をもって設立される。しかし多くの県人会はもうひとつの空間準拠系を持っている。それは会名の「〇〇」に相当し，都市や都道府県の名称がそこに入る。「〇〇」に入る地名は多くの場合，どの空間的範囲から会員を集めているかという指標となる。また，その県人会の性格を示していることもある。

　例えば尼崎高知県人会は，工業都市として知られる兵庫県尼崎市で1963年に設立された。この設立年は統一地方選挙の年と同じである。同会は，尼崎市議会議員選挙に立候補した高知県出身者の個人的発案で，尼崎市内に居住する同県出身者を組織して設立された。そこには集票という政治上の目的があったのであり，会名の「尼崎」は選挙区と同じ意味であった。しかし尼崎高知県人会の場合，この候補者が落選してしまったこともあって親睦を主目的にするよう組織改編がなされ，その後は尼崎市外の会員を増やしていった。

　名古屋市に拠点を置く県人会には「名古屋」を名乗るものもあるが，その多くは「中部」や「東海」を使っている。後者のような県人会は広域からゆるやかに会員を集めていよう。しかしそれらの県人会もまた，現住地における社会的・政治的コンテクストと結びつく活動目的や実践を有するはずである。県人会は故郷への望郷の念だけに基づくものではなく，現住地に生きる人々＝都市人の「『いま・ここ』のネットワーク」でもあるからである。

（山口　覚）

▷2　2017年のふるさと全国県人会まつりに参加した38道県人会のうち，「名古屋」を会名に持つのは新潟，福井，長野，滋賀の4県人会であった。以下「愛知」3，「中京」5，「東海」18，「中部」8となっている。

参考文献

寺岡伸吾，1995，「ふるさと静岡県」中野正大編『静岡県の地域イメージ』静岡新聞社，pp.170-222。

冨山一郎，1990，『近代日本社会と「沖縄人」』日本経済評論社。

フィッシャー，C．，松本康・前田尚子訳，1996，『都市的体験』未來社。

松本通晴・丸木恵裕編，1994，『都市移住の社会学』世界思想社。

山口覚，2008，『出郷者たちの都市空間』ミネルヴァ書房。

III 都市構造：都市の社会理論(2)

14 都市の歴史社会学と都市の比較社会学

1 「現在学」としての都市社会学を超えて

　都市社会学に限らず，戦後日本の社会学には著しく「現在学」的な偏向があったように思う。1980年代に網野善彦や阿部謹也らの仕事に触発された社会史ブームが起こり，また M. フーコーの言説分析が流行するまでは，歴史は社会学の領分ではないとされることが多かった。都市社会学においても，「町内会論争」という限られた問題関心においてのみ歴史への遡及が見られた。ただしそれも近代史の中で町内会の形成史を跡づけるだけであって，歴史研究を通して現在を相対化するという，歴史的思考の本義を追求することはなかったように思う。

　数少ない都市の歴史社会学的研究として，吉原直樹らの『町内会の研究』がある。これは研究対象を中世以来の商業定住にまで広げ，町内会論争に新しい視野を開いたが，しかし，中野卓の『商家同族団の研究』が明らかにしたように，中世，近世，近代それぞれの商業定住には商業の存立に関して質的な違いがあり，同じ場所に存続しても，定住者たちの生み出す社会に質的な継続性があることは自明ではない。吉原らの研究はその点を重視しなかったため，結局，町内会は日本の地域社会の文化の型であるとする，「町内会論争」の一方の立場である「町内会文化型論」とあまり違わなくなってしまったといえる。同じ形態の事実でも，それを取り巻く全体の中に位置づけられる仕方が違えば，それは構造的に異なる事実なのである。都市の歴史社会学は，事実の時間的継続性よりも断絶性の方に注目すべきなのであり，また歴史上の多様な都市の表れを平等に取り上げ，比較すべきなのである。

2 都市の歴史社会学の百科全書派

　事実の時間的継続性にこだわらない都市の歴史社会学の代表的研究者は，藤田弘夫であった。藤田は古今の歴史学者による都市誌を数多く集め，整理し直すことを通して，都市の最大公約数的特徴を取り出そうとした。特に飢餓のような病理的な現象，都市住民の生そのものを脅かすような事態に強く関心を向けた。ただし，彼は決して単一の成長モデルや発展理論によって都市を解釈しようとはしなかった。歴史はあくまで事実の収蔵庫なのであって，マルクス主義経済学のように，それ自体に論理を読み込むことを禁欲したのである。

　もっとも，こうした禁欲がかえって研究の自由な展開の妨げになるおそれが

▷1　吉原直樹他，1989，『町内会の研究』御茶の水書房。

▷2　Ⅵ-6 参照。

▷3　Ⅲ-5 参照。

▷4　藤田弘夫，2003，『都市と文明の比較社会学』東京大学出版会。

ないとはいえない。たとえば、小木新造の『東京時代』は、近世城下町江戸と近代の首都東京の間に、そのどちらにも還元しきれない「東京（とうけい）」という都市社会が存在したこと、寄席文化や下町の生活など、そこで生み出されたものが近代の東京の部分的な基層となっていることを描き出した。実際の都市は互いに成分の異なる地層のような過去の堆積の上に、そうした歴史をなかば無意識化しつつ存在する。だから、そうした地層を一枚一枚はぎ取り、不連続面を分析する方法が必要なのである。

▷5　小木新造, 1980,『東京時代』日本放送出版協会。

③　都市の比較社会学の本願

　歴史社会学の本願が、フーコーがそうであったように、自明視された現代、あるいはそこにいたる発展史を相対化することにあったとすれば、比較社会学の本願は、R. ベネディクトがそうであったように、同じかたちの事実が異なる体系性を持つ社会の中でいかに異なる位置づけを与えられるかを示すことによって、自明視された現代を相対化することにあったといえよう。この本願を現代社会の根底的変革への思想運動に高めたのは真木悠介（見田宗介）であった。真木の影響のもと、比較社会学と銘打った作品が数多く生み出されたが、そのなかで都市に照準したのは若林幹夫である。

▷6　真木悠介, 1977,『気流の鳴る音』筑摩書房。

　若林は都市の構造的特質を「二次的定住」と定義する。この概念は単純だが、比較の基準として意味の深いものである。都市を含む社会と都市の関係を一次と二次と捉えれば、一次と二次の間に共通性と差異性が同時に読み込める。その差異性も、階層性か、対立か、支配か、闘争か、いろいろな解釈が可能である。例えば、第二次世界大戦後の日本社会が生み出した郊外のニュータウンという形象は、当時は都市のまがいもののように扱われたが、若林の概念を使えば、まさに戦後社会固有の二次的定住ということになり、もっとも都市的な現象として分析可能になるのである。

　もっとも若林の『都市の比較社会学』は、真木が比較社会学の先に構想したような、私たちの定住観を覆す新しい二次的定住像の提示にはいたっていない。その意味では、藤田と同じく、その企図はまだ百科全書的な段階に留まっているといえるかもしれない。

▷7　若林幹夫, 2007,『郊外の社会学』ちくま新書。

④　研究戦略としての歴史と比較

　以上のように見てくると、都市の歴史社会学においても、都市の比較社会学においても、取り上げる歴史上の都市以上に、研究戦略としての歴史的思考や比較思考の方向性が重要であることがわかる。歴史上のさまざまな社会において、つねにそれ以外の部分から差異化してあらわれる、都市の非通念性を損なわずに捉えるためにこそ、歴史と比較の方法が動員されなければならない。

（中筋直哉）

III　都市構造：都市の社会理論(2)

15　民俗学・人類学の都市研究

1　都市化への対応

　第二次世界大戦後，日本の地域社会は，都市化の進行により大きく変容した。都市化は，民俗学・人類学が主たる研究対象としてきた村落社会までものみこんでいった。そのため，研究対象を喪失することに対する危機意識が生まれ，またそれまで都市社会に関心が低かったことへの内省的な批判も加わり，研究対象としての都市社会への関心が高まる。こうして日本では，1960年代・70年代に都市民俗学・都市人類学が提唱され，民俗学・人類学の両分野における都市研究への取り組みが積極化する。

2　都市民俗学

　日本民俗学は，1930年代に柳田國男によって確立されて以来，村落社会における民俗＝**民間伝承**を主たる研究対象として，日本人の生活文化や心性・民族性を明らかにしてきた。それでは，新しい研究対象である都市社会における民俗研究は，どのようにして行われたのであろうか。

　有末賢は，民俗学内部からの都市民俗学の提唱には，①都市化と都鄙連続体論に基づく方向，②民俗学方法論に対する問題提起の方向，というふたつの研究動向が確認できると指摘する。前者①は，基本的に従来の民俗学の継承に重点が置かれており，都市を柳田民俗学の都鄙連続体論に基づいて村落からの延長として考える。そのため，都市の持っている民俗というよりも，村落から引き継がれてきた民俗に着目することになる。後者②は，都市の民俗を扱うことは従来の民俗学の歴史遡及的方法に疑問を投げかけるものであるという認識の上に立つ。民俗（事象）を都市に発生する諸現象から捉えてその原型・変遷を探る「歴史的関心」よりも，都市に発生する諸現象を都市社会ないし都市化の過程にみられる諸特徴と関連づけて考察する「現在的関心」の方に重点をおく。

　両者①②の問題意識にはかなりの相違がみられるが，都市民俗学が新たな領域を切り開いていくには，都市の民俗を都市固有の現象として捉え，都市民俗に新たな性格を付与していくことが要請されよう。その際，有末が「社会変動の観点を見落としては，都市民俗研究は立場を失うことになりかねない」と述べるように，都市民俗の静態的な伝承の側面だけでなく，動態的な変動の側面からのアプローチが重要性をおびてくる。

▷1　III-2 参照。

▷2　民間伝承
地域社会の日常生活において，長年，無意識に繰り返され，あるいは伝えられてきた，行為・技術・言葉・観念を意味する。

▷3　有末賢, 1999,「都市民俗研究への一視角」『現代大都市の重層的構造』ミネルヴァ書房, pp.164-181。

3 都市人類学

　世界的にみて，都市人類学が人類学の一分野として登場したのは，1960年代から1970年代の初めにかけてである。そこでは，主として発展途上国の工業化・都市化に伴う諸問題，特に都市に移住してきた部族民や農民の都市生活への適応や，彼らが都市で形成する社会集団や社会関係など，伝統文化と都市文化とのはざまに生きる人々の生活様式や態度・価値観などの問題がとりあげられた。

　日本では，1960年代の中村孚美や米山俊直らの研究によって，独自の都市人類学の構想が提起される。こうした都市人類学の研究成果は都市祝祭研究に多くみられ，人類学的手法の現代都市社会研究への適用において，都市祭礼への参与観察と聞き取りによる研究が有効であることを証明しようとしてきた。そこでは，由来や古い形式の伝承に力点をかけがちだった従来の祝祭研究の視点をこえて，都市祝祭の過程とそれを支える人々の文化，社会のシステムの解明が追求される。都市祝祭をひとつの切り口に都市という複合体に接近し，多様な要素を含む都市の複雑性を人類学の視座から本格的に解明していこうとするのである。

4 都市民俗学・都市人類学の可能性

　近代化，そしてグローバル化の進展に伴い，家庭・学校・会社など自明とされた帰属関係がゆらいでいくという問題が，特に都市社会において顕在化してきている。その問題の本質を見極めるためには，社会構造の変容の結果として現在その姿をあらわしている，都市住民の生活の実相を改めて描きだす必要がある。都市住民の生活における社会関係は，都市民俗の持続と変容に密接にかかわっている。ここに，都市民俗を研究対象とすることの現代的意義を見いだせるのである。

　帰属のゆらぎという問題が進んでいくなかで，都市住民が自発的・継続的に帰属している地域集団があるとすれば，それはどのような集団なのか。帰属集団に対する愛着や帰属のもたらすアイデンティティという視点からの社会構造の解明は，都市人類学が都市のエスニシティ研究を通じて取り組んできた課題である。そこには，地域社会を「ハビタート（住み場所）」として捉えてきた民俗学・人類学の視角が基底にある。都市住民の生活における社会関係を明らかにするために，都市住民の生活行為や生活履歴を中心におく調査研究が要請されるとすれば，ハビタート的発想に基づく都市民俗学・都市人類学には貢献できる可能性が開かれているといえるのではないだろうか。

（竹元秀樹）

▷4　中村孚美編，1984，『現代のエスプリ別冊　現代の人類学2――都市人類学』至文堂。

▷5　米山俊直，1974，『祇園祭』中公新書。

▷6　米山俊直，1976，「地域社会研究をめぐる人類学的アプローチと社会学的アプローチ」現代社会学会議編『現代社会学5』講談社，pp.59-70。

Ⅲ　都市構造：都市の社会理論(2)

16　地方都市の社会理論

1　都市社会への関心

　日本の基本的な社会構造を明らかにする研究は，第二次世界大戦前は農村社会を対象にして行われてきた。しかし，戦後の高度経済成長以降の急激な都市化により，大都市圏を中心に地方都市を含めて集住化が進み，農村人口は減少し都市人口が増大する。それに呼応するように，都市社会への関心と，改めて全体社会（国民社会）を捉えなおすことへの機運が高まる。そして，全体社会との関係のなかで都市の社会構造を解明する社会理論が提起され，都市類型論へと展開していく。このような都市の体系的な研究の成果として，大都市のみならず地方都市の位置づけや社会的な機能も明らかにされる。こうした動向のなかから，のちの日本の都市研究に大きく影響を与えた，**鈴木栄太郎**の「結節機関」説と，**倉沢進**の「伝統消費型都市」類型論をとりあげ，その内容を追ってみたい。

2　「結節機関」説

　鈴木栄太郎は『都市社会学原理』のなかで，「青森県中津軽郡西目屋村大秋部落の人々が，国民社会の社会的交流の中にどんな形で参加しているかをみてみよう」と問いかける。そして，「都市は機関の集まっているところである。都市が大きいか小さいかは，そこにある機関が多いか少ないかである。村落の人々が都市に集まるのは，都市にある何れかの機関に所用があるからである。小都市の人が中都市に赴くのは，小都市の人々が中都市にある，より高級な機関に所用があるからである。同様な関係は，中都市と大都市の間にもみられる」と述べる。ここから，都市とは国民社会の社会的交流の結節機関が集まっている集落社会として定義される。この集落社会は結節機関を通じて上級集落社会にも下級集落社会にもつながる関係を持っており，このつながりこそが，その都市の都市としての機能を生かしているとされる。鈴木は「結節機関」という概念を使って，都市間の関係ならびに都市社会や全体社会（国民社会）の政治・文化・社会あるいは流通の構造を明らかにするのである。

　近江哲男は，『都市社会学原理』に鈴木理論の独自性について寄稿している。近江によると，この独自性を育んだのは，鈴木が，戦後その影響力が圧倒的であったシカゴ学派都市社会学とはまったく違った発想のもとに，実証的な調査

▷1　国勢調査によれば，1940年（昭和15）の都市部人口の割合は37.7%であったのが，1955年（昭和30）には5割を超え，さらに1970年（昭和45年）には7割を超えるまでになった。

▷2　鈴木栄太郎（1894-1966）
1922年に東京帝国大学文学部を卒業。1947年より北海道大学教授。経験的な社会調査法を先駆的に導入して，わが国の農村および都市社会の構造を明らかにした。主著『日本農村社会学原理——鈴木栄太郎著作集Ⅰ・Ⅱ』未來社，1968年；『都市社会学原理——鈴木栄太郎著作集Ⅵ』未來社，1969年。Ⅶ-14 も参照。

▷3　倉沢進（1934-）
1956年に東京大学文学部社会学科を卒業。東京都立大学人文学部教授，放送大学教授を歴任。専攻は都市社会学。主著『日本の都市社会』福村出版，1968年。

▷4　社会的交流は，以下のような形式に分類することができる。①人が人に対する関係，②人が機関に対する関係，③機関が人に対する関係，④機関が機関に対する関係。

研究を積み重ねながら，独自の社会学理論を構築したことによる。大都市における先鋭的・病理的な事例の研究に偏向しがちであった都市研究に対して，全体社会との関係性において都市社会を体系的に明らかにする鈴木の研究成果は，地方都市研究を志す者に基礎となる都市の社会理論を提供するのである。

3 「伝統消費型都市」類型論

「伝統消費型都市」とは，倉沢進が提起した地方都市の類型概念である。倉沢は，日本の都市社会を歴史的な形成過程と関連させて類型化を行い，各類型の都市の社会構造を論じる。なかでも地方都市，特にその社会関係における特質に注目して，「伝統消費型都市」と「産業型都市」の二類型を提示している。図Ⅲ-16-1でいえば，消費都市A・Bと工業都市Cが前者に，工業都市D・Eが後者に該当する。そして，徳島県徳島市という消費都市Aを事例として，「伝統消費型都市」の社会構造を明らかにしている。

徳島市において城下町時代の大消費者層としての領主・家臣団は，近世から近代への移行に伴ってその経済的基盤を失い崩壊するが，これに取って代わるのは，県庁をはじめとする行政機関の官僚であり，彼らは消費水準の高い層として中小商工業を支えることになる。「伝統消費型都市」の社会構成は**名望家**層，ホワイトカラー，商店主層，零細工業経営者ないし職人層，およびこれら中小企業の労働者・店員層となり，機能的にみれば城下町を構成した3つの社会層──領主・家臣団，商人，職人──とほぼ似た構成をとる。戦前には主として工業型都市に集中していた大企業の工場が，戦後は消費都市に進出する傾向がみられ，「伝統消費型都市」は大工場群の成立によって大きく変貌するものと，全体社会の工業化の流れに取り残されてゆくものに漸次分かれていく。このように城下町の歴史的経緯から描き出された「伝統消費型都市」の類型概念は，城下町にその起源を持つ多くの日本の地方都市の社会構造を把握する上で，現在でも示唆的な知見を提供してくれる。

（竹元秀樹）

図Ⅲ-16-1 「地域社会の系譜」

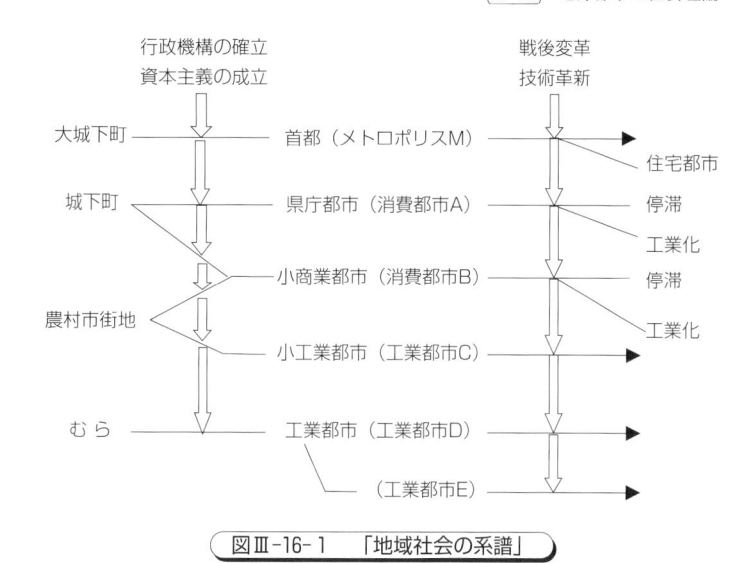

出所：倉沢進，1968，『日本の都市社会』福村出版，p.83。

▶5 鈴木栄太郎，1969，『都市社会学原理』未來社，p.103。

▶6 鈴木栄太郎，1969，『都市社会学原理』未來社，pp.117-118。

▶7 結節機関は，①交通機関（駅），②通信機関（郵便局），③統治機関（市役所），④治安機関（警察），⑤教育機関（学校），⑥宗教機関（寺社），⑦娯楽機関（劇場），⑧販売機関（百貨店），⑨技能機関（病院・工場），の9種類に分類される。

▶8 名望家
家柄，教養，経済的実力などから，地域社会において高い社会的名声・威信を得て人望がある人のことをいう。

Ⅲ 都市構造：都市の社会理論(2)

17 企業城下町の階層構造

1 都市と産業

　企業城下町とは，当該都市の産業や雇用に占める比重が大きいため，特定の企業や企業グループが都市形成上大きな影響力を持つ都市である。都市化は第一次産業と両立しにくく，逆に多様なサービス部門を自然に発展させるので，多くのケースで第二次産業（抽出産業をふくむ）の企業立地が企業城下町の必要条件になる。日本では，釜石，日立，豊田，刈谷，門真，小野田，宇部，延岡などの例が典型であろう。自然な集住ではなく，製造業の立地，集積が都市形成，存続の前提となるので，シカゴ学派的な都市成長モデルが適用しにくく，その意味で興味深い都市類型である。

　企業グループの下請け構造や，都市形成上の支配・ヘゲモニー行使自体も階層構造や階層関係に含められるが，ここでは住民の階層構造を中心に述べる。

2 企業城下町の階層構造

　産業・雇用に占める製造業企業ないし企業グループの比重が大きいため，企業城下町の階層構造では，工場やその技術・管理部門で働くブルーカラーや技術職の比率が高くなる。ただし，鈴木広の都市類型論（1970）が示しているように，その比重は都市が城下町や商工業の伝統を有するかどうかによっても異なる。2009年夏に筆者が行った質問紙調査をもとに，典型的な企業城下町である豊田市に住む現役フルタイム就労層の職業階層を就業先別に分けてみたものが，表Ⅲ-17-1である。

　これをみると男性のフルタイマーでは，全体の6割近くがトヨタないし関連

▶1　旧市域に住む30～69歳の市民3000人に対して郵送法により実施したもので，有効回収率は51.1%であった。

表Ⅲ-17-1　フルタイム就業者の階層構成（豊田市）

就業先		専門・技術	管理職	事務職	販売	サービス・保安	技能・労務	運輸・通信	農林・その他	合計度数
男性	トヨタ	25.0	10.0	2.0	0.0	0.0	61.5	1.5	0.0	200
	関連企業	18.6	25.5	11.2	2.1	2.7	33.5	6.4	0.0	188
	その他	24.7	16.1	10.5	12.4	8.6	19.9	5.6	2.2	267
	全体	23.1	16.9	8.1	5.6	4.3	36.5	4.6	0.9	655
女性	トヨタ	42.9	0.0	42.9	0.0	0.0	14.3	0.0	0.0	14
	関連企業	0.0	12.0	60.0	8.0	0.0	12.0	4.0	4.0	25
	その他	33.3	2.0	34.3	6.1	12.1	7.1	0.0	5.1	99
	全体	28.3	3.6	39.9	5.8	8.7	8.7	0.7	4.3	138

企業に勤めており，その多さが際立っている。また全体として「技能・労務職」が3割代後半と多く，それはトヨタと関連企業の職種構成によるものだということがはっきり見てとれる。これに対して，女性のフルタイマーでは自動者関連産業に従事する者は相対的に少なく，技能・労務職も少ない。

また男性フルタイマーの配偶者就業状態をみたところ，専業主婦とフルタイム就業の割合は，トヨタ自動車従業員でそれぞれ50.2%，10.7%であるのに対して，関連企業では42.6%，17.8%，その他では34.7%，26.9%であり，自動車産業従事者を中心に近代家族型の性別役割分業パターンがなお相対的に強いことが確認された。

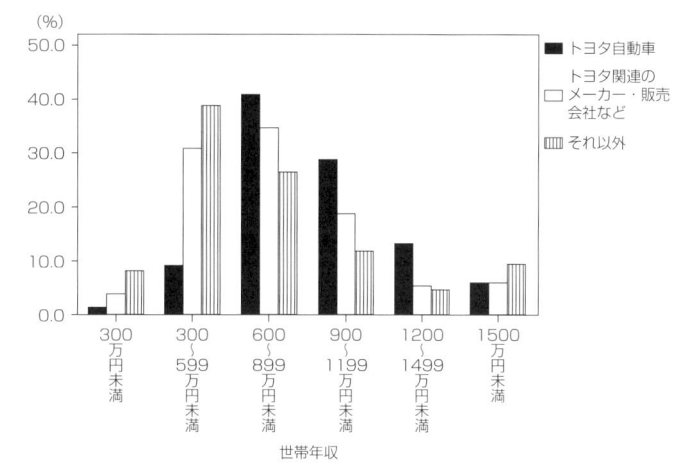

図Ⅲ-17-1 男性現役フルタイマーの世帯年収（豊田市）
出所：2009年質問紙調査による

図Ⅲ-17-1は，男性現役フルタイマーの世帯年収の分布を示したものである。これをみると，トヨタ自動車，関連企業，その他の順に年収が多く，トヨタでは上から2番目から4番目にかけての階層，関連企業では3番目から5番目の階層が多くなっていることがわかる。これを格差の存在と解するのはたやすいが，トヨタ関連の企業がなく「その他」だけであれば，分布は中低所得層と少数の最富裕層とに両極分解するパターンになるとみることもできる。

3　脱産業化のゆくえ

脱産業化を経験した欧米都市や地場産業が衰退した都市の諸事例から推論すると，立地産業が競争力を失えば，製造業部門は縮小し，地域の「中流社会」も縮小して階層分化が目立ったものになると言えよう。立地企業の繁栄は地域に一見安定した階層秩序をもたらすが，産業の盛衰やプロダクト・サイクルのなかで長期にわたり安定する例──豊田のような──は比較的稀である。

製造業が相対的に盛んだった日本では，企業城下町や地場産業都市の比重は大きかったが，シカゴ学派的な都市とはタイプが異なり，企業活動に批判的な研究が多かったこともあって，都市形成のメカニズムや意義は十分に評価されてこなかった。「世界の工場」となっているアジア地域の都市を研究する上で，再度注目されてよい都市の類型ではないだろうか。

（丹辺宣彦）

▷2　これは夫の所得が相対的に高いだけでなく，夜勤の多さが妻の勤務を難しくするためと考えられる。

▷3　ここでは，都市での人件費，不動産コストの高さを嫌って製造業が農村部や国外に事業所を移すことを指す。

参考文献

三浦典子，2004，『企業の社会貢献とコミュニティ』ミネルヴァ書房。
鈴木広，1970，『都市的世界』誠信書房。
都丸泰助・窪田亜希子・遠藤宏一編，1987，『トヨタと地域社会』大月書店。

Ⅲ　都市構造：都市の社会理論(2)

18 ファスト風土化とヤンキー文化

1　日本を席巻するファスト風土

　マーケティング・プランナーの三浦展は，地方では大型ショッピングセンターやファミレスが並び，風景の均質化と郊外化が進行し，世間をにぎわす犯罪の温床になっていると指摘し，これをファスト風土化と名づけた。そして「都市の空洞化は，その都市の歴史と共に生きてきた人々の精神をも空洞化させないか？」と問いかけ，景観と精神を結びつける。しかしながら，ファスト風土化したロードサイドの郊外が悪く，雑多な人が集まる吉祥寺や自由が丘が良いという三浦の評価は，複雑な現実に対する具体的な解決法を放棄したあまりにも極端な対比であり，東京人の選民意識も感じられる。とはいえ，のどかな地方がもはや幻想であるという主張は説得力を持つ。

　だが，昔の日本は良かったという懐古的なまなざしや中央線沿いの街が良いという議論は，本人の世代や暮らしをストレートに反映しており，生産的とは思えない。むしろ，現代において地方や郊外を考える際に重要なのは，ヤンキーという補助線ではないだろうか。

2　忘れられたヤンキー文化

　ゼロ年代にオタク論は珍しくなくなったが，サイレント・マジョリティというべきヤンキーをめぐる議論は多くない。とはいえ，少ないながらも先行研究はある。四半世紀前の金字塔というべき，佐藤郁哉の『暴走族のエスノグラフィー』は，現場のフィールドワークをもとにした，今読んでも十分に示唆に富む労作である。ヤンキーの改造車に創造性を認めない佐藤の評価には同意しかねるが，デザイン手法の分析やグループ名の意味論などは，色あせていない。海外の先駆的な研究，P.ウィリスの『ハマータウンの野郎ども』は，いかに学校の不良たちが自ら望んで工場に就職し，労働階級の社会的な再生産が行われるかを論じた。またW.F.ホワイトの『ストリート・コーナー・ソサエティ』は，ボストンのスラムが警察も含めた地域の高度なネットワークを生成しているという。速水健朗の『ケータイ小説的。』は，現代におけるヤンキー的なものの系譜として，言葉と物語を分析しながら，『ティーンズロード』-ケータイ小説-浜崎あゆみというラインを指摘している。さらに社会学者，難波功士は文献をベースにヤンキー文化の多様な展開を追跡した。

▷1　三浦展, 2004,『ファスト風土化する日本』洋泉社新書。

▷2　佐藤郁哉, 1984,『暴走族のエスノグラフィー』新曜社。

▷3　ウィリス, P., 熊沢誠・山田潤訳, 1996,『ハマータウンの野郎ども』ちくま学芸文庫。

▷4　ホワイト, W. F., 奥田道大・有里典三訳, 2000,『ストリート・コーナー・ソサエティ』有斐閣。

▷5　速水健朗, 2008,『ケータイ小説的。』原書房。

▷6　難波功士, 2009,『ヤンキー進化論』光文社新書。

ヤンキーは地域に根ざしている。『ヤンキー文化論序説』では、これは東京なき日本論になるのではないかという仮説をたてた。例えば阿部真大は、不況を迎え、暴走族の卒業モデルが終焉し、安心して引退できなくなったことにより、ヤンキー文化が衰退したことを指摘している。あるいは酒井順子は、時代によってヤンキー魂があちこちに転化し、今はキャバ嬢向けの雑誌『小悪魔ageha』に宿っているという。また近田晴夫、速水健朗、森田真功の論考は、矢沢永吉や本宮ひろ志の重要性を繰り返し指摘した。もっとも、こうした本を当事者であるヤンキーがあまり読んでいない可能性は高い。そこが批評体質をもつオタクをめぐる議論との大きな違いだろう。

▷7　五十嵐太郎編, 2009, 『ヤンキー文化論序説』河出書房新社。

③　ヤンキー文化の精神分析

早くからヤンキーを論じていた精神科医の斉藤環が、とりあげる対象は多岐にわたる。橋下徹からジョジョなども含むヤンキー漫画まで、あらゆる領域にヤンキー的なものが浸透しているという。いや、そうしたどん欲な雑食性やどんな形式にも拡がっていく侵食性こそが、ヤンキー的なものの核心だという。斉藤によれば、ヤンキーには本質がない。そしてヤンキー文化は、対象の本質に注目する隠喩（例えば、「猫のように気まぐれ」）ではなく、対象との隣接性に注目する換喩的な表現だと指摘する（例えば、「兵士」を「銃」で示す）。つまり、本質があるとしても内面にではなく、デフォルメされたリーゼントのように表層的なキャラにおける特徴がきわだつという。同書のなかで最も印象的な議論は、意外に思われるかもしれないが、ヤンキーの母性性である。ヤンキー文化は人との濃い関係性の原理＝女性性に基づくからだ。

▷8　斎藤環, 2012, 『世界が土曜の夜の夢なら』角川書店。

暴走族はもはや絶滅危惧種である。派手な改造車もスピード違反の取り締まりが強化されたからこそ誕生したもので、走るためのマシンがヤンキーバロックの御輿と化したものだ。興行的にヒットしているのも、ファンタジーとしてのヤンキー映画である。『ドロップ』の主人公・信濃川ヒロシは「漫画みたいな不良に憧れて」、不良への道に進む。つまり、メディアのなかのヤンキーを模倣している。また『クローズZERO』のヤンキー描写はあまりに現実離れしており、新鮮なゲームの舞台で闘い続ける不良のユートピアを描く。

難波功士によれば、ヤンキー的な空間やイベントは日本社会に拡散しつつ遍在する。例えば、Jウェディングのチャペル、住宅地の過剰なクリスマス・イルミネーション、ディズニーやサンリオのテーマパーク。ここではヤンキーと大衆的な「かわいい」との交差も認められるだろう。毎年夏に名古屋で開催される「どまつり」もヤンキー的なものと言える。東海圏だけではなく、北海道、大阪、京都、長野、仙台などから多くのチームが参加し、その踊りを競いあうこのまつり全体に共通する、日本人によるネオジャパネスクの感覚、郷土愛の雰囲気、気合いと根性は、まさにヤンキー的なものである。　　（五十嵐太郎）

▷9　原田曜平, 2014, 『ヤンキー経済──消費の主役・新保守層の正体』幻冬舎において、地元志向が強い若者を「マイルドヤンキー」と命名した。

Ⅳ　まちづくりの構想と技法

1　都市再生

1　都市問題と都市再生

　都市は歴史的に見ても発展と衰退を繰り返す。都市問題は，都市という空間に生ずる社会的損失であるといえ，歴史やそれをめぐる社会的・経済的な環境の違いにより，さまざまな問題が複合して起こる。そのため解決に向けた画一的な方法はない。

　欧米の諸都市では，主として大都市圏における産業の衰退と都市部の自然環境の悪化，人種問題やマイノリティの社会統合問題，そして都市化した社会のライフスタイルがもたらす地球環境問題という観点から，環境負荷の小さい都市構造への転換をめぐって都市再生という概念が提起された。

　日本では，これまで都市の外延的拡大によって都市問題の解決を追求してきたが，市街地の拡大・拡散と中心市街地の空洞化が同時進行することによる財政コストの増加や，自動車交通への過度の依存による環境負荷の増大などの都市問題が起きている。また，少子高齢社会と人口減少社会の到来も大都市，地方都市を問わず現実の問題となってきた。さらに，経済のグローバル化は，製造業の生産拠点の海外移転など経済システムの構造を変化させた。世界都市東京など主要都市の国際競争力の低下など，都市を取り巻く状況と地球環境問題の観点から都市の中へと目を向け直す都市再生が提起されているのである。

2　日本の都市再生政策

　1999年の**経済戦略会議**において，経済を再生させるためには都市を再生させさせることが国家的に重要な戦略的課題であるという内容を含む答申「日本経済再生への戦略」が出され，今後の政策の重要項目として都市再生の具体化が掲げられた。

　ところが日本において都市再生の語が初めて政策に登場したのは，2000年に設置された東京圏と京阪神地域を対象とした都市再生推進懇談会においてである。そこでは社会経済情勢の変化に対応した都市構造再編のあり方，都市再生に向けた都市の土地利用の誘導策と都市開発事業の進め方，都市再生を進めるに当たっての国と地方，さらに民間との役割分担などが検討課題とされた。

　懇談会を踏まえ2002年に都市再生特別措置法が施行されると，幅広い再生テーマによるプロジェクトを推進するために，民間主導の事業推進に向けた規

▷1　1990代以降，欧州地域を中心に，サステイナブルシティの理念が議論され，また実践的な事例も多く見られるようになっている。

▷2　世界都市は国際金融機能などを発達させ，経済的にグローバルな影響力を持ち，都市ヒエラルキーのなかで上位に位置する都市という意味を持つ。

▷3　経済戦略会議
1998年に内閣総理大臣直属の会議として，わが国の経済の再生と21世紀における豊かな経済社会の構築のための構想について調査審議，および意見具申を行うために設置された。

制緩和，手続きの簡略化，資金調達支援などの制度を発足させ，対象を「稚内から石垣まで」の全国の都市に拡大した。

このように，日本の都市再生政策は，地方分権が進み人口減少社会に向かうなか，土地の保全や再利用を中心とした都市政策と，世界都市やそのサブ都市を目指す国主導の開発型都市政策とが混在した状況となっている。

3 都市再生政策再考

都市政策は，都市の主要な主体を生産者の側に置くのか，生活者である市民の側に置くのかによって変わる。

また，都市政策の目標を，経済的な要請に基づくより効率的な経済成長実現のための都市開発や都市構造の再編・整備と，都市住民の住宅・居住・生活条件の改善・整備といった社会的かつ福祉的な課題の実現とに分けるならば，前者に重点を置き国際金融機能などを発達させグローバルな経済的影響力を持つ世界都市として都市再生したのがニューヨークやロンドン，そして東京などの大都市である。

他方，後者のような，経済成長よりも生活に豊かさを感じられる時間や空間を求める声も大きくなっている。人間の居住と生活にとって必要な条件と都市像を相互に結び付けること，また都市固有の歴史や文化を重視し，環境やアメニティを重視して都市を再生させようとする欧州の先進諸国の都市政策の取り組みから学ぶべきことも多い。都市規模に関わらず持続的発展のための都市構造としてコンパクトシティを目指し，すぐれた産業や文化・技術の創造力を育て，国際的なネットワークを持つ創造的な都市であることが後者の都市像である。

4 持続的発展の推進力

佐々木雅幸などの創造都市論では，市民の創造性や，都市における文化の果たすべき役割などが重視される。

また，岡部明子は，欧州の脱工業化社会の都市政策を俯瞰し「工業に変わる新たな駆動力をやみくもに探さずとも，都市内に集積していること自体から沸きあがってくる都市力を引き出し創造的に次の都市力につなげていければ，都市は自ずとサステイナブルな発展への道を見いだせる」という。

さらに神野直彦は，持続可能な都市は文化と環境による都市再生を目指すこと，生活の質，都市環境，持続可能性，文化といった分野こそが知識情報化社会における都市政策のキーコンセプトになることを指摘している。

都市再生とは都市の持続的発展をめぐる政策であり，その目的は都市の社会・経済・環境の衰退を防ぎながら，都市の持続可能な発展を維持するために必要な都市機能を回復・活性化させることであるといえる。

（熊澤健一）

▶ 4　IV-3 参照。

▶ 5　岡部明子，2005，「都市を生かし続ける力」植田和弘・神野直彦・西村幸夫・間宮陽介編著『岩波講座都市の再生を考える 1 ——都市とは何か』岩波書店，pp.164-178。

▶ 6　神野直彦，2005，「ポスト工業化時代の都市ガバナンス」植田和弘・神野直彦・西村幸夫・間宮陽介編著『岩波講座都市の再生を考える 2 ——都市のガバナンス』岩波書店，pp.16-20。

(参考文献)
佐々木雅幸・総合研究開発機構編，2007，『創造都市への展望』学芸出版社。
植田和弘・神野直彦・西村幸夫・間宮陽介編著，2005，『岩波講座都市の再生を考える 1 ——都市とは何か』岩波書店。
植田和弘・神野直彦・西村幸夫・間宮陽介編著，2005，『岩波講座都市の再生を考える 2 ——都市のガバナンス』岩波書店。

Ⅳ　まちづくりの構想と技法

2　中心市街地活性化

1　中心市街地の空洞化

　1960年代の商店街のにぎやかさは，今や年配の市民の記憶にしか残ってないだろう。1980年代後半から「シャッター通り」と呼ばれるようになった地方都市における中心市街地の空洞化は，何に原因を求めればよいのだろうか。

　主な外的要因としては，①都市のスプロール現象（都市化・モータリゼーションの進展と中心市街地の地価上昇→郊外の宅地開発・道路整備とライフスタイルの変化→市民の郊外居住・公共施設の郊外移動），②大型店の出店を抑制してきた「大規模小売店舗における小売業の事業活動の調整に関する法律（大規模小売店舗法）」の運営が日本市場の開放を求める外圧に押されて大幅に緩和されたことにより進んだ，大型ショッピングセンターの郊外出店，があげられる。

　一方，内的要因の主たるものとしては，③商店主の高齢化と後継者不足による新たな投資意欲の減退から生じる店舗の閉鎖および老朽化，④空き店舗・空き地の入居者・購入者が限定されたり，地価賃料が下がらなかったりすることから生じる新規出店条件の悪化，があげられよう。

2　「まちづくり三法」の施行と改正

　国や地方自治体は，中心市街地の空洞化を食い止めるための対策を講じてきた。1998年には「まちづくり三法（改正都市計画法，大規模小売店舗立地法，中心市街地活性化法）」が制定され，「改正都市計画法」と「中心市街地活性化法」は1998年に，「大規模小売店舗立地法」は2000年に施行された。2006年には「都市計画法」と「中心市街地活性化法」の一部が改正されるが，空洞化傾向に歯止めをかけることはできていない。

　2006年の「都市計画法」の改正は，「都市機能の無秩序な拡散に歯止めをかけ，多くの人々にとって暮らしやすい，都市機能がコンパクトに集約した都市構造を実現することが，人口減少・超高齢社会を迎えるなかで重要である」という基本認識の上に行われた。例えば，都市構造やインフラに大きな影響を与える大規模な集客施設については，商業地域などを除いて立地をいったん制限した上で，立地しようとする場合には都市計画法に則った手続きを要することとし，当該手続きを経ることにより，市町村の判断を反映した適正な立地を確保することとした。

▷1　例えば，1989～92年「日米構造協議」，1995～98年「日米フィルム紛争」がある。

▷2　都市計画・中心市街地活性化法制研究会編，2007，『詳説　まちづくり三法の見直し』ぎょうせい。

▷3　正式には，「中心市街地における市街地の整備改善及び商業等の活性化の一体的推進に関する法律」という。

▷4　「大規模小売店舗立地法」の施行と同時に，「大規模小売店舗法」は廃止された。

改正前の「中心市街地活性化法」は問題点として，商業振興策が中心となっており，街なか居住の推進や，図書館，病院などの都市機能の集積促進など，中心市街地を「生活空間」として再生するための措置が十分でなかったこと，また，市町村が策定した基本計画の内容を評価し，意欲的な取り組みを国が集中的に支援する仕組みとなっていなかったことがあげられる。このような認識から，2006年の改正においては，中心市街地における都市機能の増進および経済力の向上を総合的かつ一体的に推進するため，内閣に「中心市街地活性化本部」を設置するとともに，市町村が作成する基本計画に対する内閣総理大臣による認定制度を創設することで，さまざまな支援を講じていくこととし，また，地域が一体的にまちづくりを推進するための「中心市街地活性化協議会」の法制化などの措置を講じている。

3　中心市街地の再生

　中心市街地の空洞化傾向になかなか歯止めがかからないなかで，再生に成功している中心市街地もある。矢部拓也は，滋賀県長浜市を成功事例としてとりあげ，中心市街地の衰退・再生過程を地域社会のさまざまなアクターによっておりなされる社会変容として捉える視点から，中心市街地における地域社会構造を明らかにする。矢部は，「地権者（土地の所有者）」と「まちおこしの担い手（土地の利用者）」という理念的なモデルを抽出し，都市が郊外化し中心市街地に従来の機能とは異なった役割が求められているにもかかわらず，それまでの状況を維持しようとする「地権者」の姿勢が，多様な「まちおこしの担い手」の可能性を消し去って土地の流動化を止めており，中心市街地衰退の根にあると指摘する。そして，中心市街地再生は，いかに多様で多くの（「地権者」から土地を利用する権利を得た）「まちおこしの担い手」を創造できるかにかかっているという。また，原田謙は，地方都市の中心市街地活性化にとって今必要なことは，地域のさまざまな資源を体系化し，多様な主体が参画した――商業者だけでなく，消費者である住民，地権者，NPOといった人までを巻き込んだ――マネジメント体制を構築すること，そしてその成功例を蓄積していくことであると指摘する。

　中心市街地活性化の対策は，商業振興策から，都市の中心に新しい公共的な空間を構築していく動きへと移ってきた。そこでは，どのような都市機能の集積が求められているのか，はたして生活空間をつくることが活性化につながるのか，市民にとって中心市街地の新たな存在価値とはいったい何か，というような根本的な問題を改めて問い直すことが要請されるだろう。　（竹元秀樹）

▶5　矢部拓也，2006，「地域経済とまちおこし」『地域社会の政策とガバナンス』東信堂，pp.88-102。

▶6　原田謙，2008，「なぜ地域が大切か――見直される地域の重要性」森岡清志編『地域の社会学』有斐閣，pp.117-137。

Ⅳ　まちづくりの構想と技法

3　コンパクトシティとLRT

1　外延化した都市構造

　20世紀後半の都市の構造，都市のあり方，都市計画の方向，あるいは都市開発は，基本的には自動車交通を便利にするという形で現れてきた。地方都市においても都心の空洞化と郊外への分散的な住宅立地が進んだため，自動車に頼らねば生活が成り立たない地域も多い。

　都市の郊外への拡大は，行政サービスにおける財政問題，資源やエネルギー効率といった環境問題，中心市街地の空洞化と中心性の喪失をもたらし，低密度市街地の拡大は自然環境への負荷の増大や農地，緑地の保全問題をもたらした。こうした膨張する都市を前に，人口減少局面を迎える時代の都市政策として，市街地の拡大を防ぎ，土地の高度利用を図るために都市形態・構造をどのように構想していくのかを考えるにあたって参考となるのが，ヨーロッパの歴史的都市の形態をモデルとしたコンパクトシティであるといえる。

2　コンパクトシティの議論

　1973年にG. B. ダンツィクとT. L. サアティとにより提唱されたコンパクトシティの概念は，高い集積と高効率の良さを空間形態的にコンパクトな都市に実現するという意味で自立都市を目指すものであった。

　ヨーロッパでは1980年代後半から都市政策において持続可能な都市を実現するための都市形態としてコンパクトシティが目標とされるようになった。EUは1990年の『都市環境緑書』において，望ましい都市像として中世都市をモデルとしたコンパクトシティを提起し，各国政府がこれを都市政策に取り入れていった。

　コンパクトシティが提起しているのは都市の諸問題に対する現実的な取り組みの中で発見された，新たな都市空間の共通の原則である。

　コンパクトシティに向けた政策の目的や手法は国によって多様であるが，いずれも都市の問題を克服する新しい都市空間を実現しようとしている。

　このようにコンパクトシティとは，サステイナブルな都市の空間形態として提起され，EU諸国で推進されている都市政策モデルであり，都市空間の概念であると説明できよう。

　日本における代表的な研究者である海道清信は，欧米で考えられているコン

▷1　M. ジェンクスらは，①土地資源の利用など都市形態のコンパクトさ，②土地の混合用途と適切な街路の配置，③強力な交通ネットワーク，④環境のコントロール，⑤水準の高い都市経営，という共通原則があるとしている。

▷2　都市計画マスタープラン
自治体の都市計画に関する基本的な方針を示したもの。

▷3　山本恭逸編著, 2006, 『コンパクトシティ』ぎょうせい。

▷4　LRT
Light Rail Transitの略で，低床式車両（LRV）の活用や軌道・電停の改良による乗降の容易性，定時性，速

パクトシティの空間的形態として，居住や就業における高い密度，複合的な土地利用の生活圏，自動車だけに依存しない交通をあげ，空間特性として，多様な居住者と多様な空間，独自な地域空間，明確な境界，さらに社会的な公平さ，日常生活上の自足性，地域運営の自律性をあげている。

日本では2000年以降に各自治体の**都市計画マスタープラン**に，コンパクトな町，コンパクトシティという考え方が取り入れられるようになった。その代表的な都市が富山市と青森市である。

図Ⅳ-3-1　富山市のLRT

3　コンパクトシティへの方法論

都市をコンパクトに集約的にしようということになれば，それぞれの都市が与えられた諸条件の下で，都市計画により規制と開発策を導入しなければできない。例えば，青森市は，市街地を「インナー」「ミッド」「アウター」の3ゾーンに分類し，ゾーンごとに交通体系の整備方針を定め，土地利用規制によるまちづくりを進めている。青森市の取り組みに対しては，都市全体が成長しないなかではコンパクト化によって中心部に人々が集まると郊外が衰退し，経済的，年齢的に移動できない人たちが郊外に取り残されてしまうという課題も指摘されている。

4　コンパクトシティと交通手段

自動車利用を前提とした郊外の拡大は大きな環境問題，都市問題を生むと認識されている。コンパクトな都市構造への転換を図るためには主要な都市交通手段としての鉄道，バスなどの公共交通のネットワーク化とともに，居住・就業，都市サービスなど都市機能へのアクセスは徒歩・自転車，バス，電車，自動車などの多様な交通手段を考慮する必要がある。

LRTは，バスや鉄道などと連携しやすく，設置のための導入空間も確保しやすく，さらに沿線の開発との連携や，自動車交通との調和などにおいても輸送効率や環境負荷に優れている。ユニバーサルデザインによる公共交通サービスとしてコンパクトシティの主要な都市交通手段になると欧州をはじめ多くの都市で導入されている。

なかでも富山市は，JR富山港線をLRT化し利便性の高い公共交通として復活させるとともに，取り組みを市全域へ展開し，LRTを軸とした公共交通の整備を進め，都心部再開発と拠点駅周辺での諸機能の集積や居住を推進し，拠点間を利便性の高い公共交通ネットワークによってつなげることで，行政サービスの効率化や環境負荷の低減を図ろうとしている。

（熊澤健一）

達性，快適性などの面で優れた特徴を有する次世代の軌道系交通システム。

▶5　日本では，全国17都市19事業者，路線延長約206kmが営業している。（平成22年3月末現在）（社）日本交通計画協会

参考文献

G. B. ダンツィク，T. L. サアティ，森口繁一監訳，1974，『コンパクト・シティ』日科技連出版社。

海道清信，2001，『コンパクトシティ』学芸出版社。

海道清信，2007，『コンパクトシティの計画とデザイン』学術出版社。

Michael, Jenks, Elizabeth Burton and Katie Williams eds., 1996, *The Compact City: A Sustainable Urban Form ?*, E&FN Spon.

Michael Jenks and Rod Burgess eds., 2000, *Compact Cities: Sustainable Urban Forms for Developing Countries*, E&FN Spon.

Ⅳ　まちづくりの構想と技法

4　都市計画と建築

1　近代都市計画の理念

　一般に都市計画といわれるものは，工業化に伴って急成長した近代都市に呼応して生まれた。急激に規模が大きくなりインフラに欠ける都市は機能不全に陥った。工場周辺には労働者が高密度に暮らすようになり，劣悪な住環境の市街地が瞬く間に膨張し，社会不安が広がった。

　当初は道路を通し水を確保し，最低限の住宅水準を定めるなど対症療法に追われたが，19世紀末から20世紀初頭になると近代都市計画の普遍的理念とモデルが提示され，画一的な手法が世界の都市で採用されていった。これが狭義の都市計画である。

　ハワードの田園都市など低密度分散型を指向する（地域）モデルに対して，ル・コルビュジエの「輝く都市」は，移動速度が高まったことや高層に建設する技術ができたことなどを活かして誰もが快適に暮らせる大都市像を示すものだった。ル・コルビュジエが中心となって国際的な建築家グループCIAMが1933年にまとめたアテネ憲章は，4つの機能を軸とする都市理念を示した。ひとつのゾーンは，住む・働く・楽しむ，の3つのうちひとつの機能だけのためとし，第4の機能である「移動する」空間が3つの機能別ゾーンをつなぐことで都市全体を秩序立てるという考え方である。この理念をよりどころに，今日世界中の都市でゾーニングを基盤とした都市計画制度が整備されている。わが国でも住居系・商業系・工業系に大別される12の用途地域種別を基盤とし，用途地域別に異なる規制をすることで，市場による都市開発を誘導している。

2　建築のスケール，1km²に1万人

　都市計画は近代以降たかだか200年ほどの歴史しか持たないのに対して，建築は人類の歴史と同じくらい古い。単体の建築同様，人類が定住するようになったことで集住が生まれ，複数の建物の集合体である集落すなわち都市の原形を人間が造るようになった。

　数千年の間，都市とは，人口100万人に達したといわれる古代ローマや長安といった例外を除くと，数千人からせいぜい1万人程度の人々が1km四方ほどのエリアに暮らすスケールだった。規模的には都市全体が現代におけるひとつの建築であったといっていい。ギリシャ・ローマ植民都市のなかには格子状の

▷1　19世紀初めまでは人口100万人を超える都市はなかったが，100年後にはロンドンやパリをはじめ人口数百万人の都市が複数現れるなど，ヨーロッパにおいて，工場の立地した都市は，農村からの労働者の流入を受け入れどこも数倍から十倍近くにまで人口を増やした。

▷2　Ⅳ-5 参照。

▷3　Ⅶ-5 参照。

街路パターンに計画的に造られた都市もあったが，中世都市の多くでは，地形に沿って建物が建てられ，建物の前の屋外空間が連なった結果，変化に富んだ街路や広場が連なり，有機的な造形の都市空間が生まれた。人々の日々の営為が小都市というひとつの建築を造ったといっていい。

やがて，キリスト教権力が衰えて国家権力が増大する16世紀頃になると，各国の首都が成長し，荘厳な都市を演出するバロック的な都市介入手法が用いられるようになり，迷路のごとく張りめぐらされた街路からなる都市に，軸線を定め見通しの効く幅広の街路を挿入していった。王宮や商館といった都市の主要施設をデザインしていた建築家が，都市の新しい屋外空間である街路をデザインしその美しさを競うようになったのである。

しかし，近代以降，都市は美しい造形で問題を解決できないほど大規模となり，建築家は都市全体をデザインすることから退場する。かわって，鉄道や道路などインフラ整備に長けた土木技師が新しい移動手段に対応した街路を設計するようになっていった。やがて，先述した近代都市計画理念が登場すると，都市計画の専門家が都市全体をゾーニングし，その枠組みの中で建築家が個々の建物をデザインするという構図となった。建築の領域は，単体の建物のデザインからコミュニティ単位の空間デザインまでとなった。ただし，スケール的には数千人から1万人が1km²ほどの徒歩圏に暮らす範囲であり，前近代であればひとつの都市に相当する規模だった。

3 部分からの戦略的計画へ

20世紀後半から，欧米都市では，近代都市計画によるクリアランス型再開発に失敗した旧市街が疲弊地区の問題を抱えるようになり，日本では，近代の都市問題であった人口増加とは正反対の人口減少に直面している。

いずれも近代都市計画が想定していなかった事態に遭遇し，多様な主体による参加型の都市のマネジメントに加えて戦略的計画を導入し，従来型都市計画を補完する取り組みが始まっている。欧州都市は，近代の切り捨ててきた価値を掘り起こすことで，疲弊地区再生に着手し，日本では高齢化の進む商店街で市民主体の自発的なまちづくり活動が各地でおこっている。このような小さな試みの多くには建築家が関与しており，小さな試みが戦略的に全体を動かすダイナミズムへと発展する兆しをみせている。

工業化の進展による拡大成長を前提とした近代都市にあっては，都市計画と建築の間の分業体制が成立していたが，多様な問題群を抱える現代都市にあっては，都市の一部分を担う建築と全体を規定している都市計画の相互関係がカギを握ることになろう。

(岡部明子)

参考文献

ラスムッセン，E.，横山正訳，1993，『都市と建築』東京大学出版会。

日端康雄，2008，『都市計画の世界史』講談社現代新書。

Ⅳ　まちづくりの構想と技法

5　田園都市とニュータウン

① ハワードの田園都市構想

　田園都市（Garden Cities）とは、19世紀末から20世紀初頭にかけて、イギリスのエベネザー・ハワードによって提唱された新しい都市像の構想である。近代都市計画の嚆矢と位置づけられ、日本のニュータウンの原型とも評される。

　19世紀末のロンドンでは、産業革命の余波を受けて大気汚染やスラムの拡大などの都市問題が深刻化し、生活環境が極度に悪化していた。この状況を憂慮したハワードは、1898年、『明日──真の改革にいたる平和な道』を刊行し（のち『明日の田園都市』に改題）、周りを農業地帯が取り囲む人口3～5万人規模の都市を郊外に計画的に建設することを提唱した。これが田園都市構想である。

　この構想は、都市問題を資本主義の矛盾と捉え、田園都市を社会変革の手段として位置づけていたところに最大の特徴があった。その意味で、19世紀の社会主義思想やユートピア思想の流れを受け継ぐものでもあった。

　ハワードは、都市を否定するのではなく、都市と農村の双方の長所を兼ね備えた職住近接型の都市像を提示した。そのことを「都市と農村の結婚」と表現し、都市と農村の諸機能がバランスよく配置され、工場に働くかたわら農園を耕すような職住一体の生活ができる都市を目指したのである（図Ⅳ-5-1参照）。

　ハワードの唱えた構想は、田園都市運動として高まりをみせ、ロンドン郊外のレッチワース（1903年）、ウェリン（1920年）で実施に移される。その後、イギリス国内では第二次世界大戦後のニュータウン政策に影響を与えるとともに、日本を始めアメリカやドイツなど世界各地の都市計画に波及していく。

② 日本における初期田園都市

　レッチワースの田園都市建設開始から4年後の1907年（明治40）、日本では、内務省地方局有志により『田園都市』と名づけられた書籍が刊行され、イギリスの田園都市の理念が初めて紹介された。

　一方、東京や大阪などの大都市では、ロンドンと同様に都心部の環境悪化が問題となっていた。そのような中で田園都市構想にいち早く着目したのは、土地開発会社や鉄道会社の経営者だった。関西では小林一三の箕面有馬電気軌道（現阪急電鉄）による池田室町住宅地（大阪府池田市）、東京では渋沢栄一らの田園都市株式会社による多摩川台住宅地（大田区・世田谷区）、堤康次郎の箱根土

▷1　Garden Cities と複数形なのは、ひとつの田園都市で完結するのではなく、複数の田園都市を有機的に連結して、「都市群」として社会全体の変革を目指していたためである。

▷2　エベネザー・ハワード（1850-1928）
社会改良家、都市計画家。速記者として生計を立てつつ、田園都市の建設に奔走した。

▷3　1946年、膨張する大都市から人口と職場の分散を図るため、ニュータウン法（New Town Act）が制定され、総合的なニュータウン建設が、国家事業として全国的に展開された。政府設立の公社によって32都市が建設された。

▷4　博文館刊。同書は、ハワードの『明日の田園都市』の翻訳ではなく、英国人技師アルフレッド・R.セネットの論文『田園都市の理論と実際』（1905年）の抄訳だった。したがって、ハワードの田園都市構想をそのまま紹介したものではない。

▷5　日本住宅公団
住宅の大量供給を目的に、政府の住宅政策の一環として設立された特殊法人。住宅・都市整備公団、都市基

地株式会社による国立大学町（国立市）などが次々と誕生する。いずれも整然とした区画割で，その多くはロータリーと放射状の道路を持つなど田園都市構想の影響を受けていたが，これらは当時の平均的な住宅の水準とかけ離れたものだったため，日本における郊外住宅地の主流とはならなかった。

3　ニュータウンの誕生

その後，日本で田園都市が再び注目されるようになるのは，高度経済成長期以降のニュータウン政策においてである。

戦後の経済復興による都市圏人口の急増に対応するため，戦後の郊外住宅地開発は，行政主導により同一規格の公営住宅を効率的に大量供給する方向へ強く傾斜していく。こうして生まれたのが日本的なニュータウンだった。千里（1962年入居開始，大阪府吹田市・豊中市），泉北（同1967年，大阪府堺市・和泉市），高蔵寺（同1968年，愛知県春日井市），多摩（同1971年，東京都多摩市・稲城市ほか），千葉（同1979年，千葉県印西市ほか），港北（同1981年，横浜市）などがその代表例である。

ニュータウン建設の推進役となったのが，1955年に設立された**日本住宅公団**で，大規模な宅地開発を可能にした**新住宅市街地開発法**の制定（1963年）が後押しをした。また，クラレンス・ペリーの**近隣住区論**が設計思想としてニュータウン建設を支えた。

これらのニュータウンは，田園都市構想の影響を受けていたものの，職住近接という理念を欠き，いずれも近くに雇用の場が少ない単なるベッドタウンとして開発された。こうしてできあがった巨大で均質的なニュータウンは，イギリスの田園都市とは異質なものとして，独自の発展を遂げていったのである。

4　ニュータウンの現状，そして将来

これらのニュータウンでは，近年，居住者の高齢化が深刻化している。同時期に同年代層が大量に入居し，かつ定住志向が強かったため，居住人口の中心年齢が固定化されたまま一気に押し上げられているからである。そのほか，少子化に伴う学校の統廃合問題，建物の老朽化・建替問題，商店街の衰退など，現在のニュータウンではさまざまな問題が同時並行的に発生している。

これは，人口の急増に対処するため同質な住宅を大量に供給し続けてきた結果でもある。しかし一方では，都市圏人口の急激な膨張が止まったことにより，住宅政策が人口急増への対応から住宅環境の質の向上へと大きく舵を切る好機となる可能性も秘めている。田園都市構想が本来持っていた理念に立ち返るきっかけを与えることになるかもしれない。

（金子　淳）

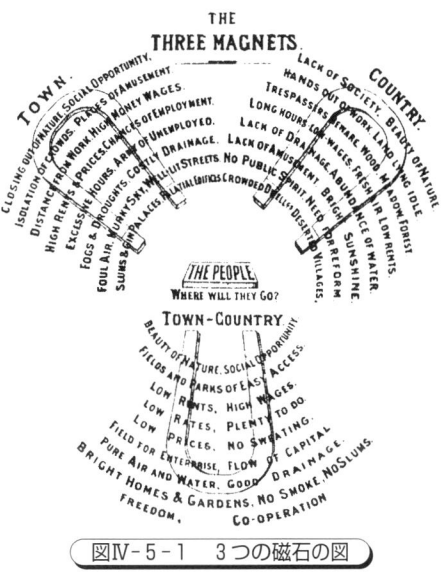

図Ⅳ-5-1　3つの磁石の図

注：ハワードは，都市-田園-田園都市という3つの磁石が人々をひきつけると考えた。
出所：ハワード, E., 長素連訳, 1975,『明日の田園都市』鹿島出版会。

盤整備公団を経て，現独立行政法人都市再生機構。

▶6　**新住宅市街地開発法**
住宅地開発に土地の収用権を認め，土地の全面買収に基づく開発を可能にした。大規模ニュータウンの根拠法となることが多い。

▶7　**近隣住区論**
幹線道路で区切られた小学校区を単位として，商業施設や公園，レクリエーション施設などを計画的に配置する都市計画の手法。

参考文献

ハワード, E., 長素連訳, 1975,『明日の田園都市』鹿島出版会。
内務省地方局有志編, 1980,『田園都市と日本人』講談社学術文庫。
ペリー, C., 倉田和四生訳, 1975,『近隣住区論』鹿島出版会。

Ⅳ　まちづくりの構想と技法

6　道の駅

1　道の駅とは

　道の駅とは道路・自動車利用向けに構想され，制度化された，道路利用者へのサービス機能と地域振興を意図した機能を併せ持つ複合施設である。

　1993年4月22日に全国で103ヶ所に設置されたのを皮切りに，2012年3月時点で全国に987駅が登録され，地域の主要な道路上におおむね10km間隔で設置されている。

2　自動車社会の成熟

　20世紀後半は，自動車利用を前提として都市を発展させていくということが基本的な考え方であった。ところが自動車を前提とした，都市の外延化による農村地域の都市化と過疎化の同時進行は地域産業を衰退させ，さらに人口の減少・高齢化は地域の社会的機能の維持も困難にさせるなど，地域社会の活力を衰退させた。

　旅客輸送人員に占める自家用自動車の割合は高度経済成長の始まる1965年の11.3％から，道の駅が構想された1990年には72.3％へと増加し，2005年には82.2％と，その割合を伸ばしている。

　モータリゼーションの進展に伴う自家用自動車の普及，過疎化の進行による人口の減少などにより，地方の鉄道が次々と廃止され，また地方においては乗合バスの利用者も年々減り続けている。これまで地域の拠点としてまちの核となる機能を果たしていた鉄道駅や，バスターミナルの多くが消失しているのだ。

3　道の駅のコンセプト

　市町村と道路管理者による「道の駅」懇談会が1992年5月に開催され，「道の駅」の基本コンセプトおよび整備に向けての双方の役割，必要なサービスなどに関する提言が，1993年1月に建設省道路局長に提出された。

　この提言は道の駅のコンセプトを，「休憩・情報交流・地域連携の機能をもった，地域とともにつくる個性豊かなにぎわいの場」とした。道の駅は，いつでも自由に利用できる快適な休憩施設（休憩機能），地域振興を図るための人・歴史・文化・風景・産物などの地域に関する情報提供の場（情報交流機能），この両機能を備えた施設を道路利用者と地域住民との接点として整備してにぎ

わいの場とし、さらに、やがては地域の核として、地域間の連携の場となることも期待された（地域の連携機能）。

4 道の駅から考える地域づくり

道の駅は単に地域の産業・観光、あるいは日常生活を支える交通インフラの一部としてだけでなく、施設における産物の開発・販売、サービスの提供などにより地域の雇用、所得などを拡大し、地域経済を活性化させる。さらに、にぎわいの場となることにより中心機能の再編を促し、社会生活機能・サービスの整備により安全・安心な生活を求める住民の声に応えることができる施設である。

図Ⅳ-6-1 「道の駅アグリパークゆめすぎと」（埼玉県北葛飾郡）

5 6次産業化への取り組み

地域を持続可能なものにするためには雇用や所得を確保し、自立的な経済基盤を構築することが不可欠な取り組みとなるが、道の駅は農村地域の地域経済活性化へどのように寄与しているのだろうか。

道の駅が設置されることにより、地域の特徴を踏まえた発展のために、自然や環境、農産物などを有効活用し地域経済の向上につなげる取り組みが進められている。地域農業などの組織化（組合）や、女性会などの活性化が図られるなど、個々では困難であった活動や地域固有の商品開発、商品提供などが可能となることで、地域住民が主体となった新たな地場産業の養育が進み、6次産業化の取り組みがなされている。

さらに道の駅の設置は所得、雇用の拡大にもつながると同時に、一般市場への出荷が肉体的に困難である高齢農家や、既存の市場、農協との関係性の脆弱な新規就農者の販売先として、営農意欲を高める効用をもたらしている。

6 中心機能の再編

道の駅は道路利用者と地域住民の双方にとって必要な地域の情報が得られる拠点であるとともに交流の核となる施設である。それは、ひとつの圏域内において道路を軸として都市と地域が機能を補完しあうことを意味している。

現在、中小都市においても、サステイナビリティの観点から都市構造の再編が試みられている。道の駅は中小都市圏内の郊外・農村地域のハブとして機能することが構想されている。そのためには地域住民の生活に役立つサービス、例えば、役場の出張所機能、郵便局・銀行など金融機関のキャッシュディスペンサーの設置など、地域住民の必要とするサービスを提供し、さらに安心・安全への要求に応えるために警察・消防・救急機関などを併設し、また医療機関との連絡体制を充実させるといった整備が望まれている。

（熊澤健一）

▷1 建設省道路局監修、（財）道路保全技術センター編集、1993、『道の駅の本』ぎょうせい。

▷2 経済学者の今村奈良臣が第一次産業（農・水産）の1と第二次産業（食品加工）の2、第三次産業（流通、販売）の3を足し算すると「6」になることをもじって提唱した造語。今村奈良臣、1998、「新たな価値を呼ぶ、農業の6次産業化」21世紀村づくり塾編『地域に活力を生む農業の6次産業化』21世紀村づくり塾、pp.1-28。

参考文献

岡田知弘、2005、『地域づくりの経済学入門』自治体研究社。

Ⅳ　まちづくりの構想と技法

7　都市農村交流

1　都市と農村

　日本の農村研究は有賀喜左衛門や鈴木栄太郎，福武直らにより農村社会学として確立され，村落構造や農民生活を明らかにしてきた。その農村は時代とともに変容し，特に高度経済成長による農工間の所得格差の是正を目的に，農業の規模拡大等による生産性と農家所得の向上を目的として1961年に制定された「農業基本法」は，農家の兼業化や機械化による農村の労働力の都市部流出を生み出し，その結果，旧来の農村は解体され，イエとムラは崩壊させられた。こうして，現代の日本の農村が抱える農業の担い手不足や農地の荒廃，そして食料自給率の低下といった問題を招くことになった。

　変容したのは農村だけでなく都市も同様であり，都市化した社会に移り住んだ農村の人々は，家郷を喪失して孤立するなかで，都市化した社会のなかに絆を探し求めた。これについて高橋勇悦が，「高度経済成長期に，農村部から都市部に出稼ぎに来た流入者は，家郷喪失が人間の社会的形成の原点の喪失を意味している」と述べているように，現代の都市と農村は，高度経済成長期以降，経済格差や人口問題だけでなく，人々の心情にも大きな影響を与えたのである。

2　都市農村交流の歴史

　近年，地域振興策の一環として，都市農村交流が盛んに行われているが，その都市農村交流のひとつである「グリーン・ツーリズム」は，ヨーロッパで発祥した「**アグリツーリズム**」がモデルとなっており，1992年に農林水産省により提唱された日本生まれの概念である。

　この「グリーン・ツーリズム」が地域振興に導入された背景としては，高度経済成長期以降の農山漁村における地域経済の衰退や少子高齢化に対応すべく，農山漁村を食料供給のための地域としてだけでなく，多様な風土と地域資源を都市部の生活者に提供する地域と捉え直し，都市部に暮らす生活者に対して，QOLの向上に資する余暇活動の場を提示している。

　この「グリーン・ツーリズム」は，単に都市と農村が独自に交流するだけでなく，国の政策としても講じられている。特に農林水産省では1992年の「新しい食料・農業・農村政策」において初めて取り上げられ，その後，「グリーン・ツーリズム研究会」が設置され，1998年には「**農山漁村滞在型余暇活動の**

▶1　Ⅶ-14 参照。

▶2　高橋勇悦，1981，『家郷喪失の時代』有斐閣。

▶3　**アグリツーリズム**
ヨーロッパで発祥した「都市農村交流」のこと。ヨーロッパでは，都市の人が農村に長期滞在するなど，日本と余暇の過ごし方が異なることから，日本の「グリーン・ツーリズム」と必ずしも同様でない。

▶4　**QOL**（Quality of Life）
人が生活を送るなかで，どれだけ充実し満足を得ることができるか。一般的に「生活の質」と呼ばれる。

▶5　**農山漁村滞在型余暇活動のための基盤整備の促進に関する法律**
1998年施行。農山漁村滞在型余暇活動を「主として都市の住民が余暇を利用して農村に滞在しつつ行う農作業の体験その他農業に対する理解を深めるための活動をいう」と定義付けている。

ための基盤整備の促進に関する法律」が施行されている。近年では2011年10月に食と農林漁業の再生推進本部（議長内閣総理大臣野田佳彦）が決定した「我が国の食と農林漁業の再生のための基本方針・行動計画」においても，都市住民との交流のひとつとして，「グリーン・ツーリズム」が掲げられている。

このように国が取り組んだ結果，従来の都市農村交流としての「グリーン・ツーリズム」の主な内容である，①農産物直売所における農産品・農産加工品の販売，②農業体験，③地域のイベントへの参加に新しい内容も加えられている。すなわち都市と農山漁村を行き交う新たなライフスタイルを広め，都市と農山漁村それぞれに住む人々がお互いの地域の魅力を分かち合い，「人・物・情報」の行き来を活発にするといった「グリーン・ツーリズム」の概念に，農山漁村における定住・半定住等も含む「都市と農山漁村の共生・対流」という新しい概念が加わって，交流内容も時代によって多様化しているのである。

3 これからの都市農村交流のあり方

都市農村交流への取り組みの歴史やその内容，先に述べた通りであるが，昨今の国内農業を取り巻く環境は，TPP（環太平洋戦略的経済連携協定）への参加によっては，大きく様変わりする可能性がある。EPA（経済連携協定）やFTA（自由貿易協定）と異なり，TPPは特定品目を関税撤廃の例外措置とするための交渉が難しく，国際競争力のない国内農業は大きな課題に直面することになる。

このような状況に置かれているからこそ，これからさらに都市農村交流は必要不可欠であり，日本の気候風土やそれに培われた文化・歴史・食が互いに密接な関係を持ち合わせていることを見つめなおし，農村だけでなく都市に暮らす人々と共有していくことが重要である。

交流によって農村に暮らす人々が都市に暮らす人々に見られることがその暮らしの価値や自らの生き方について改めて考える契機や，郷土（農村）に対する強い愛着，「誇り」をもたらすのではないか。都市に暮らす人々は，農村に暮らす人々の生活や誇りを感じるとこと，民俗学者宮本常一の言う「あるく　みる　きく」に加え，「参画し協働する」姿勢を持ち合わせることが必要となる。その結果，都市と農村に暮らす人々が協働で地域資源を捉え直し再価値化することによって，農村と農村に暮らす人々の心を豊かにすることができる。

新しい内容が加えられた「グリーン・ツーリズム」の概念をもとに，新たな地域コミュニティビジネスを創出することが，これからの都市農村交流のあり方として重要となるだろう。

（二瓶　徹）

▶6　TPP（Trans Pacific Partnership）
アジア太平洋地域における貿易の高い自由化を目標とし，非関税分野や新しい貿易課題を含む包括的な協定。

▶7　EPA（Economic Partnership Agreement）
貿易の自由化に加え，投資，人の移動，知的財産の保護や競争政策におけるルール作り，様々な分野での協力の要素等を含む，幅広い経済関係の強化を目的とする協定。

▶8　FTA（Free Trade Agreement）
特定の国や地域の間で，物品の関税やサービス貿易の障壁等を削減・撤廃することを目的とする協定。

参考文献

小泉武夫，2010，『食の堕落と日本人』東洋経済。

関満博編，2007，『「村」が地域ブランドになる時代』新評論。

高橋勇悦，1995，『東京人の研究』恒星社厚生閣。

日本村落研究学会，2008，『グリーン・ツーリズムの新展開』農山漁村文化協会。

宮本常一，2010，『旅の手帖』八坂書房。

内閣官房国家戦略室，2012，「我が国の食と農林漁業の再生のための基本方針・行動計画」（http://www.npu.go.jp/policy/policy05/pdf/20111025/siryo1.pdf）

Ⅳ　まちづくりの構想と技法

8　B級グルメとまちおこし

1　B級グルメとは

　近年，地域活性化やまちおこしの起爆剤としてB級グルメに注目が集まり，「B-1グランプリ」をはじめ，各地でのイベントの開催などB級グルメブームが沸き起こっている。

　B級グルメとは，大辞林によると「ぜいたくな食事ではなく，丼物やお好み焼きなどの安価で日常的な外食のこと」とされ，農山漁村やその土地の気候風土に深く由来するものである，いわゆる「**伝統食品**」とは性格を異にするものである。

　つまり，必ずしも伝統や地域との関係性の深さを条件としないため，B級グルメは，まちおこしの材料として利用しやすいのである。

2　B級グルメの歴史

　B級グルメという言葉が広く一般に認知されるようになったのは，各地のB級グルメを持ち寄って人気を競い合う「B-1グランプリ」が開催されるようになってからである。これは，B級ご当地グルメのブランド化を目指して活動している各地の団体・グループが，「B-1グランプリ」事業や会員相互の情報交換，親睦と連携によるB級ご当地グルメのブランド化および地域活性化を目的として設立した「一般社団法人B級ご当地グルメでまちおこし団体連絡協議会（通称：愛Bリーグ）」が主催しているイベントで，表Ⅳ-8-1の通り，2006年2月青森県八戸市において第1回大会が開催されたのを皮切りに毎年大会が開催されている。なお，大会においてグランプリをとったB級グルメの地域に対する経済効果は，地域の外食産業だけでなく加工食品などの派生商品の展開にまで及ぶ数十億円から数百億円と試算され，名実ともに地域経済の活性化に大きく寄与している。

3　B級グルメにおけるまちおこしのあり方

　近年，地域経済の活性化策のひとつとして，地域ブランドの確立と保護を目的に官民あげてさまざまな取り組みがなされており，特にB級グルメを含む外食や地域食品のブランド化は数多く見られる。

　地域の食文化という特色を出しやすく，かつ低コストで高い効果を期待でき，

▷1　伝統食品
その地域の農山漁村や気候風土に深く由来するものであり，その一部は，農林水産省により「農山漁村の郷土料理百選」として選定されている。

表Ⅳ-8-1　歴代「B-1グランプリ」ゴールドグランプリ一覧

	開催時期	ゴールドグランプリ受賞食品	出展団体
第1回八戸大会	2006年2月18日～19日	富士宮やきそば	富士宮やきそば学会
第2回富士宮大会	2007年6月2日～3日	富士宮やきそば	富士宮やきそば学会
第3回久留米大会	2008年11月1日～2日	厚木シロコロ・ホルモン	厚木シロコロ・ホルモン探検隊
第4回横手大会	2009年9月19日～20日	横手やきそば	横手やきそば暖簾会
第5回厚木大会	2010年9月18日～19日	甲府とりもつ煮	みなさまの縁をとりもつ隊
第6回姫路大会	2011年11月12日～13日	ひるぜん焼きそば	ひるぜん焼きそば好いとん会

出所：B級ご当地グルメの祭典　B1グランプリ公式サイト（http://b-1grandprix.com/）をもとに筆者作成。

生活者に1番身近で関心の高い食という切り口であるためだろう。

また，B級グルメをはじめ伝統食品や加工食品の多くは，地域資源をもとにするものが多く，その産業構造は中小零細で地域点在という特徴を有するため，これらをブランド化し地域振興策として利用していくことは，少子高齢化に直面し，人口が流出する地域にとって，「地域の雇用創出」「生産者所得向上」「後継者の確保」等につながり，諸問題の解決の糸口となりうるのである。

しかし，上述したB級グルメによる経済効果の恩恵は必ずしも住民に一様ではないため，持続可能な活性化策とするためには，①模倣品を防ぎ，その地域のB級グルメの定義を明確にすること，②使用する原材料にはなるべく地場産品を使用すること，③まちに人が集まり，まち全体が活性化するよう，外食産業だけでなく，その地域のさまざまな機関と連携できる体制を構築することなどが挙げられる。

これらは，ご当地B級グルメを地域ブランドとして差別化して付加価値をつけ，地域に人と金を呼び込むためには，必要不可欠である。

上記①と②は諸外国との知的財産権の問題にも関係し，ある地域のB級グルメが他地域で製造・販売されれば，「どこでも食べることができる＝希少価値が低い」とされるため，その地域の活性化にはつながりにくくなる。したがって，農山漁村やその土地の気候風土に深く由来する「伝統食品」とはいかなくても，食材は地場産品を使用し，その地域でのみ食べることができる，いわゆる「**地産地消**」の食べものとして売り出すことが必要となるだろう。

また，③については，B級グルメ一品だけでは地域ブランドによるまちおこしは成り立ちにくく，それを取巻く機関（農林漁業者，外食産業，食品産業，行政，教育機関など）が連携し，まち全体でまちおこしを考える必要がある。組織基盤が脆弱であるからこそ，これら体制を構築し，多様な角度からアプローチする必要があるのだ。

以上のように，まちおこしの切り札としてのB級グルメは，私たちの日常のなかに浸透しているものであるからこそ効果的な方策であるが，今後，あらゆる地域で同様の取り組みがなされ，地域間の観光客招致競争が激しくなるだろう。したがって，今後は地域の特徴をいかに再価値化し，付加価値を創造しながらまちおこし戦略を構築するかが，鍵になると思われる。

（二瓶　徹）

▷2　諸外国における著作権や商標権の侵害の国際的な問題であり，日本の農水産物等の類似商標等が登録されている。

▷3　地産地消
その地域で生産された生産物を，その地域で消費すること。近年，消費者の食の安全・安心への関心の高さによる国産志向やCO_2の排出などの環境問題等の視点から，その取組が促進されている。

参考文献

関満博編，2007，『「食」の地域ブランド戦略』新評論。

田村秀，2008，『B級グルメが地方を救う』集英社新書。

一般社団法人B級ご当地グルメでまちおこし団体連絡協議会，2011，「B級ご当地グルメの祭典　B1グランプリ公式サイト」（http://b-1grandprix.com/）。

IV　まちづくりの構想と技法

9 まちづくりワークショップ

1 住民運動型からの転換

　1960年代の高度経済成長期に入って都市問題が増えると、各地で住民運動がおこりまちづくりへの市民参加の要求が高まった。住民運動は公害反対のように利害が共通し比較的わかりやすい要求の場合には一枚岩になりやすかったが、都市づくりのような総合的な課題になると利害が重なって個別の要求実現では済まず、またそれを実現する手段、産業政策や財政政策をしめすことが必要になる。そのため参加者が水平的な関係で相互にコミュニケーションを活発にする新たな住民参加の方法論が求められた。なかでもようやく1990年代にまちづくりにおける参加の方法として普及したのが、ワークショップ方式である。

2 まちづくりへの関心

　「まちづくり」という言葉は、住環境改善運動、反公害運動、日照権運動などの住民運動で使われてきた言葉であることはよく知られる。内閣府の「特定非営利法人の活動分野について」の調査では、特定非営利活動法人（NPO法人）として認証を受けたNPOのうち40％強が「まちづくりの推進を図る活動」を定款にあげている。このことに見られるように、都市住民によるグローバルな環境問題をはじめ、生活の質の向上、生活の安全性の確保、さらに持続可能な発展など、生活の場におけるさまざまな都市問題に対する取り組みを広く指すようになった。

　多くのまちづくりは、土地利用や都市施設の供給の点で、新規開発型よりも土地の利用保全、土地の再利用・再開発、都市施設の維持・管理・更新といった、アメニティの高い環境を作ることを目指していた。こうしたまちづくりは行政主導型の都市整備にも使われるようになっていった。

3 都市計画からまちづくりへ

　これまでの日本の都市政策は、中央政府がつくる政策方針や地方自治体が設定する都市計画に大きく依存していた。

　1992年の都市計画法の改正により市町村の「都市計画マスタープラン」制度が導入され、自分の住むまちのあり方を自分たちで決められるという、プラン作成過程への市民参加が広範に取り入れられるようになり、都市計画は行政と

▷1　特定非営利法人（NPO法人）の定款に記載された活動分野を集計したもの。

地権者や直接影響を受ける関係住民のみの関心事から，多くの市民の関心を巻き込んだ「まちづくり」へと展開した。

2000年の都市計画法の改正により，地域特性に応じた計画の策定ができるよう，権限の一部の地方公共団体への委譲や，地域住民参加手続きの充実など，地方分権の推進と住民参加の促進が実施された。

また，住民参加のまちづくりを推進するためには，都市計画や産業政策・財政政策の学習機会の提供，さらに住民ひとりひとりの潜在力を引き出し，能力を発揮させることが可能な住民参加の仕組みや運営方法の構築が重要となった。

④ ワークショップ方式

1990年代に普及したワークショップは，1970年代に始まるといわれる。ワークショップとは，集団の意識や行動を探る技法が集団の合意形成を図る方法に応用されたものである。

1990年代以降，住民参加のまちづくりの推進において，都市計画マスタープラン作成への参加など，意思決定，意思形成への参加の道は広がってきた。

そして，ワークショップは住民参加の方法として，公聴会的な説明会のような一方通行ではなく，住民の主体的な参加による方法論として注目された。

しかしワークショップは基本的には個人の任意参加であり，参加者が住民意見を代表している保障はなく，したがって参加者の多数決などによって意見の採否を決めることは適当ではない。ワークショップを実施しさえすれば合意形成が得られるというものではない。住民の合意形成を図るためにはさらに意見の根拠や，提案としての妥当性を確かめるための議論を十分に行う必要がある。

⑤ 住民参加の創造の場への期待

まちづくりを政策論的視点で捉えるならば，主体となるのは住民であり，住民の手で政策目標や手段が選択されたほうがよい。

ワークショップは住民の手で政策目標や手段を選択するための，個人の意識化に向けた学習であり，他者とつながり，他者との討議や協働により個人の創造性を集団内で相互作用させることで集団の創造力を発揮し，新しい価値を生み出していく方法である。

ワークショップが，住民参加による創造的社会を形成するための方法として広まっていくことが期待されている。

そのためには地域社会の社会的構造を分析し，どのようにまちづくりプログラムを展開したら人々が主体的に取り組むようになるかという社会学的領域からの参加の技術（ファシリテーション技術）の検討のみならず，都市政策にも通じ，専門的職能を身につけた**ファシリテーター**の育成の必要などの課題も残されている。

（熊澤健一）

▶2 主な理論や技法は，K. レヴィンのアクションリサーチ，J. L. モレノの心理劇（サイコドラマ），L. ハルプリンのRSVP，PETA（フィリピン教育演劇協会）ほかの演劇ワークショップ，川喜田二郎のKJ法，点検地図づくりがある。

▶3 1979年に日本に紹介され，藤本信義や木下勇らのグループが取り入れたことで日本のまちづくりにおける技法として開発されるようになった。

▶4 ワークショップを日本ではじめてまちづくりに取り入れたのは東京都世田谷区である。

▶5 ワークショップに期待されている役割として，参加者同士の体験共有，意見表出（ブレインストーミング），創造表現，意見集約その他のコミュニケーションを深めることなどがある。

▶6 ファシリテーター
ワークショップにおいて，中立な立場で参加者の合意形成や相互理解に向けて議論がなされるよう進行させる役割を担う人。ワークショップの成否はファシリテーターの質にかかっているといえる。

（参考文献）
木下勇，2007，『ワークショップ』学芸出版社。
大西隆，2004，『逆都市化時代』学芸出版社。

Ⅳ　まちづくりの構想と技法

10　歴史的町並み保存

1　「変化すること」と「変えないこと」

　都市は変化する。そこに人が住む限り，住宅やビル，道路などは新しく生まれ替わっていく。そうした変化は都市の生命力を表すとさえいわれている。だが，すべての建物がまるっきり変わってしまったら，かつて見た光景が何の痕跡もなく別の姿に変わってしまったら，私たちは何を頼りにその町を以前から知っている町だと信じることができるのだろうか。

　1960年代の高度経済成長期において，画一的な将来像しか持たない開発政策に対抗する住民運動が湧き上がった。そのひとつに地域社会に残された歴史的な建造物や文化遺産を保存し，活用しようとするまちづくりの運動，いわゆる歴史的町並み保存運動がある。「変化すること」は進歩であり，歓迎すべきと多くの人が考えていた時代において，「変えないこと」を求めた歴史的町並み保存運動は，都市そのものの意味を問い直す実践であった。

2　都市社会学における「変化すること」

　日本の都市社会学は，戦後の経済成長のなかで「変化すること」に関心を寄せてきた。例えば，大規模な地域開発政策のもたらす地域社会生活の変容を明らかにしたり，郊外住宅地の形成に伴って旧住民と新住民の相互作用を通じて新たな「都市コミュニティ」が生まれることを構想したのである。[1]

　それに対し玉野和志は興味深い指摘をしている。玉野によると，伝統的な商業都市である三重県松阪市で長く商売をする地元商業者たちは，自分たちの商店街が再開発に直面した際に，伝統的な商業者の慣習に基づきながら再開発という新しい事態を乗り越えていったという。そして玉野は，「各地域社会が個性的に蓄えてきた伝統的な文化システムが，新しい生活スタイルを創造するうえで，いわば在庫目録としての働きをする」と述べる。[2][3]

　このように地域の将来像を「伝統的な文化システム」の「在庫目録」に基づいて構想できるのであれば，その「在庫目録」に記された「伝統的な文化システム」は，どういった「保管庫」にストックされているのだろうか。

3　地域の歴史や人々の記憶の継承：世代を超えた社会的連帯

　この問いに対する答えを探るために，歴史的環境保存の社会学を紹介しよう。

▷1　代表的なものとしては，奥田道大，1983，『都市コミュニティの理論』東京大学出版会など。

▷2　玉野和志, 1987,「生活構造の自立性と『地域』の意味——伝統型消費都市・松阪を事例として」『社会学評論』149：p.58。

▷3　同じく伝統的な商業都市であった広島県福山市鞆の浦でも，地域の将来像について意見対立をしている双方が描く将来像はともに地域の歴史を踏まえたものである。Ⅰ-6参照。

堀川三郎は小樽運河保存運動の事例分析を通じて「地域社会に固有の景観としての町並みは，その地域社会に固有の条件や歴史の集合的表現」であると述べている。その地域の気候や風土といった自然条件と生業や都市機能などの社会的条件に最適なものが家屋や建造物の材料や意匠に選ばれ，そうした建物の集合体が地域独自の町並みとして歴史的に形成されていく（＝歴史的環境）。したがって，歴史的環境を維持することは，その地域に継承されてきた歴史文化や生活環境を守ることでもあるという。これに対して地域開発政策の描く将来像は，その土地の歴史文化や生活環境における価値は無視して，ひたすら経済的な価値の増殖を目指す画一的なものであった。だからこそ，全国各地で開発政策を批判する町並み保存運動が生まれたのである。しかしながら開発を推進する政治力は圧倒的に大きく，多くの運動が敗北していった。結果，地方都市の色彩豊かな郷土性はぬぐい去られ，全国どこも同じで没個性な景観が生み出されている。それは歴史や記憶が静かに降り積もり，他と交換できない独自の価値を持つ「場所」を，土地の値段がつり合えば何にでも交換できる空っぽで無色透明の「空間」に置き換えてゆく過程であった。

歴史的環境がその地域の歴史文化や生活環境を表すならば，それこそが「伝統的な文化システムの保管庫」だといえよう。歴史的環境とは，地域社会の歴史や人々の記憶を伝えるものである。そして町並み保存運動は，先代から歴史文化や生活環境を継承し，次世代へ受け継ごうとする運動であった。すなわち世代を超えた社会的連帯を求める営みなのである。

❹ 開発と保存の二項対立を越えて

町並み保存に対して，変化を失った都市は死んでしまうという反論は根強い。この考えの根底には歴史的・文化的価値の保存と，地域経済の発展や生活の利便性の向上をトレードオフで捉える考えがある。しかし「何を変えないのか」と「何を変えるのか」はコインの裏表である。都市の変化は都市の保存と併せて考えるべきことなのだ。どの町並み景観を残すのかは，その地域社会が何を継承し，後世に伝えるかという思想の問題でもある。すべてを変えてしまえば後世に何も伝えられない。その土地の根底を流れる歴史や文化を失った都市は，「生きた都市」といえるのだろうか。

いま私たちには，歴史的・文化的価値を守るという制約条件のもとで生活の利便性を向上させるという技術と政策における知恵と工夫が問われている。これはスクラップアンドビルド型の地域開発政策から，地域の資源を修復・修繕しながら活用するリハビリテーション型のまちづくりへ移行しつつある時代の大きな課題のひとつなのである。

（森久　聡）

図Ⅳ-10-1　小樽のまち

▶4　堀川三郎，1998，「歴史的環境保存と地域再生——町並み保存における『場所性』の争点化」舩橋晴俊・飯島伸子編『講座社会学12——環境』東京大学出版会，p.105。

▶5　Ⅱ-3 参照。

▶6　19世紀末の英国の思想家ジョン・ラスキンは「人間は建築がなくても，生活したり，礼拝することはできた。しかし建築なしに過去の記憶を蘇らせることはできない」と述べている。また社会学者 M. アルヴァックスも『集合的記憶』のなかで空間と記憶の結び付きの強さを論じている。

参考文献

ラスキン，J.，杉山真紀子訳，1997，『建築の七燈』鹿島出版会。

アルヴァックス，M.，小関藤一郎訳，1989，『集合的記憶』行路社。

Ⅳ　まちづくりの構想と技法

11 国民生活審議会報告とコミュニティ政策

1 国民生活審議会報告

　わが国において，「コミュニティ」という用語が広く普及し，コミュニティ政策が都市の政策課題として注目を集めるようになったのは，政府の諮問機関である国民生活審議会調査部会コミュニティ問題小委員会の報告『コミュニティ――生活の場における人間性の回復』(1969)が契機となっている。この報告では，当時の地域社会の状況を，「戦後の都市化やモータリゼーションにより地域社会が急速に変貌し，古くからの地域共同体は崩壊する一方，新しいコミュニティは萌芽的にしか形成されていない」と説明する。そして，「これでは地域社会の連帯感が薄れて，人は孤独感，無力感におちいり，いかに日本の経済成長率が高いといっても，生活の場における人間性が喪失したのでは，人間の幸福はありえない」と指摘する。このような状況のなかで1970年代以降の地域問題を展開していくための理念や方策が，上記報告では提示されている。

▷1　国民生活審議会調査部会編，1969，『コミュニティ』大蔵省印刷局。図Ⅳ-11-1。

2 コミュニティ形成の理念

　上記報告書は，タイトルに示されるように，コミュニティ形成の理念を「生活の場における人間性の回復」におく。そして，旧来の地域共同体の崩壊は，地域住民を古い束縛から解放することを意味しており，地域共同体のなかに埋没していた人間性を回復させるものとして評価される。しかし，一方で新しいコミュニティをつくる努力を忘れていては，前の時代よりも悪い状態を招きかねないと指摘する。すなわち，「古さからの脱出」と同時に「新しさの創造」を目指すことで，人間性回復の場を確保していく必要性を強調するのである。そこで，「社会目標としてのコミュニティ」の形成が課題となってくる。そして，そうしたコミュニティを，「生活の場において，市民としての自主性と責任を自覚した個人および家庭を構成主体として，地域性と各種の共通目標を持った，開放的でしかも構成員相互に信頼感のある集団」として提示する。

▷2　江上渉，2002，「コミュニティとその可能性」菊池美代志・江上渉編『21世紀の都市社会学』学文社，pp.143-156。

3 コミュニティ政策の意図

　コミュニティ形成の理念を具現化していくために，上記報告書ではコミュニティ形成のための方策が論じられる。そこで基調となる政策意図は，「住民・市民の自発的な意志に基づく地域社会づくりへの『参加』であり，『自治』の

強調」である。方策としてあげられるのは，第一には，行政における対応——上意下達方式からフィードバック回路（公聴制度・広報活動）を持つ行政への転換，第二には，コミュニティ・リーダーの性格——望まれるのは**「有限責任型」リーダー**の養成，第三には，コミュニティ施設のあり方——住民相互間の人間的交流が図られる場の確保，の3つである。その上で，コミュニティ形成の方法として，個別的方法，制度的方法，運動的方法，情報的方法の4種類の方法が示され，方法の選択にあたっては，全国一律に画一的に決めるのは困難であることが指摘される。各コミュニティは，それぞれ歴史・問題の所在・住民の意識などで違いがあるため，自らの問題・特性に応じてふさわしい方法を創り出し，あるいは選択していく。

4 コミュニティ行政の展開

上記報告が契機となって，自治省が1971年にモデル・コミュニティ事業を立ち上げる。この政府レベルでのコミュニティ政策を受けて，地方自治体レベル，とりわけ市町村（基礎自治体）が中心になってコミュニティ形成の取り組みが全国で展開されていく。このような展開は1970年代後半には地方の市町村でのまちづくり・むらづくり運動の動きと連動し，全国各地でコミュニティ形成・まちづくり運動がひろがっていった。1980年代に入っても，多くの自治体が，施設の管理・運営を核としたコミュニティの組織づくりを推進する。しかし，こうした組織づくりは多くの場合，施設の管理・運営にとどまってしまい，上記報告が打ち出した政策意図——住民・市民の自発的な意志に基づく地域社会づくりへの「参加」，「自治」——へとつながっていない。1990年代になると，阪神・淡路大震災（1995年）を契機にボランタリーな市民活動が台頭する。NPO法の施行（1998年）以降，各自治体はNPO・市民活動支援政策を展開していくようになり，1970年以来推進されてきたコミュニティ政策は後退する。2000年代に入ると，NPO・市民活動は育成・支援の段階から，行政のパートナーとして位置づけられ，財政難に苦しむ自治体を中心に，事業への参画・協働が強調されるようになる。ここにおいて，コミュニティ政策の質的転換——「自治」から「協働」へ——が進んだのである。

阪神・淡路大震災は，ボランタリーな市民活動に脚光を当てさせたが，一方でコミュニティを通じた共同性による自律的対応なしには，ボランティアがうまく機能しないことも明らかにした。時代の政策ニーズにより行政施策の優先度が低下したにせよ，国民生活審議会報告がかかげたコミュニティ形成の取り組みに対する意義は，現在においても決して劣化するものではない。

（竹元秀樹）

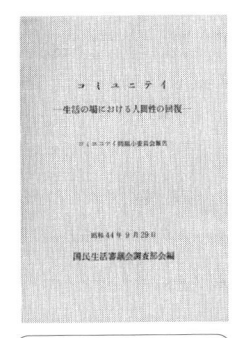

図Ⅳ-11-1 『コミュニティ』

▶3 和田清美，2006，「大都市コミュニティの形成における住民・市民活動，運動と都市政策の意味——コミュニティ政策の検討を通して」『大都市東京の社会学』有信堂高文社，pp.213-237。

▶4 「有限責任型」リーダー
住民一般の総意と利害を代弁するといった代表型のリーダーではなく，特定の生活領域において専門性（タレント性）を発揮するという型のリーダーを指す。

▶5 コミュニティ政策の展開については，和田清美，2006，『大都市東京の社会学』，pp.217-230を参照。

▶6 山下祐介，2001，「都市の創発性——都市的共同性のゆくえ」金子勇・森岡清志編著『都市化とコミュニティの社会学』ミネルヴァ書房，pp.48-69。

Ⅳ　まちづくりの構想と技法

12　近隣政府と町内会

▷1　トクヴィル，A. de, 松本礼二訳，2005，『アメリカのデモクラシー　第1巻』（上）岩波書店。

1　「近隣政府」登場の背景

「人民主権の教義が支配する国では，どこでも各人は主権者の等しい一部を構成し，国家の統治に平等に参加する」。フランスの名門貴族の家に生まれて法学教育を受け，1831年合衆国の諸制度を視察したトクヴィルは，デモクラシーはヨーロッパ・アメリカに共通するものと期待し，特にアメリカ社会の底辺における自治活動の基盤であるタウンシップ（township）の民主主義に果たす機能を強調した。そして民主主義におけるアメリカ的伝統の現代的再生は，「近隣政府」の運動として再生されてきた。タウンシップにおいて人は自己の利害については最良の判断者であるが，他人と共有する「社会的利害」については相互調整に服する。タウンシップは，対面的で自由な討論を通じた道徳的コンセンサスが形成される場であった。この「小さな共和国」は歴史的変遷を免れなかったが，「小規模の範域の隣人との共通する問題解決の道の探求」に応じ，分権秩序の底辺の活動に「参加」し，かつ「親睦」と「共同体」に参加するという社会的意義を持ち続けてきた。

近隣政府とは，こうした過去の統治システムの現代的再生である。地域住民（近隣）の意思決定が，より上位の社会統治の「公共性」の枠内に組み込まれて行く。この近隣生活の「共同性」の確立のため，住民が自らの創意と論議を通じて取るべき道を意思決定し，ひいてはこれを「公共性」の要素として扱う権限を上位の政府に承認させる。そのため，さまざまな領域で私的近隣法人を創出し，行政機関の事業計画の審査・意見陳述・立案などに組織的に参加し，結果として公的法人として承認される。こうして，自らの目的に応ずる一定地域の統治権の一部の法的な委譲を受け，カウンティ・州・連邦という重層化した秩序に組み入れられる。今や巨大都市への人口・情報・サービス資源の集中・集積は実現されたが，そのもたらした光は影のマイナスに遮られる。例えば1960年代後半に頻発した都市暴動は顕著な負の例であり，その背後には住宅政策や都市再開発を代表とするような集権的政策における「政府の失敗」がある。「近隣政府」の再生産は，「新しい公共秩序」を指向する。西欧各国もまた，とりわけ都市政策において，その抱える問題解決のための組織的活動における近隣的住民の決定参加の機会を創出しつつある。新たな都市開発に限らず，こうした近隣政府という新たな舵取りが，社会統治の一翼を担いつつある。

❷ 町内会と地方分権をめぐる課題

　町内会・自治会など名称は違っても，現代日本で地域生活の一員となり暮らすことは，偏在する地域組織，すなわち町内会に加入することにつながる。加入は任意とされてはいるが，現実には自動的かつ世帯員ぐるみ加入となる一種の社会的強制力を有する。確かに，日本の都市である町の歴史は古いが，「町自治」の確固たる伝統は希薄であった。さらに明治以後，中央集権国家は都市行政に政府の行政意思の徹底した浸透を図る。あるいは民生施策の貧困を埋めるために，次第に広がり始めた任意団体としての町内会の組織を利用する姿勢が強くなる。町内会は，都市でも村落社会と同様に地縁を基軸とし，地域住民相互の親睦や住民の必要とする共同事業（初等教育，福祉，公衆衛生，防火，防災，防犯など）の地域的な共同管理を担い，さらには多くの行政事務の遂行を委託・委任され，最終的には行政権力の意志の浸透のパイプとして利用された。その極点は，太平洋戦争の国家総動員政策の要具として大政翼賛会の傘下におかれた時代であった。戦後復活した町内会は住民の加入率は高いが，都市部では低下しつつあり，また何より現実の参加・活動率と加入率とには大きなズレがある。都市化の進行は職住空間の分離や単身世帯化を生み，町内会活動の担い手を空洞化する。町内会は今日まで多様な機能を担うに至ってきたが，特に行政補助機能が大半を占め，業務委託やさらに受託が増加し，幹部要員の高齢化・固定化の傾向が続く。結局，地域住民の切実な生活要求（地域環境保全・生活インフラの確立など）や願望は十分行政に投射されないまま今日に至っている。他方，町内会が担ってきた包括的機能のいくつかは，専門処理機関（例えばNPO法人）の成熟により機能転移が広がる。町内会が生き残るには，こうした変化に対応し，いかなる自己変革を通じて自治に参加と協働機会を開発し，その存在意義を発現させるか，その道程の選択を迫られている。

　今世紀に入り，「政府の失敗」を回復すべく急速に地方分権政策が推進されるに至った。分権改革の制度設計のひとつは，「都市内分権化」であり（地方自治法第202条4），基礎自治体は，①「ローカル」な地域特性を生かす政策的公準をひろく選択し確定・実行するため「地域自治区」（学区規模）を条例で設定し，②市町村長は事務分掌を再編するとともに，自治区を住民自治の必置機関とし，地域レベルの住民「参加」と「協働」の機関とすることになる。だが，地域評議会は，一定の権限を委譲された自己統治の機関というより，自治体の長の諮問に対する答申，あるいは意見具申権を持つにとどまり，かつ評議会メンバーも主として市町村長の選任による。地域の「合意形成」プロセスは，「近隣政府」のあり方とは距離がある。自治・参加の時代・官民の協働・新しい公共の時代など分権化という変革への道程は，長く険しい。　　（小浜ふみ子）

▷2　倉沢進・秋元律郎編著，1990，『町内会と地域集団』ミネルヴァ書房。

参考文献
宗野隆俊，2012，『近隣政府とコミュニティ開発法人』ナカニシヤ出版。
中田実，2007，『地域分権時代の町内会・自治会』自治体研究社。

Ⅳ　まちづくりの構想と技法

13　社会的排除と包摂
自立支援センターをめぐって

1　EUから世界へ

　排除や包摂という言葉自体は特に目新しいものではなく，これまでにもさまざまな形で用いられてきた。しかし，社会的排除および社会的包摂という語は，ここ20～30年ほどで新たな歴史性を帯びている。

　EU諸国を中心に，1980年代以降の経済と福祉国家の危機のなかで，長期失業や不安定な就労，若者の雇用問題，家族の変化，ホームレスの人々や移民の増大，およびそれに伴う貧困が深刻化した。こうした問題を読み解く用語として社会的排除および社会的包摂が登場し，社会政策の分野を中心に用いられるようになった。フランスで生まれたとされるこの用語は，イギリスの労働党政権（ブレア首相政権時）が1997年に省庁横断的な「社会的排除対策室」を作り，政策に取り込まれたことなどから広がった。今日ではEU諸国のみならず，国際機関や第三世界の政策の展開においても重要なキーワードとなっている。

2　社会的排除とは何か？

　しかし，その中身は曖昧であり，社会的排除とは何かについては，多くの議論がある。例えば都市研究者のA. マダニプールは，「社会的排除は多元的なプロセスと定義され，さまざまな形態での排除が結びついている。すなわち，意思決定と政治過程への参加からの，雇用や物質的資源へのアクセスからの，そして日常的な文化的活動への統合からの排除である。これらが結びつくとき，特定の近隣地域で空間的に表現された深刻な排除の形態が生み出される」[1]という。また日本の貧困研究をリードする岩田正美は，社会的排除には参加の欠如，複合的な不利，排除のプロセスへの注目があり，その結果，空間的排除や福祉国家の諸制度からの排除が起こることを指摘している[2]。

　いずれにしても私たちの社会から社会的排除をなくし，社会的包摂を実現していく，そうした政策的取り組みや学問的視点からの捉え返しが行われている。

3　ホームレスの自立支援事業の事例から

　例えば，日本におけるホームレスという現象と，その対策として設置された「自立支援センター」の事業を例に考えてみよう。ホームレスの人々は，複合的に不利な状況にあり，空間からも制度からも締め出され，困難な社会的排除

▷1　Madanipour, Ali, 1998, *Social Exclusion in European Cities*, Routledge.

▷2　岩田正美, 2008, 『社会的排除』有斐閣.

の状況にある。そうした人々を社会へと包摂する政策のひとつとして、日本では、就労による自立を支援する自立支援センターが設立されている。例えば東京都の設置する5つのセンターでは、2007年1月末までに延べ7057人の利用があった。その退所者の状況は、住宅を確保しての就労自立35.2%、住み込みによる就労自立16.1%、自立困難による期限退所12.6%、その他36.2%である。

　この退所状況からは、一見、半数近くの「就労自立」が行われたように見える。しかし実際のところ、労働市場には年齢制限があること、センター入所者がホームレスの施設に入所しているということで就労を断られるなど差別されること、センターからの働くことへの強いプレッシャーなどから、入所者の再就職の可能性はきわめて限定され、かつ就職先も実際には不安定な就労先であることが明らかになっている。結局、この事業を利用して安定した住まいを継続的に確保できたホームレスの人々はごくわずかであり、多くは路上や公園に戻るしかなかった。

　また、自立支援センターなどを利用しないホームレスの人々を対象として、2年間低家賃でアパートを貸し出す「ホームレス地域生活移行支援事業」が、特定の大規模公園を対象として行われ、多くの人々がこの事業を利用したが、数年後大半が再び路上などに戻ることとなった。屋根は確保できても、家賃を払える仕事に就くこと、アパートでひとり住まいを続けていくことには、大変な困難がある。にもかかわらず、事業の対象となった公園では、ホームレスの人々の「新規流入防止」の措置が行政によって徹底され、そこで生活することが難しくなった。

4　誰が包摂され，誰が排除されるのか？

　この事業の例からは、社会的排除と包摂の複雑な状況が垣間みえる。路上生活からの脱出を目指した包摂のための事業では、一見手厚い援助が行われているようにみえる。しかしここには、包摂の目的と方法の問題、さらにはそもそも排除と包摂が一体化しているという問題が横たわっている。つまり、誰を包摂するのか、および誰が結果的に包摂されたのか、ということは、包摂される人とそれ以外の人との間に線引きがなされるということである。そして、この事業では、包摂されなかった人々は空間から排除されることになり、より状況が困難になるという側面があった。

　近年では、NPO団体や地域組織、企業などのさまざまな関係機関が連携し、より柔軟にホームレスの人々の支援に取り組むことによって、支援のメニューは増えてきた。人々が排除されることなく、よりよい生活を営むことは、個人にとっても、私たちの社会にとっても重要な課題である。しかし、社会的排除と包摂のダイナミズムには、絶えず批判的な目を向けていくべきである。

（山口恵子）

▷3　自立支援センターの入所は原則2ヶ月間であった。ただし、この事業は再構築が目指されており、東京都では2010年度から新型の自立支援センターの設置が進んでいる。

▷4　北川由紀彦，2006，「野宿者の再選別過程――東京都『自立支援センター』利用経験者聞き取り調査から」狩谷あゆみ編著『不埒な希望』松籟社，pp. 119-160。

▷5　山口恵子，2006，「都市空間の変容と野宿者――90年代における新宿駅西口地下の事例より」狩谷あゆみ編著『不埒な希望』松籟社，pp. 56-98。

参考文献

バーン，D.，深井英喜・梶村泰久訳，2010，『社会的排除とは何か』こぶし書房。
原口剛・稲田七海・白波瀬達也・平川隆啓編著，2011，『釜ヶ崎のススメ』洛北出版。
岩田正美・西澤晃彦，2005，『貧困と社会的排除』ミネルヴァ書房。
渡辺芳，2010，『自立の呪縛』新泉社。
山崎克明・奥田知志・稲月正・藤村修・森松長生，2006，『ホームレス自立支援』明石書店。

Ⅳ　まちづくりの構想と技法

14　福祉のまちづくりと住民流福祉

1　社会福祉政策を切り取る視角

「神が完全管理する社会では、人間の善性は逆に損なわれる」という炯眼を私たちに示したのは、フランスの哲学者 E. レヴィナスである。他者に管理をゆだねる方がより幸福になる場合もあるのではないかという誘惑は、民主主義にとってもまた悪魔のささやきなのである。

このことを念頭において、現代日本の社会福祉政策のひとつである「福祉のまちづくり」政策実践を概観してみたい。ある視角で社会事象を切り取って検討することは、社会現象を学問の対象としている社会学の第一歩である。そして、このような概観を行うことで、現在の社会福祉政策立案者が抱えるジレンマが見えてくるのである。

2　福祉のまちづくり政策

社会福祉の分野では、ノーマライゼーションや社会的包摂という考え方がある。「福祉のまちづくり」政策とは、この考え方に基づいて、施設や設備をユニバーサルデザインにより整備するという主にハードウェアを対象とした政策と、地域住民に福祉力を形成させる主にソフトウェア的な政策のふたつに大きく分類可能である。

前者の例として、東京都では2009年に「東京都福祉のまちづくり条例」を改正し、公共的な施設整備を行う場合は、人に優しい街並みを整備するよう取り組みを行っている。

後者の例としては、主に市区町村社会福祉協議会（社協）が実施している地域福祉活動がある。これは、地域住民の連帯意識の醸成や福祉問題に対する認識を深めることで地域に福祉力を形成することを目的に、ボランティアの組織化などを行う福祉活動実践のことである。後で検討する住民流福祉の考え方に基づく福祉実践もこちらに分類される。

3　社会福祉政策立案者の抱えるジレンマ

福祉のまちづくり政策には、レヴィナスがいうような、政府が人間の善性を管理する可能性があることを否定できない。なぜなら、現在のところ、まちづくり手法の多くは、自治体側が示す福祉のあり方（ノーマライゼーションのあり

▷1　内田樹，2008，『他者と死者』海鳥社，p.268。

▷2　障害者や高齢者などのいわゆる社会的弱者が、社会生活を送る際に不便さを感じないように社会基盤の整備を行うことが社会の義務であり、そのような政策運営がひいては住民全体の福祉に貢献するのだ、という考え方。

▷3　ユニバーサルデザイン
東京都福祉のまちづくり条例での定義では、「年齢、性別、国籍、個人の能力等にかかわらず、できるだけ多くの人が利用できるよう生活環境その他の環境を作り上げること」とされる。

▷4　例えば、学校、医療施設、集会所などの公共的な建築物や道路、公園、公共交通施設などについて、それを利用する人の能力の違いに関わらず、すべての人がはじめから利用可能なように環境をデザインしていくユニバーサルデザインの理念に基づいた施設整備のガイドラインを示している。

▷5　Ⅳ-9 参照。

方や住民間の連帯のあり方）に，住民を「巻き込む」という発想に基づいているからである。

公共政策により徐々に社会福祉が充実してゆくのは望ましいことであるが，利便を享受した住民は，福祉制度が充実すればするほど，目の前に弱者がいても，直接的な手助けをするより，制度や政府の指導に頼る方を楽だと感じてしまう傾向がある。そして，政策主導による組織的行動は順守するが，自分から直接手をさしのべる必要は感じなくなり，個人はますます利他的な行動から遠ざかるという皮肉な結果を招く可能性が高くなるのである。

現代日本の社会福祉政策立案者は，常にこのジレンマに悩まされていると考えられる。つまり，公共福祉政策の増加はすでに国家財政を圧迫しているが，その問題にとどまらず，反射的効果として個人が主体的に他人を助けることからますます遠ざかっているという傾向の存在が，国家にとって重大な危機なのである。

4 住民流福祉

長野県駒ヶ根市社協が実施している住民流福祉の考え方に基づく実践は，こうした傾向を反省的に捉えたものである。

それは，行政主導ではなく，住民のやり方で近所づきあいの輪を広げていく地域福祉政策の実践といえよう。

この事業は，それまであまり近隣づきあいがなかった住民に対して，社協が仲介してつながりを作っていく地域福祉実践である。困りごとのある人が，自ら手を貸してほしい人を指名し，指名された人は有償ボランティアとして困りごとを手伝うという方法を採る。最初は社協の仲介によってこうした関係を構築するが，徐々に社協は両者のつきあいから手をひき，自然な近隣づきあいに移行してもらうことを目指す。最終的には地域福祉の枠組みに限定されない個人的で複線的な通常の近隣つきあいを構築していくことを目的に設計された地域福祉実践である。

5 政策に対して社会学ができること

社会福祉政策における課題の発見とその解決は，社会生活を不自由なく送るための障害を排除するために取り組まれてきたといえる。しかし，レヴィナスのいうように，管理に身を委ねては善性は損なわれる。

この逆説に対して，まだ私たちは誰も有効な回答を持っていないのである。

私たちは逆説を自覚することから始める必要がある。そのとき，住民の流儀を尊重しようとする考え方がひとつの参考になると考えられるのである。

（山本　馨）

▷6　筆者は方法論的集合主義や贈与論（M. モース）の再評価がソリューションのひとつになるのではないかと考えている。

参考文献
三本松政之，2007，『福祉ボランティア論』有斐閣アルマ。
木原孝久，2001，『住民流福祉の発見』筒井書房。

Ⅳ　まちづくりの構想と技法

15 災害コミュニティ論

1 災害とコミュニティ

　大規模な災害が生じた時，人々はどのように行動するのだろうか。映画などに描かれる災害時の人々の姿は，しばしばパニックの様相を呈している。むろん災害直後には人々は混乱する。しかし，いったん落ち着きを取り戻すと，災害時に観察される社会はむしろ，想像されるものよりも秩序だっていることが多いようだ。

　というのも，災害時には，ふだんの生活では明瞭であった人々の間の差異が目立たなくなる。人々は同質的な人間集団として意識され，一種のユートピアが生まれる。人命救助や避難生活の中で協力関係を持つことで，それまで関わりのなかった人々も含めて，ある種の災害コミュニティが形成されさえする。

　災害（disaster）には，自然災害に限らずあらゆる惨劇が含まれるが，日本ではやはり1945年太平洋戦争敗戦時の空襲および原爆投下がもっとも大きなものになる。それから50年を経て，1995年に生じた阪神・淡路大震災でもやはり，被災地ではある種の疑似コミュニティが生まれていた。災害直後のコミュニティ形成は，ある種の社会法則のようなものと考えてよい。

2 戦後日本社会の環境の変化・社会の変化

　しかし当然ながら戦後直後の状況と2000年代の現在とでは，災害そのもののあり方からして大きく変わってもいる。

　戦後，特に1950年代以降に確立されていった防災機構によって，10年に1度は何らかの自然災害に直面していたような生活から，災害そのものの数が激減した。日本の災害はまずは風水害だが，例えば河川改修とダム建設はそれまで頻繁に生じていた大水を大きく封じ込めた。予測・予報の技術が進むとともに，防災行政も確立され，本来地域社会が担っていた災害対応は，国や行政によるより強力な体制に切り替わっていく。物理的にも社会的にも，人間と自然とのつきあい方はこの時期，大きく変わっていった。

3 1995年阪神・淡路大震災の教訓：コミュニティ再考

　阪神・淡路大震災は，こうした変化がどんな意味を持っているのかを考える重要な機会となった。そのときの教訓のひとつが「コミュニティ再考」である。

▶1　今日までの災害社会学の成果の全体像については，大矢根淳・浦野正樹・田中淳・吉井博明編，2007，『災害社会学入門』弘文堂を参照。

▶2　バートン，A. H.，安倍北夫監訳，1974，『災害の行動科学』学陽書房など。

▶3　鈴木広編，1998，『災害都市の研究』九州大学出版会では，1991〜95年雲仙普賢岳噴火災害に対応する都市の社会状況を，タイトなコミュニティの形成として描き出している。

▶4　阪神・淡路大震災時の社会学研究者の議論を集成したものとして，岩崎信彦他編，1999，『阪神・淡路大震災の社会学』（全3巻）昭和堂を参照。

巨大化した物理的・社会的システムは，大災害のような有事には機能不全に陥りやすい。そうした時，もっとも頼りになるのは，やはり身近な人々である。特に災害は面的に生じるので，地理的に近接して生活する人々，近隣やコミュニティこそが，まずは現場でともに協力し合う一番大切な関係になる。ところが，大都市部ではそうした日頃の関係が乏しく，しばしば混乱も生じていた。他方で都市部でも古い住宅地などでは，ふだんからつきあいの濃いコミュニティが健在であり，救援・避難・復旧を互いの協力で効率的に行いえた。

こうした教訓から，震災後，防災コミュニティの形成に注目が集まった。災害が生じてからコミュニティを形成するのではなく，災害時に備えて，ふだんからコミュニティを育てておこうという発想である。この発想の転換は，さらに福祉論とも重ねた防災福祉コミュニティづくりへも展開していく。

❹ 防災コミュニティから，コミュニティをめぐる新たな議論へ

災害コミュニティから防災コミュニティへ。もっとも，こうした発想は，現実にはなかなかうまくはいかないものだ。というのも，ここでもうひとつ大きな変化が生じているからである。すなわち人間自身の変化である。

防災機構の確立によって，大きな災害のない時期が続いたこと，このこと自身は喜ばしいが，長い期間の無災害状態は，今度は人々の災害経験を失わせることにもなった。かつては実際に災害が頻繁に生じ，その度に人々の協力が生まれていた。その記憶が鮮明なうちに生じた災害では，災害コミュニティの形成は容易だった。

しかし今，コミュニティを担う成員自身に，災害の経験が乏しくなっている。例えば，1930年生まれが2010年代には80歳代になり，戦時を知る最後の世代が老年の域に入ってきた。これから生じる戦前生まれと戦後生まれの世代交代は，今後のコミュニティのあり方にも大きな影響を与えるものと予想される。

他方で，災害そのものがまったくなくなったわけでもない。都市の姿が変わり，生活が便利になったぶん，災害リスクは増大しているとさえいえる。東海地震，首都直下地震等も，いつ起きてもおかしくない状況にあるとされる。さらには，原子力災害のような，高度テクノロジー災害も新たな問題に加わってきた。地球環境問題も新しい災害を産み出すものとして注視されつつある。

コミュニティへの社会学的見方も変わってきた。大都市生活に関わるリスクはさまざまな生活不安を生み，これに対する現代版シェルターとしてゲーテッド・コミュニティもあらわれはじめている。欧米では，近年さかんな民族主義的色彩の濃いコミュニティ擁護論への批判も顕著になってきた。コミュニティそのものが，災害／リスクをめぐる議論を超えて，現代を読み解く重要概念として，改めてその意義を問われるようになっている。

（山下祐介）

▷5 防災福祉コミュニティについては，倉田和四生，1999，『防災福祉コミュニティ』ミネルヴァ書房に詳しい。

▷6 バウマン，Z.，奥井智之訳，2008，『コミュニティ』筑摩書房；デランティ，G.，山之内靖・伊藤茂訳，2006，『コミュニティ』NTT出版；山下祐介，2008，『リスク・コミュニティ論』弘文堂などを参照。

附記
この項目は，2011年3月11日の東日本大震災発生直前に書いたものである。残念ながらいまだにこの未曾有の災害をふまえて記述を修正する方向性は，社会学界全体においてもまだ見えていない。一方でここで示したことは東日本大震災においても多くの点であてはまる。しかし他方で東日本大震災では，大津波や原発避難によってコミュニティそのものが存続の危機に瀕しているような事例も多数見られる（このことは今後いっそう顕在化するであろう）。現時点での社会学者の見解については，田中重好・舩橋晴俊・正村俊之編著，2013，『東日本大震災と社会学』ミネルヴァ書房などを参照されたい（2013年1月記）。

Ⅳ　まちづくりの構想と技法

16　創造都市論

1　脱工業化社会の新しい都市概念

　創造都市という概念は，国や地域，研究者によって定義はさまざまであるが，工業を中心とした旧来型の産業から，知識集約型産業や文化芸術を核とした創造的産業と呼ばれる産業へと中心的役割が移ったという歴史的背景のもとに生じたものである。

　創造都市論では，世界都市は経済的にグローバルな影響力を持ち，都市ヒエラルキーのなかで上位に位置するのに対し，創造都市は規模は小さくてもすぐれた産業や文化・技術の創造力を持ち，国際的なネットワークを持つ都市とされ，世界都市論への対抗概念であるといわれる。

　創造都市なる概念が初めてアカデミズムの世界で提起されたのは，1994年の国際文化経済学会であり，比較的新しい概念であるといえよう。

2　都市の創造性をめぐる議論

　現代の創造都市論の先駆的研究者であるJ.ジェイコブズは，イタリアの中規模都市であるボローニャなどに注目し，技術革新を得意として柔軟に技術を使いこなす高度な労働力や，大量生産システムとは一線を画す小規模企業の集積によるフレキシブルな生産システム，そして柔軟なネットワークに焦点を当て，都市の創造性を解明しようとした。ジェイコブズのいう創造都市とは，柔軟で創造性あふれる修正自在の都市経済システムを持った都市である。

　他方で創造都市論は，工業化以前は芸術文化と経済・生活は分離されたものではなかった点に文化経済学的観点から着目し，芸術文化がコミュニティを活性化させ，地域の自立性や内発的発展の可能性を高め，都市の豊かさの開花につながり，都市経済の活性化に果たす役割を重視している。その代表的研究者としてC.ランドリー，佐々木雅幸，後藤和子らがいる。

　地域経済学的観点からは，創造的産業が集積するのは特定の都市であり，創造的人材が集積するこの特定の都市こそが創造都市であるとする見解がある。その代表的研究者としてR.フロリダがいる。

3　ランドリーのいう創造性

　ランドリーは**欧州文化首都**の事例の分析から，芸術文化が持つ創造的なパ

▷1　加茂利男，2007，「世界都市と創造都市」佐々木雅幸・総合研究開発機構編『創造都市への展望』学芸出版社，pp.15-21。

▷2　後藤和子，2005，『文化と都市の公共政策』有斐閣。

▷3　Ⅶ-7 参照。

▷4　欧州文化首都
EUが指定した加盟国の都市で，1年間にわたり集中的に各種の文化行事を展開する事業で，1985年アテネから始まった。

ワーを生かして社会の潜在力を引き出そうとする都市の試みに注目し，創造性を都市における芸術文化と産業経済をつなぐ媒介項として位置づけた。

ランドリーは芸術文化の持つ創造性に着目した理由として，文化産業が製造業に代わってダイナミックな成長や雇用面での効果を示すこと，芸術文化が都市住民に対して問題解決に向けた創造的アイディアを刺激するなど多面的にインパクトを与えること，さらに，文化遺産と文化的伝統が人々に都市の歴史や記憶を呼び覚まし，グローバル化の中にあっても都市のアイデンティティを確固たるものとし，未来への洞察力を高める素地を耕すことを挙げている。

4 フロリダの創造階級

フロリダはフィールドワークによって，なぜある場所が他の場所よりも創造的な人材を引き寄せ，留めておくことができるのか，すなわち創造的な人材＝**創造階級**が特定の都市や地域に集中しているのかについて，才能（Talent），技術（Technology），寛容性（Tolerance）という指標（3つのT）を用いて実証的に分析をした。フロリダによれば，創造階級の集積をもたらす技術を示す指標のひとつである「ハイテク指数」や寛容性を示す指標のひとつである「ゲイ指数」は地域と相関がみられ，サンフランシスコやテキサス州オースチンはいずれの指標も高い都市である。

フロリダは創造階級の主なエートスが内発的動機，個人主義，創造性を発揮できる職務内容にあり，そのため彼らは多様な経済的機会，刺激的な環境，ライフスタイルの快適さが提供される特定の都市に集積し，活力を得る傾向にあることを指摘した。さらに，創造的な社会を実現するためには，社会的・文化的・地理的環境が重要であり，創造的な人材を集めることこそその実現のために有効であると主張している。

5 日本における受容と創造都市

フロリダは都市の創造性を生み出す要因として創造階級の特定の都市への集積という事実に着目した。それに対し佐々木雅幸はジェイコブズやランドリーの研究を踏まえ，小規模でも内発的な都市の成長が生み出されているイタリアの中核都市ボローニャを創造都市の典型として取り上げ，「創造都市とは市民の創造活動の自由な発揮に基づいて，文化と産業における創造性に富み，同時に，脱大量生産の革新的で柔軟な都市経済システムを備え，グローバルな環境問題や，あるいはローカルな地域社会の課題に対して，創造的問題解決を行えるような『創造の場』に富んだ都市である」と定義した。

佐々木は創造都市として金沢市を高く評価するなど，グローバリズムに対抗しうる自己革新能力に富んだ都市経済システムを創造都市の条件のひとつともしているのである。

（熊澤健一）

▶5 創造階級
科学，エンジニアリング，建築，デザイン，教育，芸術，音楽，娯楽に関わる職業人の「創造的中核」とビジネス，金融，法律，医療とそれらの関連分野の職業人の「創造的専門職」のふたつの社会階層から成る。

▶6 佐々木雅幸，1997，『創造都市の経済学』勁草書房，p.15。

▶7 金沢市以外にも横浜，神戸，札幌，盛岡など多くの都市で，創造性をひとつのキーワードとして都市づくりが進められている。

参考文献

ランドリー，C., 後藤和子監訳，2003，『創造的都市』日本評論社。

ジェイコブズ，J., 中村達也・谷口文子訳，1986，『都市の経済学』TBSブリタニカ。

フロリダ，R., 井口典夫訳，2007，『クリエイティブ・クラスの世紀』ダイヤモンド社。

佐々木雅幸・総合研究開発機構編，2007，『創造都市への展望』学芸出版社。

Ⅳ　まちづくりの構想と技法

17　サステイナブルシティ

1　環境・経済・社会の統合

　サステイナブルシティは，1990年代以降の世界共通の方向性となった「持続可能な発展」という考え方と都市が結びついたものである。サステイナブルシティとは，持続可能な発展の定義としてもっともよく用いられるブルントラント報告（1987年）のものを都市に当てはめていうと，「将来の世代が自らのニーズを充足する能力を損なうことなく，今日の世代のニーズを満たす都市」となる。今日世代が環境負荷の過大な生活をすることによって，将来世代のニーズ充足の可能性を奪ってはならないというわけだ。

　先進国を中心に，GDPや経済成長率が，そこに暮らす人々の豊かさの実感を反映しなくなってきている。かわって，環境・経済・社会の3側面がバランスのよく充足していることが重視されるようになってきた。都市を評価するにあたり，3EやTBLなど多角的な評価軸が取り入れられるようになった。わが国でも，都市のサステイナブル度を測る指標として，日経産業地域研究所の開発したサステイナブル度評価や建築単体のサステイナブル度を評価する資源として定着してきたCASBEE評価の都市版などが検討されている。

　これまで環境保全を重視すると経済発展が抑制され，また，経済発展に伴って国内外から多くの人が流入すると今までになかった格差などの社会問題が起こるなどの競合関係が当然と思われてきたが，現在では，サステイナブルシティの考え方，つまり，環境・経済・社会の統合された調和なくして都市は持続可能に発展できないという考え方が常識になりつつある。

2　都市の「ツボ療法」

　しかしながら，複雑で多様な都市全体を対象に，環境・経済・社会をバランスよく向上させることで，そこに暮らす人たちにとっての持続可能性が高まったと実感できる成果は残念ながら上がっているとはいいがたく，政策当事者は困惑しているのが実態であろう。

　サステイナブルシティの実践としてもっとも評価を得ているのは，欧州都市の疲弊地区にターゲットを絞った戦略的取り組みである。例えば，ウィーンの失業率・移民率ともに高い地区で始まった家電再利用促進のプロジェクトRUSZは，地区の長期失業者に就労支援の機会を提供し，修理して使えるよう

▶1　Sustainable development

▶2　Environment, Economy, Equity

▶3　Triple Bottom Line

になった洗濯機などを貧困層に割安で販売している。家電廃棄を減らし，失業者を減らし，ささやかながら経済的にも地区の活気を復活させており，環境・経済・社会の一石三鳥の成果を上げた。

こうした取り組みは地球環境負荷の削減量によって評価することには馴染まないものの，都市全体を持続不可能にしている問題や地域ターゲットを絞り込んで環境・経済・社会を統合したプロジェクトで介入していくこと，いわば「ツボ療法」を施すことで，戦略的にサステイナブルシティの実感を高めることには成功している。

３ 都市のイニシアティブ

サステイナブルシティ実現のためには，CO_2排出量削減など全世界共通の課題と同時に，持続可能性を脅かす都市や地域固有の課題を克服することも求められる。地球規模の挑戦であるがその成功のカギを握っているのは個々の都市の主体的な取り組みである。1992年リオの地球サミットで採択された行動計画『アジェンダ21』は，「第28章：地方アジェンダ21」で地方レベルでの取り組みの重要性を指摘している。アジェンダ21は，地方レベルで多様な主体を巻き込み３Ｅ政策を統合できてはじめて実効性が上がる。アジェンダ21に促されて，地方自治体の間でアジェンダ21の地方版策定の動きが広まった。

都市はそれぞれ異なった課題を抱えておりサステイナブルシティへの処方箋は大きく異なる。欧州都市は疲弊地区問題，わが国都市は高齢化・人口減少問題に直面している。他方，人口が加速度的に増加する新興国・発展途上国の大都市は，急膨張するスラム問題を抱えている。

４ スラム爆発と人口減少

国連ハビタット（人間居住計画）は，2009年世界報告の中で，新興国・発展途上国の描いている望ましい都市とは「開発本位で，貧困層を排除した上で持続可能でない消費パターンを推奨するもので，サステイナブルシティを叶えるものではない」[4]と警告している。スラムには先進国都市が失ってしまった環境と共生するローカルな知恵が生き延びていることも少なくない。スラムをターゲットにして，スラムを排除するのではなく，スラム社会を支える互助のインフォーマル経済を取り込み，現在低い水準にある環境負荷をそれほど増大させずに生活を改善できる統合的な方策が求められる。

都市によって発展段階や抱える課題はまちまちでも，地球全体に広がる都市絵巻をみながながめつつ，それぞれの地で過ぎ去った世代のローカルな必要（ニーズ）や環境，気候に適応させる豊かな伝統に学び，将来世代まで見通しながら，今を通過点と認め，自らの都市で行動していくという発想がサステイナブルシティの底流になくてはならない。

（岡部明子）

▶4 UN Habitat, 2009, *Planning Sustainable Cities; Policy Directions.*

参考文献

岡部明子，2003，『サステイナブルシティ』学芸出版社。

東京大学 cSUR-SSD 研究会，2007，『世界のSSD100』彰国社。

Wheeler, S. M. and Beatley, T. eds., 2004, *The Sustainable Urban development Reader*, Routlege.

V 都市の装置とメディア

1 描かれた都市・都市地図

① 都市の社会学と「描かれた都市」

「都市を描く」ことを、ここでは「図像として表現し、それによって都市の何がしかを表象すること」と定義しよう。そのような「都市を描くこと」や「描かれた都市」と都市の社会学が関わる仕方は、大きく分けてふたつある。

ひとつは、社会学的な調査、記述、分析のための道具として「描かれた都市」を用いることである。調査のために対象地域の地図を用いたり、得られたデータを「社会地図」として地図上にあらわしたり、示された社会的属性の空間的分布を分析したりといった作業で社会学者は、地図という「描かれた都市」を使う。スケッチや写真、ヴィデオなどの図像や映像によって「描かれた都市」は、都市のエスノグラフィや歴史社会学のための質的データになる。

もうひとつは、ある社会において生産され、流通し、消費される「描かれた都市」を、当該の都市や都市社会についての社会学的データとして用いることである。地形図、住宅地図、道路地図、路線図、都市計画図、観光地図など、私たちの社会には地図として描かれた都市の図像が数多くある。また、都市やその情景を対象とする絵画や写真、テレビや映画といった映像作品などに「描かれた都市」はさらに多い。地図も、絵画や写真などの映像作品も、その社会で都市を対象化し、知り、それらと関わる社会的な諸行為・諸実践の中にある。こうして「描かれた都市」は、都市と社会の関係について社会学的に分析し、考察するためのデータになる。

ここではこの二点のうち後者について、地図を中心にいくつかの事例をあげながら考えてみよう。

② 「描かれた都市」の示すもの

地図は地表の世界をそのまま写し取ったものではなく、製作者が描かれるべきだと選択したものを記号によって表現したものである。地図は特定の観点から特定の事物を、一定の概念的枠組みの下に選択して図示した、空間に対する概念的把握のための表象なのだ[1]。都市地図の場合にも、誰がどのような場として都市を見、そこにどのような形で関わるのかが想定されている。それは都市地図が、特定の目的や価値観の下にある人間やその集団と都市という場の間の関係を取り結ぶ媒体(メディア)であるということだ。

[1] このことについては、堀淳一、1992、『FOR BEGINNERS 地図』現代書館；若林幹夫、2009、『増補 地図の想像力』河出文庫を参照されたい。

同じ都市を描いた地図でも，セールスマンが営業に用いる住宅地図と，自治体が都市計画のために作った都市計画図と，観光客向けの観光地図とでは，異なる視点で都市を対象化し，異なる社会的活動を媒介し，それを通じて都市社会の現実の異なる側面を支えている。住宅地図が示す個々の家屋や敷地は都市計画図や観光地図には示されていないし，都市計画図の示す用途指定や計画道路は住宅地図や観光地図には描かれず，観光客向けのお薦めスポットや観光案内所は住宅地図や都市計画図には載っていない。こうした地図の種差は，その社会で都市と人間が関わるあり方を分析するための社会学的データとなる。さらに，敷地や住宅の形まで詳細に掲載された住宅地図からは，その都市の土地利用の形態や，産業・居住形態・環境などの地域特性，場合によっては開発の歴史も読みとることができる。都市計画図からは，その社会で期待される都市像や，当該の自治体が地域に対して持つビジョンといった価値意識やイデオロギーを，観光地図からは観光産業における空間の商品化の論理を読みとる。同様の解読は，不動産広告上の写真や図，自治体広報誌の写真やイラスト，観光ガイドブックや観光ポスターの写真やイラストなどに「描かれた都市」に対してもいえる。そうした「描かれた都市」は，「こうあって欲しい都市」や「こう見て欲しい都市」「こうあるべき都市」の像を示しているのだ。

3 ディスプレイの上の都市

私たちの日々の暮らしは，多種多様な「描かれた都市」とともにある。それは，私たちが社会生活のさまざまな場面で，「描かれた都市」を通じて意識的・無意識的に得たイメージや概念を通じて都市について考え，対象化し，都市と関わっているということだ。東京をもっぱら電車で移動する人にとって，「東京」という都市は「まーるい緑の山手線，真中通るは中央線」というヨドバシカメラのCMソングのようなイメージで理解されているだろう。山手線と中央線がカバーしていない都心領域については，地下鉄路線図のイメージかもしれない。このとき，東京という都市は地図を仲立ちにして，鉄道交通のネットワークとして対象化され，生きられるわけだ。

今日では，パソコンやケータイの乗り換え案内その他のルート検索や，グルメマップなどが，もっとも頻繁に利用される「描かれた都市」かもしれない。現代の都市の日常生活は，情報サービス企業によって編集され，利用者各自の必要に応じてカスタマイズされた，「ディスプレイの上の都市」に支えられている。それは，私たちにとっての都市の現実が，デジタル情報のデータベースとネットワークを組み込んだものになってきているということだ。多くの人がコンピュータを利用し，街行く人のほとんどがケータイやスマートフォンを持つ時代。それは，誰もが自分用の，けれども情報サービス企業が編集して提供する「描かれた都市」を仲立ちとして都市と関わる時代である。　　（若林幹夫）

▷2　この点については，若林幹夫，2010，『〈時と場〉の変容』NTT出版も参照。

V 都市の装置とメディア

2 都市の語り

1 「都市の語り」の魅力

　1970年代以降，都市社会地理学には新しい潮流が生み出された。都市のさまざまな社会集団を，単に外側から観察して分析するのではなく，ときに自らコミュニティ活動に参加しつつ，内側の視点で都市を記述しようとする研究が盛んになったのである。これらの研究には，ひとつの信念が共有されていた。都市とは，研究者が眺める対象である以前に，人々によって生きられる空間である，という信念だ。このような信念をもっとも明確に掲げたのは，現象学的地理学者たちであった。彼ら現象学的地理学者の活躍によって，都市のさまざまな社会集団を対象とする社会地理学が活発となった。そしてこの研究のなかで，人々によって生きられる空間を指し示すものとして，「場所」という概念が重視されるようになったのである。

　都市の語りは，生きられた空間を研究する上で，とても魅力的な研究対象だ。都市に住まう人々への聞き取り調査によって，都市研究者は，彼ら／彼女らが都市空間に対しどのような感情や思い入れを抱いているのかを知ることができる。あるいは，都市を舞台にした小説や映画のような素材を通じて，人々が思い描く都市のイメージを明らかにすることができる。このような語りを通じて描かれる都市空間は，客観的な地図とは違って，人種や階級によって多種多様に地図化しうる。都市の語りに着目することで，都市研究者が対象とする研究の領域は，劇的に広がったのである。

2 立場性への問い

　しかし，都市の語りを対象とするとき，とりわけ聞き取り調査の場合，都市研究者は悩ましい経験をすることになる。例えば，あなたは貧困や差別に苦しむ地域の人々への聞き取り調査を行い，調査をもとに優れた研究論文を書き上げた。それによってあなたは研究者として高い評価を得ることができたとしよう。しかし調査対象となった人々は，あいもかわらず差別や貧困に苦しみ続けている。結局のところ，あなたは人々を自分の研究のために利用しただけではないのか——と，こういう悩みがつきまとう。一般に，聞き取り調査で人々の語りを引き出すためには，ラポール[1]を形成することが不可欠だといわれる。しかし，人々との信頼関係を強くすればするほどに，こうした研究につきまとう

▶1　ラポール
聞き取り調査を円滑に行い，正確なデータを収集するためには，調査者と被調査者とのあいだに友好な関係を成立させることが不可欠である。このような友好関係は，ラポールと呼ばれる。

悩みは深刻なものになっていく。

そのようなわけで，語りを対象とする研究者は，自分自身が研究者であることの意味，すなわち自身の立場性（ポジショナリティ）に敏感にならざるを得ない。人々との関係性や自身の立場性に対して悩みながら考察を深めた先人たちは，学問の在り方そのものを問い直し，新しい都市研究の方法を生み出していった。

3 語りから場所を生み出す

ここで，いくつかの研究の事例を紹介しよう。地理学者のW.バンギは，デトロイトのインナーシティに位置するフィッツジェラルドという黒人集住地域への参与観察の成果を，『フィッツジェラルド――革命の地理学』という書物にまとめあげている。この本の目的を，バンギは「フィッツジェラルドの地理に語らせる」ことだと述べている。じっさい，写真や図版を随所に多用したこの本を通じて，フィッツジェラルドに住まう人々の生き生きとした表情が読者に伝わってくる。このバンギの試みは，後の都市社会地理学者に大きな影響を与えることになった。それだけでなく，のちにバンギは「デトロイト地理学探検協会」を設立し，大学の講座を黒人住民に開放するなどの活動を繰り広げるなかで，研究者とコミュニティの住人とがともに地図を作成し，新たな知を生み出すような試みを行った。

また，都市社会史家のD.ハイデンは，「場所の力」と名付けたプロジェクトを立ち上げ，その活動を一冊の本にまとめている。「場所の力」プロジェクトにおいてハイデンは，都市マイノリティの人々の語りに耳を傾け，その社会史を明らかにしていった。さらには，人々が自身のコミュニティの記憶（パブリック・ヒストリー）を保存し，語り継いでいけるよう，都市景観を活用して社会史を再現することを試みた。ハイデンは，「社会の構成メンバー全員の声に耳を傾け，また彼らから学ぼうとする」姿勢が重要だとして，その理由を次のように述べている。「このアプローチは……住民一人ひとりこそ都市を形づくる過程への積極的な参加者であり，決して都市は一人の英雄的なデザイナーによって作られるものではないことを前提としている。その根幹には一つの美学がある。関係を重視しつつ，受け継いだものを育んでいくという美学である」。これらの試みは，都市研究者が分野を越え協働し，コミュニティに関わる上で，おおきなヒントを与えてくれるだろう。

このような知のあり方を手本としつつ，筆者たちもまた，長年のあいだフィールドワークを行ってきた大阪の「釜ヶ崎」について，『釜ヶ崎のススメ』と題する一冊の書物を編んだ。ちいさな試みではあるが，バンギやハイデンの書物がそうであるように，この書物が新たな知や対話のきっかけとなればと，そう願っている。

（原口　剛）

▷2　Bunge, W., 1971, *Fitzgerald: geography of a revolution*, Schenkman.

▷3　ハイデン, D. 後藤春彦・篠田裕見・佐藤俊郎訳　2002,『場所の力』学芸出版社, pp.272-273。

参考文献
原口剛, 2006,「デイヴィド・レイとウィリアム・バンギ――地理学的探検」加藤政洋・大城直樹編著『都市空間の地理学』ミネルヴァ書房, pp.85-98。
原口剛・白波瀬達也・稲田七海・平川隆啓編, 2011,『釜ヶ崎のススメ』洛北出版。

V 都市の装置とメディア

3 エスニック・メディア

1 エスニック・メディアとは

　エスニック・メディアとは,「エスニック・マイノリティによって用いられる情報媒体」を指す。近代メディアの歴史は,国民意識の形成の歴史と重ねて理解されることもあるが,言語的・文化的・政治的なマイノリティによる独自のメディアも同様に存在してきた。例えば,「移民の国」アメリカ合衆国の場合,移民の言語によって書かれた新聞は,その移民集団と同じだけの歴史を持っている。日本でも,ブラジル人が多く住む地域に行けば,ポルトガル語の雑誌や冊子からテレビやラジオ番組まで,多くのエスニック・メディアの存在を実感することができる。近年では,新聞やテレビのような従来型のメディアに加えて,移民・マイノリティ向けの情報を発信するウェブサイトや交流を目的としたソーシャル・ネットワーキング・サービス (SNS) など,インターネット上に容易にエスニック・マイノリティのためのメディア空間が登場するようになった。このように,エスニック・メディアは,エスニック・マイノリティが日常的に生活する空間を構成している。

2 エスニック・メディアの歴史と類型

　エスニック・メディアの内容は実に多彩であり,メディア環境の変化とともに,その役割や機能も多様化している。エスニック・メディアは,異なった言語文化環境に置かれた国際移民が,母語によるメディア環境を整えようとする過程で登場した。例えば,多くの非英語系移民が渡米した20世紀初頭のアメリカでは,移民の母語による新聞や雑誌などの移民メディアが大都市圏に多く見られるようになった。外国語による出版物は,移民の出身地の最新情報を伝えるだけでなく,異国での生活に不可欠な情報をその母語で伝えた。移民メディアは,移民として出身地への関心を維持させながらも,移住先における生活への適応をよりスムーズにするという二重の役割を担うものであった。しかし,移住先で生まれた二世や三世へと世代交代が進むと,エスニック・メディアも主流社会の言語によるマイノリティ・メディアの比重が大きくなる。マイノリティ・メディアとは,アメリカ合衆国の黒人新聞に代表されるように,主流社会の言語を用いて,特定のエスニック・マイノリティ集団の声を反映したり,「多文化共生」社会の実現を訴えたりするものである。さらに,近年では,国

▷1　エスニック・メディアの類型とコミュニティにおける役割については,以下を参照。町村敬志, 1994,「エスニック・メディアの歴史的変容——国民国家とマイノリティの20世紀」『社会学評論』44：pp.416-429；イシ,アンジェロ, 2002,「エスニック・メディアとその役割——在日ブラジル人向けポルトガル語メディアの事例から」宮島喬・加納弘勝編『変容する日本社会と文化』東京大学出版会, pp.169-199；白水繁彦, 2004,『エスニック・メディア研究』明石書店。

際移動のグローバル化のなかで，企業駐在員や留学生から非合法移民まで，繰り返し国境を越える人々を対象にした越境者メディアの登場も指摘される。越境者メディアは，20世紀の前半から，亡命者や社会主義者などによる政治運動や文化実践の媒体として存在してきた。近年では，情報通信技術の革新的変化によって，移住先に一時的にしか滞在しない人々や絶えず移動を続ける人々も，テレビやラジオ，インターネットやSNSなどのメディア体験を通して，越境者としての独特なアイデンティティを構築し，トランスナショナルな社会空間を想像することが容易になっている。

③ 都市におけるエスニック・メディア

エスニック・メディアは，都市の「下位文化」としてのエスニック文化を構成する重要な制度的基盤となる。その主要な役割は，仕事や住宅についての情報，移民やマイノリティに関する制度やサービスの案内，出身国におけるニュース，主流社会側のメディア情報の翻訳など，エスニック・マイノリティの生活に不可欠な日常生活情報を提供することである（図V-3-1）。さらに，コミュニティ内でのイベントの企画・後援・実施などにも積極的に関わり，エスニック・コミュニティへの人々の実質的な関わりを促す活動も重要である。エスニック・メディアは，主流メディアと比べて利用者が積極的に関与する傾向があり，求人情報，交流コーナー，SNSなどは，マイノリティ間での人的なネットワークをつくりだす媒体となっている。エスニック・メディアは，都市空間において，マイノリティ集団としての共通意識や人的つながりを生み出し，独自のエスニック文化を構成する上で欠かすことができない。

エスニック・メディアは，マイノリティの文化的・政治的立場，アイデンティティなどについて議論する場として，独自の討議空間も生み出している。エスニック・メディアを舞台とした議論は，主流社会のメディアが取り上げない，マイノリティ独自の視点を反映していることが多い。そこでは，マイノリティ自身が直面する問題に対するさまざまな意見が掲載され，時には個別のエスニックな問題だけでなく，多民族・多文化社会のための新たな社会像が描かれる。たしかに，エスニック・メディアが導く討議空間は，それぞれの集団内のみに対する限定された影響力しか持たない場合がほとんどである。しかし，神戸市の多言語コミュニティ放送局「FMわぃわぃ」のように，複数の言語やエスニック集団向けの番組を提供し，多民族都市における「共生」へのメッセージを発信するメディアも見られる。エスニック・メディアは，地域空間を共有する複数の集団の言論が交差する公共圏を切りひらき，新しいエスニック集団間関係のあり方を提案する可能性を秘めている。

（南川文里）

図V-3-1 主に在日ブラジル人を対象にしたポルトガル語メディア『インターナショナル・プレス』発行の求人フリーペーパーの紙面。

注：同紙は2010年に印刷版を休刊し，インターネット版に移行した。

▶2 下位文化
C. S. フィッシャーは，アーバニズムが生み出す社会的効果のひとつとして，主流文化とは異なった「非通念的」な下位文化が多様化・強化されると議論した。フィッシャー，C. S., 2012,「アーバニズムの下位文化理論に向かって」森岡清志編『都市社会学セレクションⅡ 都市空間と都市コミュニティ』日本評論社, pp.127-164. Ⅲ-3 参照。

▶3 FMわぃわぃ
神戸市長田区にある多言語放送局。阪神・淡路大震災後の1996年に外国籍住民への生活情報を提供するコミュニティ放送局として設立。韓国・朝鮮語，ベトナム語，スペイン語，英語，タガログ語，日本語など複数の言語による番組のほか，多文化・多言語の共生をテーマにした番組も提供している。

Ⅴ 都市の装置とメディア

4 都市と文学

1 日本近代文学にとっての「都市」

　私たちが「都市」を体感するとき，それは「風景」として感受される。林立するビル群，縦横に張りめぐらされた交通網，そして消費への欲望をもたらす最先端のファッションで装った人々の姿。こうした風景の出現が日本社会において日常化した時期が高度経済成長後の1970年代半ばから後半にかけてであり，それに伴って「都市」を主題とする書籍も多く発表されるようになる。「文学研究」の領域も例外ではなく，その嚆矢は評論家，奥野健男（1926-1997）による『文学における原風景』（集英社，1972年）だと思われるが，「都市」の構造をも対象として方法論に昇華させた研究者が前田愛（1931-1987）である。また前田自身もその影響を認める，同時期に文芸評論家として活躍していた磯田光一（1931-1987）の存在と彼が1978年に上梓した『思想としての東京』（国文社）のインパクトも忘れてはならない。「都市と文学」論に活況を与えたフロントランナーが前田と磯田であり，その後1980年代に海野弘（1939-），川本三郎（1944-），そして松山巌（1945-）といったジャーナリズムで活躍する評論家たちの仕事が続いた。

2 独身者と東京：「日本モダニズム」論との相関性

　現代を代表する作家の一人である島田雅彦（1961-）は，日本近代文学の歴史が東京の発展と重なる理由を「近代日本の首都東京は地方出身者が自分の先祖の記憶を意図的に喪失し，共同体の記憶を断ち切ることのできる場所」であった点に求めた。日本近代文学は「故郷喪失の文学」（小林秀雄）だとする史観に基づくこの見解は，戦後に政治学者の神島二郎（1918-1998）が提示した「独身者主義」論とも通じる。農村共同体から出郷し近代化の拠点となった東京へ単身上京した人々は，自由と解放のみを享受したのではない。後ろ盾となるべき「故郷」の喪失意識から生じた不安感や単身で都市に生きる孤独意識が近代化の進展と速度を同じくして増大する。地方からの東京への人口流入が顕著となる1920年代は，ラジオや映画，そして出版資本主義といったマスメディアが急速に発達する時代だが，マスメディアの刹那的な享楽によって都市生活の不安を紛らわしていた故郷喪失者がやがては「大衆」と総称され，**日本モダニズム**の文化を形成することになる。磯田，海野，川本，松山と，前田との相

▷1　前田愛, 1992, 「あとがき」『都市空間のなかの文学』ちくま学芸文庫参照。Ⅶ-16 も参照。

▷2　島田雅彦「文芸時評」『朝日新聞』2005年7月26日。

▷3　神島二郎, 1961, 『近代日本の精神構造』岩波書店。独身者の故郷喪失意識が最終的に「国家」への帰属意識を求めるファシズムの土壌となったとする。

▷4　**日本モダニズム**
1920年代から1930年代半ばに発展した大衆文化を中心とする日本独自の近代化過程を指す。南博編, 1982, 『日本モダニズムの思想』ブレーン社。

▷5　高橋徹, 1960, 「都市化と機械文明」『近代日本思想史講座6　自我と環境』筑摩書房, pp.190-191。

違はこうした「日本モダニズム」への思想史的関心の有無に求められるだろう。1923年の関東大震災により、残存していた「江戸」の風景は消滅し、代わって鉄とガラスを建材とする近代建築が「帝都東京」の風景を構成する。そのなかを往来した人々の感受性を当時の大衆小説や流行歌から浮き彫りにした論者が磯田であり、江戸川乱歩の探偵小説を題材に「都市型犯罪」が成立する条件を建築構造から明らかにした論者が松山であった。[6]

図V-4-1 新旧の風景が混在する東京、神田(2008年)
撮影：鈴木貴宇

3 「モダン都市東京」論の可能性と課題：ノスタルジーとの距離

　1920年代から1930年代にいたる過程は、軍国主義化の時代でもあり、この時期の文化や風俗は泡沫的な現象と見なされがちであった。特に震災後の東京に開花した都市大衆文化と、その風俗を軽妙に描いた作家たち（文学史では「モダニズム文学」と総称される）は一種のあだ花として長らく文学史からは忘却されていた。それに対して海野はポスターや映画、銀座の街区を彩った建築などの「風景」を背後に置き、「1920年代の都市」という世界的同時代性のなかで「東京」を捉えなおす視点をもたらした。[7] 例えば当時は文壇の寵児ともてはやされた龍胆寺雄や吉行エイスケの文体を「現代都市風景を見る〈カメラ・アイ〉」ときわめて視覚的なものとして評価する。美術評論家でもある海野ならではの案内により、読者は「モダン都市東京」の残像を現在の都市風景に重ねることができた。こうして、「近代文学」とは特権的な「作家」による作品として屹立するものではなく、消費社会のなかを流通する「商品」としての儚さも必然的に負うものであることを海野は明らかにした。

　海野や松山が活躍した1980年代初頭は、まだ彼らが論じた1920年代の都市風景がかろうじて残されていた。[8] 結果的にはその後のバブル景気と乱開発による東京の高層化が推し進められる直前に、消えゆく風景を記録したことになるわけだが、そのためか「モダン都市東京」はノスタルジックな文脈で使用される傾向を帯びてしまった。当然ながら、それは論者である彼らの思惑とは別のところで起きた現象である。しかし、1920年代の東京を「モダン都市東京」と呼びならわすことで、その背後にある都市と農村の格差や日本の帝国主義的拡張の問題とは切り離された「ベル・エポックとしての東京」像が商品化されてはいないだろうか。その様相はどこか近年の「昭和30年代ブーム」と似ている。過去の作品や都市風景を知ることが、現在からの逃避や過去の美化であってはならない。その自覚を持った論者が都市空間へ文学を解き放ったとき、「都市と文学」論は懐古趣味とは切れた光芒を放つのだ。

（鈴木貴宇）

▷6　松山巌, 1984,『乱歩と東京』PARCO出版。

▷7　海野弘, 1983,『モダン都市東京』中央公論社。

▷8　松葉一清, 1987,『帝都復興せり！』平凡社。

参考文献
川本三郎, 1984,『都市の感受性』筑摩書房。
鈴木貞美, 1992,『モダン都市の表現』白地社。
和田博文, 1999,『テクストのモダン都市』風媒社。

Ⅴ　都市の装置とメディア

5　モニュメント

1　集合的記憶

　パリの凱旋門や広島の原爆ドーム，阪神・淡路大震災の記憶のために神戸市につくられた「慰霊と復興のモニュメント」など，街にはその地域を代表するような記念碑や建造物があり，それぞれの街が経験してきた歴史や出来事を象徴する施設として機能している。モニュメントとは何らかの出来事や事件を記念・顕彰することで後世まで伝えることを目的としてつくられたものだが，その形態は，記念碑や塔，像や墓碑あるいは歴史的な建造物までさまざまである。

　モニュメントが象徴する街の歴史や出来事には，勝利や建設などの肯定的な記憶に基づくものもあれば，被害や災害などの負のイメージを喚起する記憶もありうる。しかしいずれにせよ，それぞれのモニュメントのテーマとしては，その街の歴史にとって重大だと考えられている出来事が選ばれる。その出来事や経験を記念するためにモニュメントが整備され，街の人々の過去と現在とをつなぐ集合的な記憶を支えるメディアとして機能しているのである。

2　国民国家のコメモレイション

　何らかの歴史的事件や出来事を記念・顕彰する行為をコメモレイションと呼ぶが，その行為を通して集合的記憶を構築し維持するという機能をもっとも大規模かつ効果的に利用しているのは国家である。戦争や独立にまつわるさまざまな記念碑や記念塔の類が各国で作られているが，そうしたモニュメントはそれぞれの国のネイション・ビルディングの物語と分かちがたく結びついている。

　例えば，中国の瀋陽市にある「九一八歴史博物館」は，中国東北地域を代表する歴史博物館であるが，そこにカレンダー型のモニュメントがある。博物館が建つのは，「**九一八事変**」のきっかけとなった1931年9月18日の南満洲鉄道爆破事件の現場である。1991年，九一八事変60周年にさいして，当時の中国共産党総書記江沢民は「勿忘918」（918を忘れるな）との声明を発表した。瀋陽市はそれに呼応して，この巨大なモニュメントの建設を決定した。

　「九一八歴史博物館」は1999年に規模を拡張して再オープンし，毎年の参観者数やスタッフ数においても東北地域のなかで最大規模の記念施設となった。毎年9月18日の夜には追悼のサイレンが流され，それに呼応して街中の自動車が警笛を鳴らす。博物館では追悼式典が行われ，その周囲には人々が集まって

▶1　中華人民共和国遼寧省の省都。

▶2　九一八事変
満洲事変のこと。中国東北に駐留していた関東軍による南満洲鉄道爆破事件（柳条湖事件）に端を発した日本と中国との武力紛争であり，15年戦争の発端となった。「九一八事変」は中国での呼称である。

くる。このモニュメントと博物館は、まさに植民地侵略に抵抗して現在の社会を築き上げた国家形成の歴史にかんする集合的記憶を再確認するための場として機能しているのである。

こうした国家によるネイション・ビルディングの物語を強調するための施設は、多くの社会で見られる。ナショナリズム研究の古典であるB.アンダーソンの『想像の共同体』が「国民」というものをイメージさせる「無名戦士の墓」の解説から説き起こされているように、近代の国民国家は想像の共同体としての国民を記念し顕彰するためのさまざまなイベントやモニュメントを必要としてきた。

図V-5-1 九一八歴史博物館のカレンダー型モニュメント

3 さまざまな記憶のメディア

人々の記憶をつなぎとめるためにモニュメントがつくられるのは国家レベルに限ったことではない。私たちの日常のなかをみまわしてみよう。それぞれの街の歴史には、街全体を代表するような大きな事件からささやかな事柄まで、記念化の対象となるような多様な出来事がある。例えば小さな河川の堤防完成を記念する碑文や戦争記念の石碑など、近隣の人々にすら忘れられたようなモニュメントが、街の片隅に残されていないだろうか。長野県は昭和初期に満洲開拓団をもっとも数多く輩出した県である。満洲開拓は団員の3分の1が現地で亡くなるほど大きな犠牲を出した。そのため戦後、県内各地で犠牲者たちを弔う石碑や慰霊塔が50近くも建立された。それらは時の流れにしたがい、公園の再開発に伴って場所を移転されたりしつつも、多くは今でも公園や神社の脇にたたずんでいる。

また個別のモニュメントが象徴する出来事の記憶というのは、決して一様ではない。ひとつの記念碑建立に際して、どのような出来事をどのような意匠で表すのかについての意見対立があったり反対運動が起きたりということもある。ひとつのモニュメントによって象徴される集合的記憶も、その担い手やつくられるプロセスを精査すれば、必ずしも一義的ではないことが読みとれるだろう。

さらにそれぞれのモニュメントに対して、街の人々やそこを訪れる観光客が与える意味づけも多様でありうる。ハルピン市では、かつてロシアの植民地時代に正教布教のためにいくつもの教会が建てられた。そのなかのひとつ、聖ソフィア聖堂は日本の統治時代を生き延び、中華人民共和国になると倉庫として利用されるようになる。さらに中国が改革開放期を迎えた現在では、街の代表的な歴史的建造物として観光の中心地となっている。こうしたモニュメントは、当の建築に携わった人々の意図を超えて多様な意味を伝えるメディアとしても機能している。私たちの周囲のモニュメントを丁寧に観察すれば、街のさまざまな記憶にアクセスすることができるのである。

(坂部晶子)

▷3 中華人民共和国黒龍江省の省都。

参考文献

阿部安成・小関隆・見市雅俊・光永雅明・森村敏己編,1999,『記憶のかたち』柏書房。

アンダーソン,B.,白石隆・白石さや訳,1987,『想像の共同体』リブロポート。

坂部晶子,2008,『「満洲」経験の社会学』世界思想社。

V　都市の装置とメディア

6　雑居ビル

1　雑居ビルとは何か

　欧米諸国には都心の町並みを作ってきた建物がある。パリで19世紀に作られた中庭街区型の住宅や，シカゴやニューヨークでそれぞれ19世紀後半と20世紀前半に作られた摩天楼を思い浮かべてもらいたい。翻って日本はどうだろうか。

　日本の都市の町並みは戦後，大きく変貌した。戦前まで一部にランドマーク的な近代建築が存在するほかは，木造低層の建物が主流を占めていたが，特に大都市の都心部ではほとんどが中高層のビルに建て替えられていった。これらのビルの多くを，独特の景観を持つ雑居ビルとしてまとめることができる。

　雑居ビルに法律上の定義があるわけではない。ここでは仮説的に①貸しビル，②小規模で多様なテナントが入居するビルという広い意味で用いる。これまで雑居ビルは防災や景観の観点から改善すべきものとして扱われがちだった。これに対し，特に東京の雑居ビルの歴史を振り返り，その意義を再考してみよう。

2　タイプ別に見た雑居ビル

　焦土から再出発した戦後日本の大都市では，朝鮮戦争が勃発した1950年頃からビル建設ブームが起こる。東京では特に千代田・中央・港区などを中心に，事務所に特化したビルが多数建てられていく。事務所向けの貸しビルの建設は，丸の内のオフィス街における三菱一号館（1894）や丸の内ビルディング（1923）のように戦前にさかのぼるが，この時期の特徴は装飾要素が少ない箱形のデザインで，それまでとは違い小規模な土地にまで大量のビルが建設されたことだった。

　一方，都心の駅前や盛り場では，少し遅れて小規模な敷地に飲食店，金融業，風俗業などが上層階にまで入居するビルが徐々に建てられていく。これらは1960年代頃から建ち始め，バブル期などを通じて普及していく。特に高度経済成長期には駅前の闇市だった建物が再開発され，その雰囲気を内包するビルが先駆的に現れている。テナントの看板がビル全体を覆っていることも多く，欧米ではあまり見られない独特の景観となっている。

　また都心の周囲に広がる商店街でも同じ頃から，低層部に店を構え，上層階を住居とする下駄履きアパートと呼ばれるビルが建設されていく。一部では住宅公団や地方公共団体が主導して，複数の商店を低層に配し，上層階に集合住

▷1　欧米では上層階は住宅であることが多い。

▷2　下駄履きアパートは都市型住宅のひとつの試みとして位置づけられるが，それほど普及はしなかった。

参考文献

八田利也，1961，「都市再開発は建築家に市場を与えるか」『現代建築愚作論』彰国社

橋爪紳也，1989，『倶楽部と日本人』学芸出版社。

初田香成・中島直人，2010，「東京の『戦後ビル遺産』」『東京人』277：pp.132-137。

初田香成，2011，『都市の戦後』東京大学出版会。

宅が入居する共同建築も建設されていく。これらは関東大震災後の震災復興期に作られた共同建築などにその起源をたどることができる。

この他に大資本により建設された「会館建築」と呼ばれたビルもあった。これは映画館や商店、食堂、オフィスなど諸機能が併存する巨大なビルで、すでに取り壊されてしまった渋谷の東急文化会館などが該当する。単に事務所や百貨店の規模が大きくなったのではなく、さまざまな機能を複合した点に特徴があり、その点で巨大な雑居ビルと呼ぶべきものである。建築評論家の八田利也は当時、これらに「今までになかった性格」を見いだし、「現代日本の資本主義社会の段階がつくり出した典型的な建築形態」と述べている。これらは戦前に私鉄資本によって建設されたターミナルビルにその起源をたどることができよう。

3 雑居ビルから見た日本都市

日本の大都市には雑居ビルがあふれている。日本では戦後、職住分離と核家族化の進行により居住に特化した郊外住宅地が生まれる一方で、西欧の主要都市で発展したような都市型集合住宅は生み出されず、代わりに普及したのが雑居ビルであった。

その原形は戦前にも見出せるものの、戦後に装飾的要素を失いつつ圧倒的な量として普及した点に日本の都市の特徴がある。背景には高度経済成長ならではの人々の巨大なエネルギー（床需要と事業主への資本蓄積、工法の普及など）があり、細分化された敷地、混合しやすい土地利用といった日本の都市の特性を踏まえ、多様な要素を複合させることで雑居ビルは普及してきた。

雑居ビルの戸締まりは緩く、24時間開け放しのビルも多いなど、上部階まで不特定多数の人が出入りできるようになっている。内部にも半公共的空間が広がる点で、公共空間を私的使用する商店街のアーケードや地下街とも似た性格を持つ。公私の曖昧な空間は日本の都市に独特な景観をもたらしている。

現代都市の特徴として、しばしば都市が見えなくなったなどと指摘される。それまでと異なり、モニュメンタルな建築について語るだけでは都市の実情に迫ることができなくなったのだった。しかし、一見、捉えどころのない町並みもタイプ別の雑居ビルとして捉えた時、私たちはそれぞれの建物を意義を持つものとして理解することができる。

雑居ビルは大量に建設された結果、その姿形があまり印象に残らないまま建て替えられてしまうことも多い。20世紀型の高度経済成長を急激に体験した日本の都市を象徴する都市建築として、再評価する必要があるのではないだろうか。

（初田香成）

図V-6-1　盛り場に建つ雑居ビル（銀座ソシアルビル）
注：筆者が卒業論文で日本の盛り場の雑居ビル第一号に認定したビル。クラブやスナックなどの飲食店テナントのみを収容する。現存せず。

図V-6-2　ニュー新橋ビル（1971年）
注：新橋西口の闇市跡地に東京都により建設された巨大な雑居ビル。大規模な紛争を経て、営業者の要望が反映され、闇市の雰囲気を継承している。

図V-6-3　東急文化会館（1956年、坂倉準三、2003年解体）
注：渋谷の傾斜地に建ち、空中通路など立体的な構成を持つ。惜しまれつつも解体され、跡地にはこれも巨大な雑居ビルといえる渋谷ヒカリエが開業した。
写真提供：坂倉建築研究所。

V 都市の装置とメディア

7 コンビニとカフェ

▷1 池永陽の小説『コンビニ・ララバイ』（集英社文庫，2005年）にある台詞。脱サラして小さな珈琲専門店を開こうとしていた主人公が翻意して，独立系のコンビニエンスストア・ミユキマート開業を決意するきっかけとなる妻の言葉である。カフェや喫茶ではなく，コンビニ。ミユキマートは，近隣住民，常連客，万引き犯，ホームレス，アルバイト店員，オーナーなどそれぞれの人生がささやかに交差するスポットとして描かれている。

▷2 磯村英一，1968，『人間にとって都市とは何か』NHKブックス。近代都市の空間拡大と機能分化の帰結として指摘するだけでは表現しきれないこの第3空間の独特の雰囲気，いわば〈都市的なもの〉は，盛り場論や群衆論のなかで盛んに議論されてきた。その他の社会学的著作として，吉見俊哉，2009，『都市のドラマトゥルギー』河出文庫；中筋直哉，2005，『群衆の居場所』新曜社。

▷3 この小説に添えられているジャン・ド・ラ・ブリュイエールの「ひとりきりでいることができぬとは，何たる不幸」というエピグラフは，盛り場の群衆に紛れ込む人々の快楽と不安を指している。このラ・ブリュイエールの言葉は，エ

1 〈私〉たちの居場所：「心地よさ」の閉域から

「賑やかだけど，乾いているから」。煌々と光るコンビニのウィンドウに浮かび上がる人々の姿と新しい商品群に誘われ，吸い寄せられる。ひとりだけど，ひとりではない。ひとりではないけれど，ひとりでもある。個人的な実存や社会的な責任・義務の複雑な絡まりをいったん留保して紛れ込むことができるようなスキマ。そんなカラッとした安心感があるコンビニは，〈私〉たちが気軽に立ち寄れる「居場所」として全国各地に広がっている。それにしても，こうした心地よさが広がる現代的風景は何を意味しているのか。

2 大都市の不穏と魅惑：〈都市的なもの〉の居場所

近代都市は，労働力人口の流入による過密化に伴い，都市化・郊外化などのスプロールを発生させた。近代の都市計画は，その無秩序な都市化を制御する職住分離やゾーニングを試みている。都市社会学者の磯村英一は，この近代的な都市空間の成立を，第1空間（家庭），第2空間（職場），第3空間（盛り場・交通）への空間拡大・機能分化として整理している。これらの空間のなかで〈都市的なもの〉がもっとも顕著に現れるのは，「地位・身分・教養も問題にされない，匿名を押し通せる，その意味できわめて〈自由〉で〈平等〉な人間関係の場」としての第3空間とされる。特に大都市のカフェは，匿名的で，多様な他者が行き交う街路に開かれた起点である。

例えば，エドガー・アラン・ポーの小説「群衆の人」（1840）は，主人公がロンドンのホテルのコーヒーハウスから，街路を行き交うさまざまな通行人を観察するところから始まる。主人公はそのなかに不思議な老人を発見し，追跡する。しばらくして，老人は人気のない場所を恐れ，雑踏を求めて徘徊する「群衆の人」であると明らかになる。老人はなぜ群衆を求めるのか。

大都市の街路には，特定の集団・組織への帰属意識を共有しない多様な人々が集まる。その意味で人々は孤独だ。ただし，人々は，地位・身分，階級・階層を問われない，帰属意識の共有の喪失そのものを共通項とした「群衆」というヴェール，裏返されたカテゴリーとしても存在できる。誰もが紛れ込めるこのヴェール（幻像）は——あの老人のように——孤独を一時的に癒すこともできるのだ。このとき近代都市は，場所と関係が複雑に絡み合う謎めいた迷宮として観察さ

れる。「大都市の群衆は，それをはじめて目の当たりにした人びとの心に，不安，嫌悪，戦慄を呼び起こす」一方，「すべて，おぞましい物までが，魅惑と化する場所」なのである。

　大都市の人々が集う場所は，独特の雰囲気をまとい，一定の連帯感を作り出すこともある。例えば，パリのリップ，ドゥ・マゴ，ロンドンのコーヒーハウスやパブ，ベルリンのローマニッシェス・カフェなどのように，政治家・知識人・芸術家，あるいは特定階級の人々が集まり，政治的・思想的対話を展開し，文化的リソースを蓄積すれば，そこは市民社会の公共圏と評価される特権的な場所になるかもしれない。また，足しげく通うことで，オーナー，店主，店員，常連らと顔見知りになった第3空間は，その時・その場かぎりの匿名的関係ではないなじみの空間になる。

❸ 現代の都市-郊外の自由と退屈：〈都市的なもの〉のフラット化

　しかし，現代の都市-郊外地域において，そこにしかない特権的な意味を持つなじみの空間，例えば行きつけのカフェを持っている人がどれだけいるだろうか。もちろん今でも多くの人々がカフェに集っているし，店員も愛想良く声かけ，笑顔をみせてくれる。しかし，スターバックスに代表される現代的なカフェの多くは，グローバル，ナショナルチェーンとして期待される快適さや便利さを裏切らない程度には差異を作り出しながら，似たようなフォーマットで全国各地に広がっている。その従業員たちの振る舞いやサーヴィスは，単純作業とは異なるものの，「感情労働」や「パフォーマティブ労働」として半ばマニュアル化された商品の一部だ。どこにでも適用可能なフォーマットが商品として拡散することで特定の場所へのコミット（＝なじみ）がいったん解除される。そして，そこにマニュアル化された親密さによる人間関係を繕うことで，ドライすぎず，またウェットでもない適度に流せるコミュニケーションが発生する。現代カフェのフォーマットと距離感は，それなりに快適で気楽なのだ。この「心地よさ」を求める消費者たちの欲望が，チェーン系カフェの拡大を支えている。

　カフェだけではない。新しい商品・サーヴィスをコンパクトな店舗内に詰め込み回転させる，カタログのような情報空間としてのコンビニ。あるいはそれをより大規模にしたカテゴリーキラーと呼ばれる各種専門量販店，チェーン系カフェ，アミューズメント施設を集積したショッピングモールが，〈都市的なもの〉のコピーとして都市-郊外地域に広がる。無数の〈私〉たちが欲望する快適と便利で構成された商品世界の「心地よさ」は，このとき，大都市の謎と不穏な群衆を取り除いていく。「賑やかだけど，乾いている」。この言葉は，そのように拡散し，フラットになっていく〈私〉たちの居場所の，そして〈都市的なもの〉の自由で退屈なリアリティを表現している。

（田中大介）

ドガー・アラン・ポーのみならず，シャルル・ボードレールの『パリの憂鬱』に受け継がれている。

▶4　ベンヤミン，W.，1995，「ボードレールにおけるいくつかのモティーフについて」『ベンヤミン・コレクションⅠ　近代の意味』ちくま学芸文庫，p.448。

▶5　ベンヤミン，W.，1995，「セントラルパーク」『ベンヤミン・コレクションⅠ　近代の意味』ちくま学芸文庫，p.395。この言葉は，ボードレールの『悪の華』から，ポーの群衆描写を理解するために引用されている。

▶6　小林章夫，2000，『コーヒーハウス』講談社学術文庫；ブラッドショー，S.，海野弘訳，1984，『カフェの文化史』三省堂など。

▶7　「感情労働」とは自分の感情を顔の表情や身体表現で適切に管理・抑制・表現しながら対人サーヴィスに従事する労働を指す。ホックシールド，A. R.，石川准・室伏亜希訳，2000『管理される心』世界思想社。「パフォーマティブ労働」とは，職場を劇場，従業員を舞台の役者とみなし，労働を劇場的パフォーマンスとして演出することを指す。ブライマン，A.，能登路雅子監訳，2008，『ディズニー化する社会』明石書店。

▶8　カフェやショッピングモールのフラット化については，遠藤知巳編，2010，『フラット・カルチャー』せりか書房所収の各項目を参照。

V　都市の装置とメディア

8　ショッピングセンターと商店街

1　多様性をめぐるふたつの位相

　近年，郊外型店舗やそれに依存したライフスタイルへの風当たりが強い。中心市街地への人の流れを奪い，シャッター商店街化の元凶とされるショッピングセンター（以下，SC）やロードサイド・ショップが批判され，ごちゃごちゃと店が並ぶ商店街が称揚される理由にはさまざまな要素が含まれるが，都市社会学の守備範囲では，煎じ詰めれば以下のふたつに集約されよう。すなわち，①全国どこでも同じ均質な消費空間を作り出してしまう，②ロードサイドやSCは，さまざまな人々が集いコミュニケーションをする公共的な空間にはなれない。その批判は，果たして的を射ているのだろうか？

　この問題を考えるとき思い出すのが，郊外の家族を描いた『空中庭園』（豊田利晃監督，2005年）という映画である。その冒頭付近で家族の長女が，観覧車のある巨大SCの前で，地付きの農家の息子である彼氏とこんな会話を交わす。

　「お前さー，俺んちが農家だからって馬鹿にしてんだろ。」
　「馬鹿にするわけないじゃん，地に足がついてるのって格好いいよ。」
　「あー，ここ爆破してえ。」
　「何でよ。ここがあるおかげで，田舎に住みながら，イタ飯食べたりバリ料理食べたりスタバ行ったりできんのよ。」

この何気ない会話は，郊外住民が感じている捻じれたリアリティを巧みに描き出している。たしかに大型SCは，全国各地の固有性を破壊し，「地に足がついてない」均質でフワフワした消費空間に変えてしまった。しかしその一方で，そこでは今までの郊外や地方にはなかったような多様な消費生活を——チェーン店の規格化された多様性に過ぎないにせよ——全国どこでも平等に享受できるようにもなった。これは，外部から訪れる人にとっては重要な，その土地の個性（「地域間」の多様性）を犠牲にすることで，その土地の住民にとってはより重要かもしれない多様な消費の選択肢（「地域内」の多様性）が達成されている状況だ，と理解すべきだろう。

　一方，「地に足がついてない」という感覚の蔓延は，一般的に住民の地域への愛着やアイデンティティの醸成を阻害すると批判されてきた。しかし本当にそうだろうか。どこにでもある消費空間であっても，そこで濃密なコミュニケーションを積み重ね，そこを居場所にすることができれば，住民自身にとっ

▷1　ほかにも例えば，クルマに依存するライフスタイルはCO_2排出などの環境負荷が高くなるという問題，大手資本の店舗が中心になると利潤の多くが中央の本社に還流していってしまう一方で，地域の雇用は非正規中心で就労時間も不規則になるなど，多面的な問題点が指摘されている。

▷2　ただ，速水健朗が指摘するように，荒廃するインナーシティが安心して歩ける場所でなくなっていたアメリカでは，実質的に不審者を締め出す郊外のSCが，中心市街地に代わる新たな公共圏として郊外の中流住民に求められていたという文脈があったことにも，注意する必要がある。

てのかけがえのない場所，アイデンティティの繋留点になりうるのではないか。そうするとこの問いは，もうひとつの公共性に関する論点に関わってくる。

② ショッピングセンターの公共性？

図V-8-1 ロードサイドの風景

たしかに郊外型店舗は，クルマでの集客を前提に立地するので，徒歩での来客層は限定される。しかし，24時間に近い長時間営業と，ゆったりした空間配置によってバリアフリーを達成している郊外型店舗には，時間帯に応じて，中高生グループ，ファミリー層から高齢者まで，さらには階層やライフスタイルの面でもきわめて多様な人々が訪れるのもまた事実だ。

石原武政は，周囲の街並みや店舗集積の業態構成といった商店街の個店にとっての外部性を内部に取り込んでいるSCを，郊外の独立王国と表現した。この消費者のみが闊歩する独立王国は，街路を模した通路のみならず，消費に直接関係ない広場のような空間さえ内部に取り込んで設計される。クルマの入ってこないSC内の安全な街路ではしゃぐ子どもたちや，広場のベンチで憩う高齢者にとって，SCは単なる消費空間以上の心地よい居場所になっている。しかし，あくまでディベロッパーが一元的に安全を管理し，その意にそぐわない活動（政治運動など）が排除されるSCという疑似公共空間がどこまで公共的と言えるのかは，アメリカでのSCの誕生以来，常に議論の的であり続けた。

もはや事態は，単に郊外型店舗を批判してこと足れりという段階にはない。交通動線が完全にクルマ中心に変わってしまった地方都市では，中心部のシャッター通りを多様な人々で賑わう公共圏に復活させるという選択肢が現実的ではない場合も多い以上，郊外の消費空間の方をより公共的なものにしていくという方向性を模索する必要もある。少なくとも，大資本の席巻する「冷たい」郊外に対峙する「温かい」公共圏として，無条件に駅前商店街を思い浮かべるだけでは，今や単なるノスタルジアでしかない。

しばしば指摘されるように，巨大SCの真の恐ろしさは，その出店より撤退にある。SCが中小の商店を駆逐したあとに撤退されると，地域住民が「買物難民」になりかねないからだ。中心商店街の凋落は，モータリゼーションだけではなく，大型店の出店に地元商業者の合意を要する旧大店法のもとで，大型店側が都心部への出店をあきらめて郊外立地が進んだことによる，いわば「地元民主主義」の皮肉な結果という側面もあった。これからは，単に出店に反対しディベロッパーに対立するのではなく，SCのデザインやアクセス，店舗構成をできる限り公共的なものにすべく出店計画から介入すると同時に，経済原理のみに基づく安易なスクラップアンドビルドを監視するというように，地域の商業者のみならず住民や行政も巻き込んだ形で，「地元民主主義」をバージョンアップさせていくことも考えていくべきだろう。

（五十嵐泰正）

▷3 さらにいえば，賃料を下げて新規流入者に店舗を貸すよりはシャッターを閉めておくことを選好する家主の存在が，シャッター通り化の一因となった場合も多い。こうした商店主の態度は，中心市街地という空間そのものの公共性への配慮より個店の利害を優先させるものであったとも言えるだろう。

【参考文献】

石原武政，2006，『小売業の外部性とまちづくり』有斐閣。

東浩紀編著，2010，『思想地図beta』vol.1，合同会社コンテクチュアズ（所収論文の中でも特に，北田暁大・南後由和・速水健朗・東浩紀「ショッピングモールから考える——公共，都市，グローバリズム」pp.54-77，速水健朗「なぜショッピングモールなのか？」pp.28-45などを参照）。

中沢孝夫，2003，『〈地域人〉とまちづくり』講談社。

三浦展，2004，『ファスト風土化する日本』洋泉社。

V 都市の装置とメディア

9 アートと都市

1 「アート」概念の成立

アートが，人類史において初めて成立した時期を明確に示すのは難しい。例えば先史時代に描かれた秀麗な洞窟壁画が示すように，古くから人はさまざまな造形活動を行ってきた。しかし，R. ウィリアムズによれば，「アート」として，特定の表象行為や概念の一部が指し示されるようになったのは，近代になってからである。かつては自然に対して人間が生みだすあらゆる種類の技術を指すことばであったアートという語が，概ね18世紀から19世紀頃までの西欧において，私たちがこんにちアートと呼ぶような領域を特に意味する概念として使われるようになった。このような新たなアートという概念の成立には，近代の産業構造の変容が密接に関わっている。まず，資本主義的商品生産によって，生産現場での分業のしかたや，技術をどういった目的で使うかを決めるときの定義のしかたが根本的に変わった。そして，それらの変化から絵画，彫刻などある種の技術や目的を守ろうとする動きが起きた結果，一部の生産技術や概念がアートとして他のさまざまな技術と区別されていったのである。

2 都市の「アートをめぐる場」と，制度化

「アート」という概念の成立と重なるようにして，18世紀後半から19世紀にかけ，都市に近代的な「アートをめぐる場」が登場した。例えばパリではルーヴル美術館がフランス革命を機に広く市民に公開され，近代的公共美術館や公共ギャラリーのさきがけとなった。また，各国から集められたアート作品を一堂に展示する「国際美術展」が，1895年のヴェネツィア・ビエンナーレを嚆矢として，欧米を中心とする各国で開催されるようになる。これら近代的なアートをめぐる場は，その後，国民国家という枠組みにおける文化的・イデオロギー的装置としての意味を併せ持ちながら各地へと広がっていった。日本でも19世紀後半の明治期に，「アート（芸術）」という用語・概念が国民国家成立に向けた近代化のために輸入され，教育を通じて制度化されたことで，（現代にいたるまで）各地に美術館・博物館などのアートをめぐる場が設けられていった。

3 アートをめぐる場の多様化と，反アート

20世紀以降，都市における「アートをめぐる場」は多様化していく。例えば

▷1 こんにちアート，あるいはアーツ（the arts）とは，美術，音楽，演劇，建築，ファッションなど表現諸領域を包括する語であるが，ここでは特に造形芸術分野を中心としたアートと都市との関わりを中心に扱う。

▷2 また，18世紀中庸には，サザビーズやクリスティーズといったオークションハウス（競売会社）が成立し，その後，商業ギャラリーやアートフェアなどとともに，「商品」としての「芸術作品」を扱うアート市場を現代にいたるまで牽引し続けている。

▷3 例えばヨーゼフ・ボイスは，アートの概念を拡張し，教育，政治，環境保護など，人間の創造性によってなされる社会のあらゆる活動を芸術活動とみなす「社会彫刻」という概念を提示した。

▷4 コンセプチュアル・アート
作品の物質としての側面よりも，作品制作にいたる過程における概念性や観念性を重視した芸術動向。1910年代のマルセル・デュシャンの活動に端を発する。

1930年代のアメリカのニューディール政策をきっかけとして誕生し，1960年代以降，各国で隆盛してきた「パブリックアート」は，その代表例である。既存のアートをめぐる場以外の公園，鉄道駅などの空間に，野外彫刻をはじめとしたアート作品が設置されていった。また，ロンドンなどの移民が多い都市では，地域における社会的包摂のためにアートを用いる「コミュニティアート」が盛んに行われ，教育・福祉施設などでも頻繁にアート活動が展開されるようになった。

一方，ポスト産業社会へといたる1960年代後半から1970年代以降には，アーティストによる社会政治的なパフォーマンスや，新たな社会の仕組みに向けたアイディアを提唱するような，既存のアートの枠組みを越えた活動が，路上や公園など，都市空間の各所で展開していった。これらの活動には，先述のパブリックアートの一部や，「コンセプチュアル・アート」などが含まれる。「反・アート」「反・美術館」とも呼ばれたそれらの活動は，新たな表現の可能性を指向する前衛的なアートが，既存の社会制度への異議申し立てと結びついた結果として起こった，反抗の身振りを示す社会運動としてのアートといえよう。

図V-9-1 「アートプロジェクト」での地域住民と都市からやってきた大学生の協働による活動の一場面（「大地の芸術祭　越後妻有アートトリエンナーレ」より）

4 都市とアートの新たな関係性

現在，アートと都市の関係は新たな段階を迎えている。まず，国際美術展の欧米以外での隆盛に見られるように，アートをめぐる場が，より多極化しつつある。また，「創造都市」を標榜する都市政策の各地での隆盛や，「創造産業」への着目が示すように，アーティストらが持っている個人の創造性や技術，才能を，地域再生や産業活性化に生かそうとする動きが注目を集めている。このような動向の背景には，人とモノの移動が増大する近年のグローバル化と，それに伴う都市・地域間の競争の激化や，脱工業化・情報化の進展などが指摘できる。

加えて1990年前後から，都市化による人々の分断や関係の希薄化といった社会的課題の克服に焦点をあて，アーティスト以外の人々の参加を交えながら展開するアート活動が，各地で盛んになっていることにも着目しておきたい。「関係性のアート」や「社会と関わるアート」と呼ばれるこれらの活動は，必ずしも作品制作が前提とされず，人々の間の関係性構築や対話が重視される，新たなアートの動向である。また，日本では各都市や，さまざまな地域で，アーティストに加え，NPO，学校，地域内外の住民などが参加，協働して活動を展開する「アートプロジェクト」が，近年，隆盛している。

今後，これらの新しいアートを含め，アートと都市の関係を見るためには，多様な社会的諸主体との関係性のなかで，いかにアート活動が構成されているかを考察することが，より重要となっていくだろう。

（小泉元宏）

▷5　日本でも，2000年代以降，「横浜トリエンナーレ」（2001年初開催）を皮切りとして，各都市で国際美術展が盛んに行われている。

▷6　Ⅳ-16 参照。

▷7　例えば2000年に始まった「大地の芸術祭　越後妻有アートトリエンナーレ」（新潟県十日町市・津南町）は，里山地域の古民家や廃校などを利用しながら，主に都市から来たアーティスト，学生やボランティアと，地域の人々の出会いや協働によって成り立つ活動を展開している。

参考文献

ウィリアムズ，R.，椎名美智他訳，2003，『完訳キーワード辞典』平凡社。
Bourriaud, N., 1998, *Esthétique relationnelle*, Les presses du réel.
Hartley, J. ed., 2004, *Creative Industries*, Wiley-Blackwell.

V　都市の装置とメディア

10　聖地巡礼

1　聖地巡礼とは

　聖地巡礼は元来，宗教上の儀礼を指す用語であり，とりわけ聖地と呼ばれる「神聖な場所」や「神に由来する場所」を信仰者が訪問することに由来している。しかし，聖地が持つ「神聖な場所」という意味合いが転じて「立ち入ってはいけない禁忌の場所」や「何か特別な場所」も聖地と称され，そこへ出向く行為を聖地巡礼と呼ぶ通俗的な用い方もされてきている。また，世界に点在する地質学的に特別な磁場を形成する場所を聖地と呼ぶこともある。ある場所が「聖地」と呼ばれる過程と，信仰の有無にかかわらずその地を訪問する「巡礼」という行為には，それぞれ別の問題系が含まれているが，社会生活を営む人々にとって特別で非日常的な体験が得られる行為としては，古来から現在まで一貫している。

2　宗教における聖地

　宗教上の聖地のうち，代表的なものとして世界三大宗教（ユダヤ教，キリスト教，イスラム教）の聖地エルサレムやイスラム教の聖地メッカが挙げられる。なかでもイスラム教では聖地巡礼は義務づけられており，200万人を越す信者が訪れてメッカ中心部に建つカアバ神殿を周回する光景は，一般的にも特別な儀式として知られている（図V-10-1）。いずれも宗教の開祖に深く関連した場所が聖地となり，巡礼はその聖地へ〈信仰を伴って〉訪問する重要な信仰表明とされている。特にカトリックでの三大巡礼地のひとつと呼ばれるスペインのサンティアゴ・デ・コンポステーラへの巡礼は，そこへいたる長い旅路において，移動とともに重層的に蓄積された歴史や事績などを追体験しながら神への思いを巡らせることこそが重要とされている。また巡礼路や聖地に建つ教会には聖遺物や石碑が置かれ，教会内部には祭壇を囲むための周歩廊が配置されて巡礼者を迎え入れ，石碑が巡礼路の目印となっていることが多い。

3　日本における聖地巡礼と聖地の世俗化

　日本では古来より山岳信仰などの自然崇拝が存在し，山や木々といった自然の一部を神の拠り所とする信仰があったため，聖地に代わり「聖山」「霊地」といった言葉が使用されてきた。神社は磐座や御神木を御神体として崇めてい

▷1　かつては巡礼地には必ず聖遺物が置かれており，巡礼とは聖遺物を目指すことであった。

▷2　2004年に紀伊山地の霊場と参詣道が世界遺産に正式に登録された。サンティアゴ・デ・コンポステーラも世界文化遺産であり，両者は「姉妹道協定」が結ばれている。

▷3　寺には88までの番号が割り振られているが，順路は規定されておらず，巡り方によって「順打ち」「逆打ち」「乱れ打ち」といった名称が付けられている。

ることが多い。そのため宗教の拠点や発祥の地を「総本山」と呼び、代表的な聖地（聖山）巡礼として修験道の熊野巡礼が古くから知られ、現在では世界遺産に認められている。また、日本では歴史的な神社や寺といった地を訪れる「巡礼」に似た巡拝という儀式が存在し、四国八十八カ所参りのように、特定の聖地を持たず、寺社を順に巡拝することにこそ意味がある場合もあるが、日本では代表的な（聖地）巡礼のひとつである。そのほか、新宗教である天理教では開祖が定めた「ぢば」と呼ばれる特別な場所（聖地）が存在する。ぢばを中心として発展し続け、現在では都市がそのまま聖域のような巨大な宗教都市（天理市）を形成するまでにいたっている。

図V-10-1　カアバ宮殿での儀式
出所：リチャード・ケネディ、田丸徳善監修・山我哲雄編訳『カラー版　世界宗教事典』p.48, p.189。

聖地巡礼は時代が進むにつれ、そこに行くと他の場所とは違う体験をできたり、運気向上のパワースポットの意味合いが付加されるなどして大衆化および世俗化し、観光と強く結びついた。日本では巡礼地の寺社などには御師と呼ばれる案内人がもとから常駐したこと、巡拝の証明として印を押してもらうスタンプラリーに近い観光的要素があったことに起因し、さらに巡礼に困難な道の整備や交通網の発達がその人気に拍車をかけたと考えられる。また、宿泊施設や商店で門前町などが賑わうなど、快適な巡礼のための都市整備によっても巡礼が発展してきたと言える。こうして現在では聖地巡礼は観光の一環や自分探しという名目で、深く信仰を持たずとも気軽に行える行為となっている。また、聖地はその意味が拡大され、イスラム教の聖地メッカに倣ってスポーツや芸術などの文化の発祥の地を指して「○○のメッカ」と呼ばれることも多い。

図V-10-2　アニメの舞台となった埼玉県の鷲宮神社
撮影：佐久間雄基

4　聖地巡礼の現在

現代の日本では流行のアニメや漫画に登場する場所や由来する場所を聖地とし、そこを巡礼する現象が見られるようになる。この聖地巡礼はインターネットを通して爆発的に広がり、マスメディアが取り上げたことで一気に観光や町興しへと発展している。この場合の聖地とは、アニメや漫画という虚構の世界との同一化を求める傾向がある点で、これまでの聖地とは違う意味を帯びている（聖地が歴史が重層的に蓄積された場所ではなくアニメファンによって日常的な場所が聖地となり趣味の延長で巡礼することで聖性を高めていく過程は異例である）。現在では、そうした新しい聖地巡礼と伝統的で宗教的な聖地巡礼も行われており、聖地巡礼はその意味を変えつつも「何か特別な行為」であると認識されているという点では普遍的であり続けている。

（佐久間雄基）

▷4　2007年に放送されたTVアニメ『らき☆すた』がその火付け役となり、舞台となった埼玉鷲宮神社には多くのファンが押し寄せた。

参考文献

植島啓司, 2000,『聖地の想像力』集英社新書。

ドリルプロジェクト編, 2010,『アニメ＆コミック　聖地巡礼NAVI』飛鳥新社。

島田裕巳, 2011,『聖地にはこんなに秘密がある』講談社。

星野英紀・池上良正・氣多雅子・島薗進・鶴岡賀雄編, 2010,『宗教学事典』丸善。

V　都市の装置とメディア

11 都市霊園

▷1　Ⅶ-1 参照。

1　都市霊園という課題

　社会学にはジンメル▷1のいうような「生の哲学」の側面がある。また近代都市は工場での大量生産や人口爆発など生産的なイメージが強い。だから都市社会学はずっと都市における死者の問題を十分に扱ってこなかった。しかし，現実には都市が生きた人間の集まりである以上死の問題を避けては通れないし，実際それぞれの都市は死者の問題をその内部に組み入れてきたといえる。その具体的表現のひとつである都市霊園が実に興味深い社会的事実だということからも，そういえるのである。

2　都市の死者と都市霊園

　都市の死者が，彼女／彼が生前暮らした場所に安置され続けるとは限らない。例えば筆者が幼い頃，曾祖母が大都市の下町の自宅で亡くなった。通夜も葬式も自宅で行われ，お遍路姿の町内の女たちから盛大に見送られた曾祖母は，霊柩車に乗って町はずれの火葬場に向かった。後続するタクシーに乗った私は，曾祖母が私たちの町を出て行くことをはっきりと感じて，ひどく寂しかったことを覚えている。その後曾祖母は曾祖父の生まれた農村（自分の故郷でも自分が暮らした町でもない）に埋葬された。農村からの出郷者で構成された近代日本の都市の多くは，このようにして死者を直接扱わずに済んだのだし，仮に市内の墓地に葬られても，それは故人の暮らした町から離れた郊外にあって，生者の世界の外側に置かれていたのだった。

　しかしそれは死者の唯一の扱い方とはいえない。日本の農村においては，墓はしばしば屋敷内や村の領域の中に置かれた。生者の世界と隔てる儀式はあったが，近代都市における死者の隔離とは異なる。こうした生者と死者の空間的配置に，それぞれの都市固有の社会的論理を読み取ることができるのである。

3　近代の都市霊園の3つの論理

　日本に限らず，近代における都市霊園を律する第一の論理は公衆衛生のための隔離である。これは，人口が急増してくる近世後期の都市における都市計画的課題に対して，「衛生とは隔離である」という近代医学の知が注入されたときに一時的に成立したものといえよう。衛生的な火葬が受容されれば，都心部

に集約的な慰霊施設を置くことも可能だったと思われるが，衛生＝隔離の強い力は郊外の公園墓地という形態を数多く生み出した。

近代の都市霊園の第二の論理は，隔離したにもかかわらず，社会や国家の集合的祝祭の場として位置づけることである。筆者はイタリアのミラノ記念墓地（旧市壁外にある）を訪れたことがあるが，その正面を飾る中世風の記念堂は，ガリバルディをはじめとして近代イタリア建国に貢献した人々の顕彰の場となっていた。

近代の都市霊園の第三の論理は，市場の効率性である。愛知県名古屋市平和公園は，第二次世界大戦時の空襲によって壊滅的な被害を受けた中心市街地を復興する際に，寺院墓地を集めて造成された都市霊園である。それ自体は花樹の豊かな美しい公園である。ただしその移転が，東京や大阪ではまだ少しは見出せるような近世城下町の景観を（城はあるものの）名古屋から失わせ，かわりに効率的な広幅の道路と矩形の商業用地を開かせたことは，あまり注目されてこなかったように思われる。

4　現代都市の都市霊園

1980年代以降，日本社会の現代化に伴って，新しい墓や葬儀の形を模索する運動が起こり，それと連動して都市霊園にも新しいかたちを模索する動きがみられるようになってきた。

1993年には都営多磨霊園に遺骨の長期収容施設（みたま堂と呼ばれる）が整備された。これはロッカー式の納骨室が円筒状の壁に並べられた建物で，納骨室そのものは雲のようなデザインの壁に隠され，中心の空間には泉のようなモニュメントが置かれている。遺族は建物外の遙拝所か，中心の空間で死者を追悼するかたちである。さらに2012年には都営小平霊園に公園樹林の下に遺骨を安置する収蔵庫が配置された「樹林墓地」が造られた。こうした展開は近代家族の変容と関連づけて語られることが多いが，都市社会学的にも次の点で興味深い。

かつて都市の死者は遺体や遺骨など物理的形象を伴っていたので，それを漏れなく収容するという要請により都市霊園の空間的形態は決まっていた。上述のミラノ記念墓地は，複数の棺を収納する家型の墓の集合態である。ところが上述の「樹林墓地」では遺骨収容の機能を維持しつつも，遺骨を里山に集合的に埋め込む村落墓地に近くなった。樹木葬が埋葬希望者から「自然に帰る」という意味を見出されていることも興味深い。筆者はかつて，将来の都市霊園は遺体や遺骨と切り離された，故人ひとりひとりの名を刻んだ集合的な記念碑を，都心のような生者の世界のただなかに建てるようなものになるのではないかと予想したが，2012年の樹林墓地は，そうした予想とは別の方向を示唆しているように思われる。

（中筋直哉）

▶2　この点は，結核やハンセン病の隔離の論理と似通っている。実際に郊外において大規模な公営の療養所と都市霊園が地理的に近接している例は多い。

▶3　松本由紀子，1996，「現代日本の新しい葬法」『社会学評論』47(2)。

▶4　中筋直哉，2003，「社会の記憶としての墓・霊園」片桐新自編『歴史的環境の社会学』新曜社。

V　都市の装置とメディア

12　都市と映像

1　映像の中の都市

　写真によって「都市」が発見されたというのは，ヴァルター・ベンヤミンの重要な指摘だが，同様に映画によってもまた「都市」は発見されている。映画の初期の頃から都市は重要なテーマだった。1927年公開のフリッツ・ラング監督の『メトロポリス』を嚆矢に『ブレードランナー』（リドリー・スコット監督，1982年），『未来世紀ブラジル』（テリー・ギリアム監督，1985年），『マトリックス』（ウォシャウスキー兄弟監督，1999年），『インセプション』（クリストファー・ノーラン，2010年）など（近）未来都市は，多くの映画の主題となってきた。

　こうした映画は，映画研究や映画史研究にとってのみ重要なのではない。映画で描かれる都市は，当時の技術水準だけではなく都市や社会に対する認識や将来予測を基盤にしており，映画の都市の描写を分析することは，その認識やイデオロギーを把握することになるからだ。さらに，こうした映画はその後の都市計画やデザインにも結果的に大きな影響を与えている。（近）未来都市とは，将来の都市ではなく，今現在経験されつつある都市の投影なのである。

　しかし，映画映像はすべてフィクションではない。多くの映画は，実際の都市がロケ地として用いられているために，それ自体貴重な資料的価値を持つ。例えば，ルネ・クレール監督の『巴里祭』（1933年）は，当時のパリの街並み，建築物，風俗やファッションを捉えた貴重な資料として扱うこともできるだろう。映像には，監督が意図しなかった都市の記憶が描き込まれているのである。

2　都市の中の映像

　その一方で，現実の都市の編成の中で映像も重要な役割を果たしてきた。映画館の登場は，人々の日常生活を一変させ，近代化や西洋化，アメリカ化を象徴的に示す出来事となった。

　テレビもまた最初は，都市の風景の一部として街角に登場した。発売当初は高額商品だったテレビは，一般家庭にいきわたるまでしばらくは街頭や，レストラン，銭湯などの公共施設，電気店店頭などに設置され，多くの人々を集める情報のハブとして機能した。

　しかし，ここ20年の間に，都市と映像の結びつきはより強固なものになり，都市そのものを変容させつつある。『ブレードランナー』では「強力ワカモト」

▷1　ベンヤミンの写真論は，映像における都市と記憶，歴史の関係を考える上でも重要な出発点になるだろう。ベンヤミン，W., 1995,「写真小史」浅井健二郎編訳・久保哲司訳『ベンヤミン・コレクション1　近代の意味』ちくま学芸文庫, pp.551-581。

▷2　例えば，マイク・デイヴィスの一連の著作（デイヴィス, M., 村山敏勝・日比野啓訳, 2001,『要塞都市LA』青土社；Davis, Mike, 1998, *Ecology of Fear: Imagination of Distopia*, Henry Hot & Co.）は，そうした映画的想像力と都市の現実との相互作用を扱ったものとして読むことができる。

などの日本の企業広告がビルに投影されるシーンが見られるが、その直後の1985年には実際につくば科学博覧会でソニーがカラーで高画質の大型映像装置の「ジャンボトロン」を発表し話題となる。

すでに1979年からモノクロの大型街頭ビジョンを設置し、野外映像装置の草分け的な存在だった新宿アルタは、1992年にはその後継機として松下電器が開発したアストロビジョンを設置し、新たに新宿駅周辺のシンボルとなる。その後、1990年代を通じて、大型映像装置の機能の向上と低価格化、そして広告媒体としての機能が認められるのにしたがって、都市部の建造物は企業広告を中心とした映像に覆われるようになった。

大型映像だけではない。2000年代に入ると、軽量化、薄型化した映像スクリーンは、都市のいたるところに設置されるようになる。駅や飛行場、デパートや飲食店、大学や公共施設、さらには電車やタクシーなど公共交通機関にいたるまで、今では都市の隅々まで映像が浸透している。この傾向は、多くの先進国の都市に見られる。「映像都市」と呼ぶべき時代の到来である。

映像の氾濫は、都市に対する概念を一新した。かつて都市や建築は、木材やコンクリートを主たる素材とした不動で変化のないストックの象徴だった。それが今では絶えず情報が更新されるフローの空間へと変容したのだ。

3 都市と映像の融解の時代

近年、都市と映像の役割を考える上で重要なのは、各個人が持っているケータイやスマートフォンなど小型の携帯機器である。これらは、携帯可能な映像のスクリーンであると同時に撮影機器でもある。人々は日常的に、自分たちの生活を撮影し、ブログやSNSサイトに映像をアップする。とりわけ犯罪や事故など非日常的な事件については、周囲の人々が撮影した映像が、マスメディアよりも早くネットで流通する。

こうした個人化された映像に加え、都市には監視カメラのネットワークが張りめぐらされている。監視カメラは、24時間都市の出来事を映像化し、犯罪時には、しばしば犯人捜査のためにテレビ番組などで放送される。

このような都市と映像が融解しつつある時代、私たちは都市をどのように理解すべきなのか。ここで心に留めておきたいのは、こうした映像都市の成立もまた近代的な資本主義や政治権力のひとつの現れだということである。すでに半世紀も前に、映像メディアを通じて商品経済が日常生活を隅々まで支配するする社会をギー・ドゥボールは「スペクタクルの社会」と呼んだ。今日ドゥボールの悪夢は、現実化しつつあるようだ。この悪夢を断ち切るためには、映像都市を批判的に生き抜く新たな戦術が必要とされているのかもしれない。

（毛利嘉孝）

▷3 映像の浸透によって都市がどのように変化したのかという研究は、近年学際的な研究プロジェクトとしていくつか見られる。代表的な研究は、次のアンソロジーを参照。McQure, Scott, Meredith Martin and Sabine Niederer eds., 2009, *Urban Screen Readers*, Institute of Network Culture, Amsterdam.

またストックからフローへという都市の変容については、ボイヤー、M. C.、田畑暁生訳、2009、『サイバーシティ』NTT出版が参考になる。

▷4 ドゥボール, G., 木下誠訳, 2003『スペクタクルの社会』ちくま学芸文庫。

▷5 映像都市に対する批判的戦略については、ドゥボール自身も関わったアンテルナシオナル・シチュアシオニストの文化政治活動やアウトノミストたちの「自由ラジオ」のプロジェクト、近年のグラフィティの動向、特にバンクシーやグラフィティ・リサーチ・ラボなどの試みは一見に値する。

V 都市の装置とメディア

13 グラフィティ

1 グラフィティの成り立ち

　街路の電柱や配電ボックス，線路の擁壁や高架，商店街のシャッターなどに描かれ，都市の風景に浸透しているグラフィティ。その基本的な表現様式は，多くの時間と高度な技術を要する「(マスター) ピース」，一色ないし二色で簡略的に描かれる「スローアップ」，実践者（グラフィティ・ライター，以下ライター）やその集団（クルー）の呼称などを手短に描き付ける「タグ」に大別できる。所有者の許可無く壁面に描き付ける行為は軽犯罪法に抵触する反面，路上を鮮やかに彩る視覚表現としてグローバルに流通している。

　1970年前後のニューヨークにおいて，サウス・ブロンクス地区の若者たちが壁や地下鉄の車両にタグを描き付けたのが発祥で，グラフィティはその後，全米で急速に広まった。1980年代には，表現豊かな文化形態としてのヒップホップに欠かせない要素となる[1]。それは当初，黒人やラテン系貧困層の存在証明として，白人中心社会の抑圧的な社会秩序からの解放のための，新たな共同体の創出を伴う表現という意味合いを持っていた。

2 〈管理〉と〈抵抗〉のまなざし

　こうした成り立ちから，グラフィティは従来，都市の管理施策に対する異議申し立ての文化的実践として着目されてきた学問的経緯がある。アメリカでは長年，不良少年による仲間集団の構築とテリトリー争いという観点から，これに着目した研究がなされてきた。1980年代以降にグローバル化したグラフィティは，各国の政治状況や都市構造，あるいは人々の風俗や文化の特性に応じてローカライズされ，それぞれ異なる展開を遂げている。

　日本の状況はどうか。社会問題としての"落書き"と表裏一体の関係にあるグラフィティは，アメリカと同様，都市空間の〈管理〉と〈抵抗〉の二項対立的な構図のもとで解釈されてきた。すなわち一方には，グラフィティを社会的脅威とみなし，景観保全や環境美化の観点から容認できないものとしてその減少を企図する都市工学や犯罪心理学などの立場，他方には，都市空間を管理・抑圧しようとする権力に対する抵抗的身振り，都市空間の自由をめぐる文化闘争と捉える立場があり，しばしば都市のジェントリフィケーション[2]批判を伴う。しかしどちらの立場も，より内在的にグラフィティを捉えることで得られる都

▷1　チャーリー・エーハーン監督『Wild Style』(1982年)，トニー・シルヴァー監督『Style Wars』(1983年)など，ニューヨークにおけるヒップホップの勃興を描いた映画を観れば，そこでグラフィティが果たした重要な役割が見て取れる。

▷2　Ⅱ-6 参照。

市社会学的な知見を，不問に付していると言わざるをえない。

3　都市空間の脱テリトリー化

　グラフィティは大都市圏に多く見られ，ライターたちはその姿を人前に晒すことなく，都市空間に痕跡を残す。それは中心市街地のみならず，郊外の主要幹線沿いにも多く発見できる。自動車やバイクで郊外を移動するライターたちは，ロードサイドの壁面や公共物をキャンバスにしている。郊外化やモータリゼーションの変容に連動して，ライターたちの動線は絶えず変化している。

　したがってグラフィティは，例えば渋谷や下北沢のような「個性ある街」や，若者を惹きつける「ストリート」でのみ盛んなのではない。ライターたちは互いに身体を共存させることなく，遍在的に場を共有することによる「つながり」を楽しんでいる。グラフィティは多くの都市下位文化と異なり，縄張り意識や溜まり場を必ずしも要さない，脱テリトリー的な実践なのである。

図V-13-1　下北沢のグラフィティ

4　ステータスとネットワーク

　ライターたちにとって表現様式の微細な差異が，「リスペクト」（＝尊敬）ないし「ディス（リスペクト）」（＝軽蔑）の対象となる。作品の出来映えを重視する立場もあれば，公共物の損壊を厭わないヴァンダリズム，危険な場所に好んで描くハードコアなど，スタイルの細分化が進行している。壁の色や汚れが持つ美的効果を考慮し，その場所に特有の価値を見出して描く者もいれば，特定の地域内に多量のタグを残すことを通じて，ステータスを構築していく者もいる。商業的な活動といかに距離を措いているかも重要だ。身体を介在しない匿名的な行為にもかかわらず，固有のタグが認知されることによって，当事者たちの承認欲求が刺激され，実践を継続する動機につながっている。

　こうしてライターたちは経験的に，一般の人々とは異なる視点で都市を捉えており，絶え間なく書き込み／書き換えが可能な認知地図を集合的に編みあげている。複雑ネットワーク理論を援用した解釈も試みられており，都市下位文化理論に基づく従来のネットワーク分析の枠組みとは異なる位相から，この現象を掘り下げることができよう。

　ライターたちのネットワークは，都市における実践の連鎖のみならず，ジンやインターネットなどのメディアによって補完されている。国際的な連携や情報交流も珍しくない。世界各国の都市の風景に浸透しているグラフィティは，グローバル化と情報化が徹底した現在，もっとも代表的な都市下位文化のひとつであり，多層的な批評の可能性が開かれている。

（飯田　豊）

▶3　飯田豊・南後由和，2007，「グラフィティ・ライター」吉見俊哉・北田暁大編『路上のエスノグラフィ』せりか書房，pp.207-284。

▶4　南後由和，2005，「動物化するグラフィティ／タトゥー——都市／身体の表面への偏執」『10+1』40：pp.144-155。

▶5　大山エンリコイサムと南後由和のメール対談，2010，『ノーキアクシャとクラウド』millegraph；pp.80-101。

▶6　ジン（zine）
アメリカ西海岸のスケート文化のなかで生まれた「ファンジン（fan-zine）」を起源のひとつとする自主流通冊子。コピー機で印刷した紙をホッチキスで留めただけの簡易なジンが，コピーサービス店が普及した1990年代以降，急速に広まった。

V　都市の装置とメディア

14　ユビキタス

1　「ユビキタス」とは何か

　ラテン語の「遍く(ubique)」を語源とする「ユビキタス(ubiquitous)」は元来,「神はあらゆるところに存在する」という宗教観を含む言葉だった。1990年代初頭にユビキタス・コンピューティングの概念を提唱したマーク・ワイザーは,生活環境のあらゆる場所に情報通信技術が溶け込むことで,人々がそれと意識することなく快適なサービスが享受できる状態の実現を想定した。すなわち,人間を取りまく人工物が知能を操り,ネットワークに接続されることで,人工物どうしの協調,あるいは人工物と人間との連携を通じて,人工物が個別状況を自動的に認識(context awareness)した上で自律的な支援を可能にするというシナリオである。

2　ユビキタス都市

　GPSが搭載されたモバイル機器,電子マネーとして使えるICカードが普及し,建築物に取り付けられた大型ビジョン,駅構内や店舗に設置された電子案内板などのディスプレイも,現在はネットワークに接続されている。さらにRFIDに代表される電子タグの遍在,果ては建物全体の知能化やITSの整備などに伴い,まるで都市空間の全体を包み込むように,人々がネットワークを介したサービスを自動的に享受できる情報環境が,すでに現実化し始めている。監視カメラや防犯カメラ,赤外線センサー,Nシステムといった監視技術もこれに含まれる。都市における流動性や複雑性の高まりが,こうした支援環境の整備を後押ししているといえよう。

　将来的には,都市計画やまちづくり支援,地理空間情報を利用した防犯システムや防災システムの整備と連動し,公共のディスプレイやセンサーネットワークが増設されることは間違いない。障害者や高齢者,外国人に対する都市空間のバリアフリー化,ユニバーサルデザインとも不可分に結びつくだろう。

3　ユビキタス化とデータ監視

　こうした潮流は,その主目的に関する限りは否定しがたいものだが,すでにGPSやナビシステムが人間の行動把握を可能にしているように,個体識別に対するプライバシー保護や情報セキュリティのあり方が課題となる。顔認識機

▷1　RFID(Radio Frequency Identification)
微小な無線通信チップを用いて,人間や人工物を識別・管理する仕組みのこと。物流や小売における管理の効率化などに用いられる。

▷2　ITS(Intelligent Transport Systems)
情報通信技術を用いて,人間と車両,道路の間をネットワーク化することで,交通事故や渋滞の回避,環境悪化の緩和などを目的とする高度道路交通システム。ETCもそのひとつ。

▷3　Nシステム
日本の幹線道路に警察が設置している自動車ナンバー自動読取装置の通称。

▷4　日本建築学会,2010,『ユビキタス社会と建築・都市のフロンティア』第8号。

能が実装された監視カメラ，数々の**バイオメトリクス**[5]，個人情報のデータベース化とネットワーク化によって，私たちは利便性や安全性の享受と引き換えに，生活用品や嗜好品などの購入履歴の把握と蓄積，ひいては個人の趣味や性格の解析までなされる。それと意識することなく監視されることで初めて，私たちは自動的に最適化されたサービスを「便利に」受けることができるのだ。

それは"**ビッグ・ブラザー**"[6]のように国家組織的に中央集権化された，個人の身体を総体的に掌握する監視ではない。さまざまな主体によって個人情報は断片的に収集される。多くの人々が自ら進んで監視対象となり，そして誰もが自動化されたデータ監視（dataveillance）の一翼を無意識に担うことになる。

ただし，個人情報に基づいて自動的に提供されるサービスが，実はシステムの設計者にとって「最適」化されたものであって，利用者にとっては必ずしもそうではない場合も考えられる。例えば，テロ対策などの防犯目的で"不審者"を機械的に選別し，他者よりも入念な身元調査や身体検査を（そうと気づかれることなく）受けさせることも可能になる。遍在化した監視に基づいて個人情報が管理され，自動的に分類されるまでの過程が不可視であるために，そこに生じているかもしれない不当な差別や排除までもが見えなくなってしまう。

また，ユビキタス技術の浸透によって，私たちは快適さや適切さの判断をコンピュータのアルゴリズムに委ねることになる。鈴木謙介は，蓄積された個人情報を元手に，次にするべきこと，選ぶべき未来が自動的に提示されることで，それ以外の未来が個人の生から抜け落ちていく可能性を指摘している[7]。生活のさまざまな場面で「情報としての私」が，生身の私の先回りをして立ち現れることで，それがまるで宿命的な既定事実として受け取られかねない。

4 問いの場としての都市

監視技術の遍在は，D. ライアンが詳しく論じているように，とりわけ9.11以降，利用者の利便性や安全性のための配慮であることを超えて，人々の自由の縮減と容易に結びつく懸念がある[8]。安全意識の高い市民による自発的な相互監視という事態も生じており，「疑い」の醸成が都市における信頼の土台を掘り崩しているという見方もできる。説明責任や法的整備までを視野に入れたアーキテクチャの構築が重要であることは言うまでもない。

情報化によって個人が断片化され，その過程で消失しつつあるかにみえる生身の身体が，なおも群衆として複雑に交錯している都市空間。その中で配慮の倫理と管理の欲望がせめぎあい，ユビキタス技術によるデータ監視のあり方が今後，さまざまな局面で問われるに違いない。

（飯田　豊）

▶5　バイオメトリクス
身体的ないし行動的な特徴を用いて，自動的に個人を同定する生体認証技術。顔，指紋，声紋，掌形，眼球の虹彩，静脈パターンといった生体特徴が利用される。

▶6　ビッグ・ブラザー
ジョージ・オーウェルが1949年に著した小説『1984年』に登場する全体主義国家の支配者。「テレスクリーン」という監視カメラを用いて国民を管理する。監視社会批判の文脈で引き合いに出されることが多い。オーウェル，G.，高橋和久訳，2009，『1984年［新訳版］』ハヤカワepi文庫。

▶7　鈴木謙介，2007，『ウェブ社会の思想』NHKブックス。

▶8　ライアン，D.，河村一郎訳，2002，『監視社会』青土社；ライアン，D.，田島泰彦監修・清水知子訳，2004，『9・11以後の監視』明石書店。

VI 都市社会調査法

1 19〜20世紀の都市貧困調査

1 都市の貧困と社会調査

産業革命後の経済と生活の劇的な変容のなかで近代都市が膨張し，人々の労働・生活環境における困難が広がった。この時期，19世紀以来の都市貧困調査は，治安維持と新都市形成のため，あるいは困難な層の問題解決を進めるために，社会改良家や政府を中心に進められた。そして今日の社会調査で利用されるさまざまな手法がこの頃の都市貧困調査のなかで大きく花開いた。ここでは，この19世紀初頭から20世紀前半までの代表的な社会調査を振り返ってみよう。

2 近代的社会調査の始まり

「でこぼこした岸を越え，柵ぐいや物干網のあいだをとおっていくと，ちっぽけな，平屋の，一室しかないほったて小屋が，ごたごたと密集しているこの囲い地につく。たいていの小屋には，人間の手でつくった床はまったくない。……そこにあるのは，無計画にごったまぜにされた家屋の混沌である。」▷1

機械制大工業が発達し，巨大な産業都市として成長したイギリス諸都市では，劣悪な労働・生活環境のもとで暮らす労働者があふれていた。F. エンゲルスは，19世紀半ば，イギリスの都市の詳細な観察と資料の分析から，そうした状況を告発し，労働運動の生成を考察した。

一方，同じイギリスで，**社会改良主義**の立場から人々の貧困状況を統一的に把握する社会調査を進めたのが，C. ブースである。イギリスの海運会社の経営者であったブースは，1886年からロンドン全市にわたる社会調査を行い，『ロンドン民衆の生活と労働』全17巻をまとめた。そこでは，市民の3分の1が貧困状態にあり，その原因が社会（政府）にあることを，具体的な数値をあげ明らかにした。さらに，データを視覚的に表現していく方法も駆使し，写真やグラフなどとともに，社会地図の手法も効果的に用いた。▷3

のちに C. ロウントリーが行ったイギリス・ヨークにおける直接インタビュー法を用いた労働者調査と合わせて，これらの社会改良を目指した調査の結果は，イギリスにおける福祉国家の形成に大きな役割を果たした。

3 シカゴのリアリティを捉える

一方，19世紀末〜20世紀初頭のアメリカにおいては，シカゴ大学社会学科が

▷1 エンゲルス, F., 岡茂男訳, 1960,「イギリスにおける労働者階級の状態」大内兵衛・細川嘉六監訳『マルクス＝エンゲルス全集 第2巻』大月書店

▷2 **社会改良主義**
革命による体制変革ではなく，社会政策などによる部分的な改革によって問題を解決していくような思想。

▷3 VI-8 参照。

▷4 **推移地帯**（zone in transition）
都市の中心業務地区に隣接し，スラムや下宿屋街もあり，貧しい移民層が多く居住する地域。地域や人々の流動性は高いが，それゆえに，都市のダイナミズムが典型的に現れる場所でもあった。VI-2 参照。

▷5 III-1 VI-2 参照。

中心となり，シカゴの**推移地帯**を中心に，多くの社会調査を行った。諸集団のリアリティを捉えるため，インタビューや参与観察はもちろんのこと，個人の記録や生活史，手紙，新聞記事，統計，裁判記録，歴史資料，および社会地図など，あらゆる調査法や資料が活用された。

例えば貧困との関連では，N. アンダーソンが「ホーボー」（渡り労働者としての生活も送るホームレスの人々）の暮らす「ホボヘミア」の秩序や生活を詳細に描き出している。アンダーソン自身ホーボー生活の経験者であるため，詳細な参与観察によるデータは，モノグラフに深いリアリティを与えている。また，H. W. ゾーボーは，流動的で匿名性が高いという特徴を持つ貸部屋の位置や，生活保護金を寄付した者とその支給を受けた家族の居住地を地図に落とした。そこからは，豊かな地区とスラムが隣り合わせで存在し，**セグリゲーション**が進んでいることがわかる。こうした社会地図が同心円地帯理論の基礎となっていった。

集団のリアリティに詳細に分け入っていくシカゴ学派の一連の社会調査は，とりわけ質的な調査手法を大きく展開させることになった。

❹ 日本における明治から昭和初期にかけての貧困調査

日本に目を転じてみよう。19世紀末〜20世紀初頭といえば日本では明治期である。デフレや農民層分解の進行，新たな工業地域の形成の中で，東京市では下層人口が膨張し，都市問題と認識されるようになった。明治初期には，新聞雑誌記者などが「貧民窟」と呼ばれた貧困層の集住地域を探訪し，踏査を行ってルポルタージュや調査報告を執筆した。例えば，新聞記者であった横山源之助は，東京の貧民や職人，手工業や機械工場の労働者の状態を，労働者の側に立ちつつ詳細に調査・分析し，『日本の下層社会』として公刊した。

さらに，大正期から昭和初期になると，東京市や大阪市の社会局は，「細民」「不良住宅地」「要保護世帯」など，対象を多様にカテゴライズしながら，おびただしい数の調査を行った。ロンドンやシカゴにおける調査の影響も受けつつ，質問紙調査やインタビュー，観察などの方法を駆使した詳細なデータの収集には，新聞記者を経て東京市の職員であった草間八十男や，日本の都市社会学の基礎を作る磯村英一も携わっていた。

こうして多様な社会調査の手法が編み出されたが，同時に，都市の貧困層を捉える調査が「都市の均質化を図る権力」と呼応しやすいという問題があることも忘れるべきではないだろう。

（山口恵子）

図Ⅵ-1-1　C. ブースの貧困地図

出所：London Topographical Society, 1984, *Charles Booth's Descriptive Map of London Poverty*, Publication No.130, Reprinted 2006.

▷6　アンダーソン, N., 広田康生訳, 1999,『ホーボー』ハーベスト社。

▷7　ゾーボー, H. W., 吉原直樹他訳, 1997,『ゴールド・コーストとスラム』ハーベスト社。

▷8　**セグリゲーション**
凝離。エスニシティや社会経済などの属性に応じて地域が特化する現象，いわゆるすみ分け。

▷9　Ⅲ-1　Ⅵ-2 参照。

▷10　横山源之助, 1949,『日本の下層社会』岩波書店。

▷11　町村敬志・西澤晃彦, 2000,『都市の社会学』有斐閣。

参考文献
江口英一編, 1990,『日本社会調査の水脈』法律文化社。
倉沢進編, 1999,『都市空間の比較社会学』放送大学教育振興会。

VI 都市社会調査法

2 シカゴ学派のモノグラフと都市エスノグラフィ

1 シカゴ学派とモノグラフ

　シカゴ大学は，1892年にアメリカで最初の社会学部を設立した。当時のシカゴは，鉄鋼業や精肉産業を中心とした急速な産業化のなか，国内外からの移住者が集まる大都市であった。街には高層ビルディングが建ち並ぶ一方，犯罪や貧困が社会問題化していた。1920年代から30年代にシカゴ大学から輩出されたシカゴ学派最盛期の中心人物 R. E. パークは，このように変化するシカゴという都市を，「人間の性質と社会過程をもっとも都合よく有益に研究できる実験室」と位置づけた。そして，その「実験室」を舞台に，若き社会学者たちが調査研究を行い，膨大なモノグラフが生み出された。

2 モノグラフが描く都市的世界

　シカゴ学派のモノグラフの特徴は，個別の研究対象について，参与観察を中心としたフィールドワーク，インタビューなどによるオーラルデータの収集，統計資料に加えて手紙や日記などのインフォーマルなデータの活用など，多様な方法を組み合わせて鮮やかに描き出した点にある。その研究対象は，大都市において顕在化した異質性や多様性を反映し，一般的には「逸脱」していると見なされたものに集中している。例えば，移民を扱った W. I. トマスと F. ズナニエツキ『ヨーロッパとアメリカにおけるポーランド農民』(1918-20)，日雇い労働者や放浪者の生活を記述した N. アンダーソン『ホーボー』(1923)，非行少年の世界に迫った F. スラッシャー『ギャング』(1928)，歓楽街の実態を描く P. クレッシー『タクシー・ダンスホール』(1932)，富裕層と貧困層の対照的な都市生活を描いた H. W. ゾーボー『ゴールドコーストとスラム』(1929)などが挙げられる。これらの研究で，著者たちは，実際に研究対象が生きる世界に調査者として入り込み，そこで彼らの視線から見える社会の姿を描き出そうとした。

　シカゴ学派のモノグラフに通底する関心として，R. E. パークの「人間生態学」を図式化した E. W. バージェスによる同心円地帯理論が挙げられる（図VI-2-1）。このモデルは，貧困，犯罪，売春，非行，スラムなどの「逸脱」的な社会現象を，大都市中心部の周辺に広がる「推移地帯 (zone in transition)」に顕著な現象と考えた。このような理論的図式によって，個別の事例研究が広

▷1　パーク，R. E.，松本康訳，2011，「都市——都市環境における人間行動研究のための提案」松本康編『都市社会学セレクション1——近代アーバニズム』日本評論社，p.87。

▷2　シカゴ学派のモノグラフは，日本語に訳されているものも多い。そこに描かれた都市的世界をぜひ味わってほしい。例えば，比較的入手しやすいものとして，以下を挙げる。アンダーソン，N.，広田康生訳，1999，『ホーボー』(上・下) ハーベスト社；ゾーボー，H. W.，吉原直樹他訳，1997，『ゴールドコーストとスラム』ハーベスト社。

範な都市世界の変化のなかに位置づけられたのである。加えて，多くのモノグラフでは，その「逸脱」現象を，社会解体（social disorganization）の徴候と捉えた。社会解体は，都市化によって家族や共同体などの既存の組織や紐帯が弱体化する過程と考えられ，公的機関や自発的組織などの活動を通して，その再組織化をいかに制御するかという社会統制（social control）への関心へと結びついた。これは，当時のアメリカにおける社会改良のための実践的な知としての社会学への期待を反映したものであった。とはいえ，シカゴ学派のモノグラフの魅力は，そのような社会改良への志向を（無意識のうちに）裏切り，都市を生きる人々が結ぶ独特の紐帯やライフスタイルを生き生きと描いているところにあるといえよう。

3 都市エスノグラフィ

今日，シカゴ学派におけるモノグラフの伝統は，都市エスノグラフィという方法で多くの都市社会学者に受け継がれている。シカゴ学派と同様に，入手可能なあらゆるデータを活用する都市エスノグラフィの方法は，「恥知らずな折衷主義」（G サトルズ）などと呼ばれるが，W. F. ホワイト『ストリート・コーナー・ソサイエティ』（1943）を経て，H. J. ガンズ『都市の村人たち』（1962）やサトルズ『スラムの社会秩序』（1968）などへいたる「下からの社会学」は，都市の周縁に生きる人々の視線から，いかに都市社会の全体像を捉えるかという課題に果敢に挑戦し続けている。

一方で，20世紀後半以降になると，シカゴ学派のモノグラフが国家の権力や階級構造を軽視していると批判する新都市社会学や，エスノグラフィを記述する側（＝社会学者）と記述される側（＝研究対象者）の非対称的な権力関係を問題視するエスノグラフィ批判が登場した。その結果，都市エスノグラフィは，その理論的射程，認識論的な立場性，調査や研究の現場における権力の問題など，多岐にわたる問いにさらされた。しかし，都市エスノグラファーは，これらの批判を真摯に受け止めつつも，あくまで「下からの」視点から都市の現代的変容を記述し続けている。例えば，E. アンダーソンの『ストリート・ワイズ』（1990）が描くインナーシティのストリート世界や，R. C. スミスの『メキシコ人のニューヨーク』（2006）が描く移民の越境的世界からは，グローバル化に揺らぐ都市空間を生きる人々を見つめる都市社会学的な想像力の重要性を再確認できる。

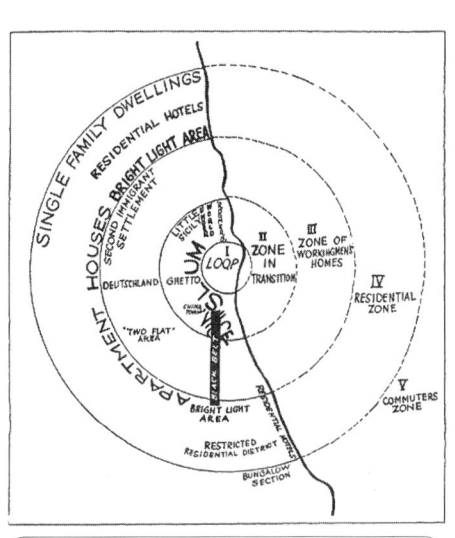

（南川文里）

図Ⅵ-2-1 バージェスによるシカゴの同心円地帯理論

注：シカゴ学派のモノグラフの多くは，図のⅡ「推移地帯（ZONE IN TRANSITION）」における調査研究から生まれた。

出所：バージェス，E.，松本康訳，2011，「都市の成長——研究プロジェクト序説」松本康編『都市社会学セレクション1——近代アーバニズム』日本評論社，p.31。

▶3 ホワイト，W. F.，奥田道大・有里典三訳，2000，『ストリート・コーナー・ソサイエティ』有斐閣，ガンズ，H. J.，松本康訳，2006，『都市の村人たち』ハーベスト社；Suttles, G. D., 1968, *The Social Order of the Slum: Ethnicity and Territory in Inner City*, University of Chicago Press.

▶4 アンダーソン，E.，奥田道大・奥田啓子訳，2003，『ストリート・ワイズ』ハーベスト社；Smith, R. C., 2006., *Mexican New York: Transnational Lives of New Immigrants*, University of California Press.

VI 都市社会調査法

3 都市とグラスルーツ

1 社会的活動における空間が果たす役割

「たまり場」には不思議と他にかえられない居心地のよさがある。そこで部活動やサークル活動のたまり場が欲しいと感じたことはないだろうか。実際に活動するのに，たまり場が必ずしも必要ではないにもかかわらず，である。

私たちが暮らす「都市」においても同じことが言える。人々が都市で生活し，社会的な活動を通じて喜びや楽しみを享受するためには，そのための空間が必要なのである。都市の空間は社会的活動のあり方に決定的な影響を与え，人々の生活や社会的活動を通じて使いこなされてゆき，生活に根ざした「生きられた空間」となる。そして生きられた空間がグラスルーツ（草の根）の市民によって生み出されることで，生きた都市が生まれるのではないか——M. カステルは『都市とグラスルーツ』（図VI-3-1）でそれを問うたのであった。

2 都市を創るのは誰か：『都市とグラスルーツ』より

カステルは『都市とグラスルーツ』において，①人間らしい生活環境（集合的消費）の要求，②コミュニティによるアイデンティティの防衛，③中央集権的な地域管理に対抗する都市自治の獲得，これらを求める住民の活動を都市社会運動と名付け，世界各地の都市社会運動の物語を描いていく。

パリ，グラスゴー，メキシコのベラクルス，アメリカ諸都市のインナーシティなど世界中の「都市」をめぐる歴史的事件を通じて都市社会運動の歴史を振り返る。例えばパリ・コミューンを社会主義革命ではなく投機目的の不動産事業への抵抗と集合的消費としての共同住宅を求める運動へと読み替え，短期間ながらもパリ市民による都市自治を実現した事件として分析するのである。

続けて上記①～③の特徴を持つ事例を取り上げている。なかでも②に注目したサンフランシスコのゲイ・コミュニティに関する事例研究を紹介しよう。

多民族都市・サンフランシスコの一角にあるカストロ・ストリートには，多くのゲイが集住していた。1970年代のことである。彼らはヴィクトリア朝風の中古住宅を美しく修復し，自分たちが買い物する商店や飲食店，バーなどをオープンさせていった。こうして他の都市でゲイを隠してきた人々は，サンフランシスコで自分たちの居場所をようやく獲得したのである。しかもこの居場所はゲイ・ライツ運動にも大きな質的転換をもたらす。このコミュニティを含

む選挙区から，カリスマ性を持つゲイの活動家ハーヴェイ・ミルクが市政執行官に選出されたのである。つまり居場所の形成は，ゲイの有権者の増大＝政治的力の獲得を意味していたのだ。そしてミルクによる政治活動は他のマイノリティの希望にもなったが，その結末はミルクの暗殺という悲劇的な形で打ち砕かれてしまう。▶1

この悲劇の物語で注目すべきは，コミュニティという空間の獲得によって，ゲイの政治運動が既存の政治制度に対立する運動から，選挙によって利害の代弁者を輩出する運動へと質的な転換を遂げた点だ。「居場所」が社会的行為の質を変えたのである。

都市社会運動をめぐる長い旅の最後に訪れるのは，スペイン・マドリッドの歴史保存運動である。フランコ独裁政権下のマドリッドでは，中心市街地の歴史的な集合住宅を取り壊し，新しい商業施設と住宅施設を建設する開発計画が進められていた。この計画に反対したのは，労働組合でも政党でもなく，その近隣住区に住む人々であった。マドリッド市民は都市を投機の対象にすることを拒否して，人間らしく生活するための都市空間を求めたのだ。そのために禁止されていた伝統的な祭りを復活させて没個性な商業空間から文化的アイデンティティを守ろうとし，中央集権的な開発政策に地域自治の理念を対置して対抗したのであった。この近隣住区の運動はフランコ政権を揺るがし，やがて政権打倒を実現する政治的基盤にまでなったという。

カステルは言う。「すべては民衆によって充実され，形づくられるものであり，民衆が都市の根源なのである」。「市民こそが都市を創るであろう」。▶2

3 マルクス主義からの脱却：新しい社会運動と都市社会運動

カステルはマルクス主義の新都市社会学の代表的な論客であった。だが，カステルの見た生きた都市とは，国家と資本による侵食に対して社会主義革命で対抗するのではなく，人々がそこに住み，生活するための居場所としての都市空間の創造を求める姿であった。そこでカステルは，都市社会運動は階級闘争や資本家による搾取への抵抗といった社会主義革命を志向するマルクス主義理論では理解できないと結論づける。▶3 この具体的現実に忠実なカステルの姿勢は学ぶべきであるし，私たちは直面する現実から何を読み解くのかが重要である。

A. トゥレーヌは，1970年代以降，欧米諸国で生じた環境運動や反原発運動，同性愛運動，フェミニズム運動を「より善き生き方」を求める運動という特徴から，「新しい社会運動」と呼んだ。カステルの著書も「新しい社会運動」と共鳴するところが多い。だが，マルクスが社会主義革命とみなしたパリ・コミューンを都市社会運動として読み替えていくなど，都市社会運動は歴史的に一貫して非マルクス主義的であったというカステルの主張は，構造的な新しさを主張したトゥレーヌよりもラディカルなのかもしれない。

（森久　聡）

図Ⅵ-3-1 『都市とグラスルーツ』

▶1 ハーヴェイ・ミルクの政治運動についてはドキュメンタリー映画『ハーヴェイ・ミルク』（R. エプスタイン・R. シュミーセン監督，1984年製作）が参考になる。併せて映画『フィラデルフィア』（J. デミ監督，1993年製作），『ミルク』（G. ヴァン・サント監督，2008年製作）と対比して観ると理解が深まるだろう。

▶2 カステル, M., 石川淳志監訳, 1997, 『都市とグラスルーツ』法政大学出版局, p.507, p.601。

▶3 もっともマルクスは経済活動の背後にある人間的な生活の側面から資本主義社会を批判したと考えれば，カステルも都市における人間的な生活を捉えた点で両者は同じ視点を持つのかもしれない。

参考文献

カステル, M., 石川淳志監訳, 1997, 『都市とグラスルーツ』法政大学出版局。

トゥレーヌ, A., 平田清明・清水耕一訳, 1982, 『ポスト社会主義』新泉社。

Ⅵ　都市社会調査法

4　パーソナルネットワーク調査

1　パーソナルネットワーク調査の革新性

　パーソナルネットワーク調査とは，シカゴ学派都市社会学の継承者である，C. S. フィッシャーによって導入された研究方法である。1990年代に日本の都市社会学に輸入され，優れた研究をいくつも生み出した。今後も，国際的にも日本でもエスニシティ研究や都市下層研究と並ぶ，都市社会学の中心的方法であり続けるだろう。ただし，それは最初から中心的な方法であったわけではない。むしろ革新的な方法として導入されたのである。

　マルクス主義経済学に基づく「新都市社会学」は，シカゴ学派都市社会学には都市社会構造への視点が欠けており，都市をひとつの集合的な性質や傾向として把握し損なっていると批判した。では，どうすればそうした性質を把握できるのか。経験的な研究としては，より都市的である／都市的でないことを具体的に計測する「温度計」のようなものが必要である。それがパーソナルネットワークの量である。都市内部における人間関係の集積に関する計量調査（ソシオメトリー）は過去にも存在したが，パーソナルネットワーク調査は，都市的であることの意味を解明するという目的において，まず革新的だったのである。

　日本の都市社会学においても，それは革新的だった。日本の都市社会構造論は，農村社会学の影響を強く受けたために集団および集団間関係に偏向しており，逆に個人に関心を寄せるときは，その孤立や大衆化に注目するばかりだった。個人どうしの関係の開かれたひろがりとして都市社会を捉えるパーソナルネットワーク調査は，伝統社会から出発して，近代化を一気に駆け抜けた後の日本の都市社会にこそ必要とされる方法だったのである。

　ただし，目的は革新的であっても，調査対象が従来の都市社会学と異なっていたわけではない。W. F. ホワイトの『ストリート・コーナー・ソサエティ』のソサエティとはまさに移民二世のパーソナルネットワークだったし，日本の伝統村落における講や組，結いといった関係も，同族構造を半ば補強し，半ば相対化するようなパーソナルネットワークだった。そうした，かつて質的な調査によって捉えられた関係を，計量し，比較可能なものに読み替えることも，パーソナルネットワーク調査が開いた可能性のひとつである。

　パーソナルネットワーク調査の具体的手続きは，定型化されたインタビュー

▷1　フィッシャー，C. S. 松本康他訳，2002，『友人のあいだで暮らす』未來社。

▷2　Ⅲ-3 参照。

▷3　ホワイト，W. F. 奥田道大他訳，2000，『ストリート・コーナー・ソサエティ』有斐閣；鳥越皓之，1980，『家と村の社会学』世界思想社。

か質問紙調査である。対象者が日常的に関係する人の数を，親しさの度合ごとに数え上げる。関係の頻度やネットワーク全体の構造も併せて調べるが，要点は親しさの度合ごとの関係者の数である。

2 日本におけるパーソナルネットワーク調査の展開

日本の都市社会学者のうち，いち早くパーソナルネットワーク調査を導入して成果を上げたのは大谷信介である。大谷の調査は地方都市の郊外地区で多く行われたために伝統的な集団文化の影響がより少なく，結果としてフィッシャーの原典を裏付けるような成果を上げた。これに対して，松本康は，近世城下町の伝統を持ちながら，世界大戦間期および戦後に経済成長が著しかった愛知県名古屋市を調査し，単一の都市を超える，近隣の都市を含めた都市圏あるいは都市間ネットワークのなかでのパーソナルネットワークの動態（時間的構造化）を解明した。「中距離友人数」というオリジナルな概念がその象徴である。さらに森岡清志はパーソナルネットワーク調査のより一般的な適用可能性と限界を追求した。ユニークなのは年賀状を用いた分析である。それは農村社会学の香典帳の研究からヒントを得たものだという。

その後パーソナルネットワーク調査は，都市社会学を超えて，他の社会学分野との連携や，本来の社会的ネットワーク理論の適用といった方向に発展してきている。その一方で，上述の記念碑的作品を超えるような，都市社会学のパーソナルネットワーク調査は現れていない。

3 都市社会の新しい構造化の方向を見出すために

今後もパーソナルネットワーク調査は，都市社会学における中心的な方法であり続けるだろうが，その際忘れてはならないことは，その目的の革新性である。それは，従来の方法では見えなくなった都市を見るための方法なのであり，場合によっては，そこに根付きつつある新しい関係のひろがりを見出すことを通して都市社会変動の契機を探ることもできるかもしれない。特に勃興するNPOや市民活動団体などの間にはりめぐらされた多様な関係を取り出すことは，家族と地域団体の希薄化しつつある現代都市の研究において戦略的な重要性を持つだろう。

また，都市コミュニティ論との連携も課題である。これまで都市コミュニティ論は，町内会など，さらに前から存在する都市社会構造を踏まえて論じられてきたが，今後は，パーソナルネットワークを通して生活に関する価値が共存されたところにコミュニティが立ち上げられる可能性を考える必要があるだろう。

（中筋直哉）

▷4 大谷信介, 1995,『現代都市住民のパーソナルネットワーク』ミネルヴァ書房。

▷5 松本康編, 1995,『増殖するネットワーク』勁草書房。

▷6 森岡清志編, 2001,『都市社会のパーソナルネットワーク』東京大学出版会。

▷7 野沢慎司, 2009,『ネットワーク論に何ができるか』勁草書房。

VI 都市社会調査法

5 20世紀前半日本の貧困研究と月島調査

1 貧困調査と家計調査

　明治期前半に新聞・雑誌に掲載された一連の「貧民窟」探訪記に続いて，明治期後半に横山源之助『日本の下層社会』が刊行された。そこに記録されたのは都市「細民」，例えば貧民窟に居住する貧窮民，職人，小作人，織物工場・紡績工場・マッチ工場・鉄工場の未熟練労働者などの生活状況で，生計費用についても言及されている。

　20世紀に入って，産業化・工業化が進展すると，都市部に工業人口が集中するようになった。1908年の東京市の有業人口71万2215人中，職工数は6万2319人で一割弱に及ぶ。職工家庭の家計調査に対する関心が高まり，1916年には東京帝国大学教授の高野岩三郎によって「東京に於ける二十職工家計調査」が企画・実施された。

2 月島調査の目的

　高野は重工業の中核を担う熟練労働者の労働・生活の実態を明らかにする都市生活調査の必要性を感じていた。内務省保健衛生調査会第七部会の委員を務めていたときに都市衛生調査の議案を提出し，同部会の承認を得た。調査の目的は，「多数の熟練職工の団聚する地域」で「住居状態，家計状態，小児の健康状態，既往に於ける生産・死産，死亡，疾病状態」を明らかにすることであった。

　本所区柳島横川町（現在の墨田区大平・横川）が当初の調査予定地だったが，熟練職工の数が少なかったため，石川島造船所など複数の大工場が操業し，熟練職工の家族が集住している月島に調査地が変更された。月島に調査事務所を構え，高野の統括・指導のもとに1918年11月から1920年秋にかけて実施されたのが「月島調査」である。高野が意図したのは，単なる保健衛生調査ではなく，包括的かつ経済的・社会的に都市労働者の実態を把握する調査だった。

3 月島調査の方法

　「月島調査」の調査方法は，大きくふたつに分けられる。ひとつは既存統計資料の分析である。これには，1913～1916年の東京市人口動態統計小票を用いて，月島の出産・死産，婚姻，離婚動態が分析された。

▷1　「府下貧民の真況」（『朝野新聞』1886年），小林梅四郎「大坂名護町貧民窟視察記」（『時事新報』1888年），桜田文吾「貧天地饑寒窟探検記」（『日本』1890年），松原岩五郎「最暗黒之東京」（『国民新聞』1892-93年）など。

▷2　横山源之助，1898，『日本の下層社会』教文館。

▷3　「東京市市勢調査職業別現在人口表」に依る。

▷4　高野岩三郎
1871年長崎県出身，1918年東京帝国大学法科大学教授，1919年東京帝国大学経済学部教授，1920年大原社会問題研究所所長。主著に『本邦に於ける社會経済組織の推移』（新潮社，1928年）。

もうひとつは，実地調査である。高野はその調査内容として，次の14項目をあげている。月島の社会地図作成のための実地調査，児童身体検査，労働者の身体検査，労働者家族栄養調査，長屋調査，衛生関係の職業の調査，小学校衛生調査，工場労働調査，労働者家計調査，小学校児童の家族関係・娯楽等の調査，飲食店調査，寄席の実地調査，露店調査および通行人調査，写真撮影である。

このように，工場労働者の労働実態や家族の生活実態を明らかにする実地調査のほか，統計処理，社会地図作成，写真撮影が行われ，当時としては多様で斬新な手法が試みられた。このような意味で，「月島調査」は，日本で最初の総合的かつ組織的な都市社会調査である。なお，実地調査を担当したのは，内務省嘱託として調査に参加した權田保之助，星野鐵男，山名義鶴である。

調査結果は，1921年5月に内務省衛生局から『東京市京橋区月島に於ける実地調査報告　第一輯』として刊行された。三分冊で，第一冊には報告本文，月島および付近地図1枚，月島の写真11枚が掲載されている。報告文の「第一編　総説」は高野，「第二編　月島と其の労働者生活」は權田，「第三編　月島に於ける労働者の衛生状態」は星野，「第四編　月島の労働事情」は山名が執筆した。第二冊は『附録一』で，統計表106種合計194表，統計49種50表が掲載されている。第三冊は『附録二』で，月島社会地図27図，写真90枚が掲載されている。

4　月島調査と労働者

「月島調査」のうち労働者家計調査は，有志に1年または半年間，毎日家計簿をつけてもらい（図Ⅵ-5-1），支出・収入の項目と金額のデータを集めたもので，40家族分の家計簿が集まった。これによると，40家族（世帯主は20〜40代の男性熟練労働者）の1ヶ月平均収入額は73円29銭8厘，平均支出額は72円26銭6厘である。

41歳の石川島造船所職工の場合，夫婦と男の子4人の6人家族で，1918年2月の夫の収入は51円81銭，妻の内職収入は10円で，合計62円弱の収入があった。家賃は5円で，残りはほとんど飲食費・生活必需品の購入に充てられている。主食の米のほか，豆類（煮豆），大豆加工食品（豆腐，油あげ，納豆），芋類（里芋，やつがしら，とろろいも）をよく食べている。動物性たんぱく質は，魚介類（カレイ，しゃけ，いわし，たら，めざし）や練り製品（ちくわ）で摂取し，肉を食べたのは1回だけである。森永キャラメル，大福などのお菓子類も購入し，味噌，塩，砂糖などの調味料は，つけて買っていた。このように月島調査のデータから，労働者世帯の詳細な生活状況がわかる。

（武田尚子）

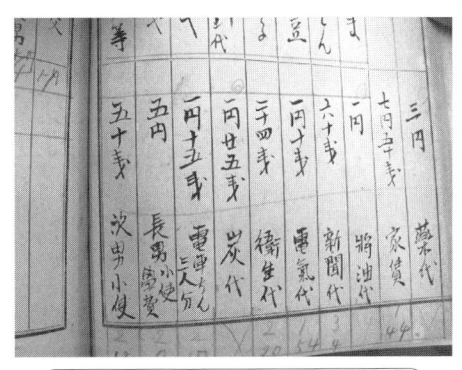

図Ⅵ-5-1　労働者家計調査の家計簿

▶5　関谷耕一編，1970，『生活古典叢書第6巻——月島調査』光生館，pp.47-57。

▶6　内務省衛生局『東京市京橋区月島に於ける実地調査報告第一輯』（『生活古典叢書第6巻——月島調査』光生館，1970年所収）。

▶7　20世紀前半，重工業の工場が集積する地域として発展した月島には，工場労働者，自営業者が流入し，住商工混在地域が形成されていった。月島は第二次世界大戦で，対岸の深川のような壊滅的被害を受けることはなく，昭和戦前期に形成されていた住商工混在地域は，戦後も存続していった。変化が生じたのは，1970年代である。1979年に月島の重工業の中心的存在だった石川島播磨重工業が転出し，「工」が抜けて，「住商」地域へと変化していった。1980年代に始まるウォーターフロント再開発，都心交通網の再編にともなって，都心からのアクセスが良くなった月島に「もんじゃ」店が集積し，「もんじゃの街」として知られるようになっていった。

Ⅵ　都市社会調査法

6　商家同族団の研究

▶1　中野 卓, 1981, 『商家同族団の研究（第二版）』未來社。

1　戦後日本社会学の最大級の作品

　中野卓の『商家同族団の研究』は，伝統都市の歴史展開に関する歴史社会学的研究であり，戦後日本の社会学において質量ともに最大の成果である。と，はじめに書いておかないと，都市社会学の教科書において取り上げる意義を理解してもらえないかもしれない。一般的には家族社会学の文献として扱われることが多かったし，伝統家族への関心が減衰するに連れて，そこでの価値さえも見失われつつあるかもしれない。しかし，この研究は不朽の価値を持つ日本の都市社会学の古典である。

2　自分の町の200年間を回顧する

　この研究が傑作といわれることが少ない理由は，研究対象が狭いからかもしれない。研究対象は，京都五条大和大路角に店を構えた彼の生家，大和屋忠八（大忠商店）であり，取り上げるふたつの地域，二条と五条大和大路のうち，二条は彼の母の出所である。長大な歴史記述の果てに，中野は彼の家と店が戦時下の建物疎開で壊された時，自分は中国の戦場にいて立ち会えなかったことを，万感の思いを込めて記している。皮相な見方をするなら，限られた事例，それが自分の関係者とあっては，とてもまともな研究とはいえないということになろう。しかしそうだろうか。自分の生まれ育った親密圏という，もっとも確かな原点から，確実に広げられるところまで丁寧に分析を広げたこの研究の視野は，決して狭くも，特殊でもないように思われる。

3　伝統都市における社会的ネットワークの展開過程

▶2　森岡清志編, 2000, 『都市社会のパーソナルネットワーク』東京大学出版会。日本の都市社会学のパーソナルネットワーク研究は，もちろんC.フィッシャーの影響が大きいが，その他に中野も含む，農村社会学の同族団，家連合研究の影響もあることを忘れてはならない。Ⅵ-4参照。

　この研究が都市社会学の古典として取り上げるのに値するのは，商家という構成要素に照準し，その継承（タテ）と他家との関係構築（ヨコ）の網の目として伝統都市の歴史的展開を描き出した点にある。都市の研究は非日常的なできごとの次元に照準するものが多い。それを戒めたのが鈴木栄太郎の「正常人口の正常生活」説だが，それも静態的な偏りを免れていない。中野の研究はいわば「正常人口の正常生活」がその正常性ゆえに変化し，消長することを描き出したのだ。より一般化していえば，集団間ネットワークの歴史社会学といえる。それは現代の社会的ネットワーク論にも応用可能である。

また二条と五条のふたつの商業街の対比も興味深い。二条はいわゆる問屋街で定着型の薬種商が集積し，暖簾分けによって店と商圏を周囲に広げていく。中野の母の実家はそのひとつだった。一方の五条は，大和大路の名の通り，街道から寄り来たるさまざまな業種の移動者たちの町である。中野の生家もそのひとつだった。中野の代にはすでに老舗であったろうが，それでも二条と五条とでは，異なる生活文化が営まれていたにちがいない。

4　はじめての「群衆と都市の社会学」

もう一点，この研究を都市社会学として孤高の存在にしているのは，第6章第8節「維新前夜の乱衆と家連合」である。これはおそらく日本社会学でははじめて具体的な群衆を近代化，特に民衆の生活次元の近代化と関連づけて分析した研究である。初出が1960年であることも興味深い。「群衆が社会を変える」と社会学者をはじめ多くの知識人が期待していた時代に，静かに，しかし勇気をもって「そうではない」とこの研究は述べていたのである。もっとも，群衆に内在する視点を持ち得なかったのは，中野の立場からすれば仕方のないこととはいえ，残念だった。群衆を乱衆と呼ばず，家連合の構造変動と順接的に関連づけて分析していれば，家連合によって構成された伝統都市が衰退したのは，近代国家や産業資本主義の力によってではなく，家と家連合の周辺に据え置かれ続けることを望まない，新しい人間類型が家社会のうちに生じたからであり，その具体的な現れのひとつが群衆だったことを示せたはずである。

5　定着する家の集積態から移動する個人の集積態へ

『商家同族団の研究』以後の中野の代表作は『口述の生活史』である。中野はそこで，家連合より押し出され，都市の下層社会や植民地の労働現場をさ迷う「或る女」に照準した。『商家同族団の研究』の「第二版へのあとがき」の文面からは，そうした研究の展開はごく自然なことのように見えるが，両者の間の視座の移動は明らかである。つまり，近世から初期近代にかけて伝統都市が集団的編成を衰耗させた結果，その外部に大量に押し出された「或る女」（や群衆）は，独立した移動者として都市社会を生きぬき，新しい家族と新しい集団を一代限りでかたちづくらねばならなかったのである。

そして，そうした200年をかけた古い集団的編成から新しい集団的編成への編成替えさえも極まった今日，私たちは，もう一度この研究に学び，移動する個人の集積態としてのこの150年の日本の都市の歴史をくっきりと描き切ることができるかもしれない。

（中筋直哉）

▷3　正確には三条新町のデータも取り上げられているが，他の町との計量的な比較に留まり，事例研究までにはいたっていない。

▷4　清水幾太郎，福武直，日高六郎らがそうした社会学者の典型である。ちなみに福武や日高は中野と年齢の近い研究室の先輩である。

▷5　かつて筆者は中野に，中野や彼の師匠である有賀喜左衛門の家研究には群衆の視点がないと面と向かって批判したことがある。中野は自信たっぷりの笑顔で「いや，ちゃんとやってありますよ」と答えてくれた。しかし，筆者はこの点がまさに問題であると今も考えている。

▷6　中野卓，1977，『口述の生活史』御茶の水書房。

Ⅵ　都市社会調査法

7　地域開発の構想と現実

1　再発見された古典

『地域開発の構想と現実』は，戦後日本社会学の牽引者だった福武直（1917-1990）が編集した，全3巻の大著である。しかし，筆者が大学生だった1980年代にはすでに，この研究は忘れられていたか，忘れられてはいなくとも棚上げにされていたように思われる。ところが21世紀になると，若い世代の研究者たちに再発見され，言及，研究されるようになってきた。そうした紆余曲折こそが同書の意義と限界を指し示す証拠のように思われる。

2　農村社会学から地域社会学へ

学説史としては，この研究は日本の農村社会学から地域社会学が独立していく分岐点にあるものといえる。この分岐は，福武が第二次世界大戦後の日本の農村社会学に与えた「方向」の延長線上にあった。すなわち大戦前の農村社会学が柳田國男の日本民俗学の影響をうけた，文化論的で静態的なものだったのに対して，福武は国家の政策が農村社会を変質させていく，マクロ社会変動の過程に注目した。福武農村社会学の到達点である編著『日本農村社会の構造分析』は，農地改革がイエやムラの抵抗を受けながらも，農民，農村，農業を近代化していく過程を明快に描き出した。こうした「方向」の延長線上に，地域開発という対象はごく自然に見出されたのだろう。

他方で，『日本農村社会の構造分析』は，その調査のプロデューサーである農政官僚の小倉武一が推進した当時の農村近代化政策の根拠のひとつとなり，いわゆる「基本法農政」（1961年〜）を生み出した。その政策理念通りに進めば，福武たちは近代化していく農村の研究をただ量産していたはずである。ところが，「基本法農政」は日本の農村を想定外の方向に導いていくことになる。それは農家が専業化・規模拡大するのではなく，兼業化・賃金労働者化していくという方向である。福武たちが村むらを訪ねても，村の男たちは皆工場に稼ぎに出ていて不在なのだ。福武たちは農村を変貌させる工業化と，その基盤を造成する地域開発の重要性を痛感したのである。国家の開発政策による地域社会の変動という地域社会学の問題関心はこうして定められた。

▷1　福武直編, 1965,『地域開発の構想と現実』（全3巻）東京大学出版会。

▷2　福武直編, 1954,『日本農村社会の構造分析』東京大学出版会。

▷3　蓮見音彦, 2008,『福武直』東信堂。

3　新産業都市の形成過程

『地域開発の構想と現実』が取り上げた地域は，富山県旧新湊市（現射水市，第一分冊），青森県八戸市（第二分冊），三重県四日市市，静岡県富士市（ともに第三分冊）の4つである。このうち，旧新湊市と八戸市は1962年の新産業都市建設促進法によって指定されて開発が進められた地域であり，富士市は1964年の工業整備特別地域整備推進法によって指定されて開発が進められた地域である。また四日市市と富士市は工場排水，排ガスによる公害発生地域としてその後よく知られるようになった地域である。

4　地方都市という研究課題

国家と地域社会の関係への注目という点では，この研究は鈴木栄太郎の「結節機関説」を活用すべきだったかもしれない。しかし，福武たちが依拠したのは，国家による社会統制機能に注目するマルクス主義の国家理論だった。このことは表と裏の両方の効果をもたらした。表の効果とは，地方都市を国家の社会への介入の拠点と見て，その実態を批判的に解明したことである。裏の効果とは，介入される地域社会ではなく，国家に最終的な批判の力点を置いたことである。介入された地域社会に内発的に生じる新しい社会形成の可能性を見出し，それに継続的に寄り添っていくような視点は見出せなかった。そうした視点は福武の後継者の住民運動研究によって見出されることになる。

5　地域開発の歴史社会学を超えて

この研究に再び注目が集まるようになったのは，21世紀になって工業化や高度成長への反省的なまなざしが生じてきたことにある。しかし，この研究を負の歴史の史料として，あるいは学問の原点として懐古的にのみ取り扱うのは，いささかもったいない。もっと新しい読み方，使い方ができるはずである。

新しい読み方のひとつは，開発されなかったことの意味を再考することである。福武の後継者たちによる『地方自治体と市民生活』が対象とした広島県福山市は，本書の対象と同じく開発によって変貌した地方都市であるが，同市内の鞆地区は，開発から取り残された結果，かえって脱工業化社会におけるまちづくりのフロンティアとなっているのである。

もうひとつは，開発された都市が開発された後どう発展しようとしているかを問うことである。例えば四日市市は2015年に公害の歴史に関する博物館を開館した（四日市公害と環境未来館）。四日市市は今も工業都市だが，中京大都市圏のベッドタウンとして，工業に従事しない人々の消費都市としても存在している。そうした現代都市の集合的アイデンティティとして，開発の記憶が動員されようとしているのかもしれない。

（中筋直哉）

▶4　Ⅲ-16　Ⅶ-14　参照。

▶5　松原治郎・似田貝香門編著，1974，『住民運動の論理』学陽書房。

▶6　町村敬志編，2006，『開発の時間　開発の空間』東京大学出版会。

▶7　蓮見音彦編，1983，『地方自治体と市民生活』東京大学出版会。

▶8　Ⅰ-6　参照。

VI 都市社会調査法

8 東京の社会地図

1 第一次プロジェクト

　カーナビに表示される地図が道路や建物の場所を示すように，地域の社会構成を示してくれる地図がある。社会地図と呼ばれる地図がそれである。高齢者の比率が高い地域はどこに広がっているか，製造業事業所比率が高い地域がどこに広がっているかなど，主題ごとに描かれた地図は主題図と呼ばれている。主題図は，各々の主題については明瞭に示してくれるものの，複数枚の主題図を見比べつつ，ある地域社会の社会構成を主観的に読み取ることは困難である。そこで開発されたのが，複数の主題図を総合的かつ客観的に捉え，地域ごとの社会構成を**クラスター**として描き出した地図，すなわち社会地図なのである。

　日本の都市社会学者による研究成果として初めて出版された社会地図が，『東京の社会地図』である。この本では，1970年と1975年時点のデータが用いられ，収集，整理されたデータは，国勢調査データ，事業所統計調査データ，投票率などであった。分析および**表章単位**としては標準地域メッシュ体系の4次メッシュが用いられ，分析の対象とした範囲は東京都23区であった。

　第一次プロジェクトの主な知見は，3点にまとめることができる。第一点は，官庁・オフィス街や伝統的卸商業地区などが都心近くに集中して中心業務地区（CBD）を構成しており，他方で23区周縁部には新興住宅地が偏在し，これらの間の広大な空間を広い意味での住宅地が埋めるというように，土地利用は同心円構造を持つことであった。第二点は，人口の年齢構成については，高齢者ほど都心地区に多く，若年層ほど周辺地区に多いというように，また世帯構成上は3世代世帯，老人のみ世帯などは都心に近く，核家族世帯は周辺地区に多いというように，同心円的に分布するということであった。このように年齢や世帯のような家族に関する指標は同心円構造を示すのに対して，社会階層別の居住分化については，23区の西南西側が高階層によって，東北東側が低階層によって占められるという一種のセクター型の分布を示した。これが第三の知見であった。

2 第二次プロジェクト

　第一次プロジェクトが残したこれらの知見は，東京23区がアメリカの大都市と異なる空間パターンの法則性を持っていることを示唆している。しかしなが

▷1　クラスター
クラスターとはグループや群などのまとまりを示す統計用語である。

▷2　表章単位
表章単位とは地図化のための単位を指す。

▷3　標準地域メッシュ体系の4次メッシュとは，基準地域メッシュである3次メッシュを縦・横2等分した約500m四方の区画である。

ら，それを検証する前に，これらの知見が23区を越えて広がる実質的な東京圏に対して認められるものであるのか否かが，まず検討されなければならない。そこで第二次プロジェクトは，対象範囲の拡大と時系列的な分析というふたつの課題に応える試みとしてスタートし，その研究成果は『新編　東京圏の社会地図　1975-90』（図VI-8-1）として出版された。

第二次プロジェクトでは，1975年のデータに加えて，1990年のデータを分析の対象とした。また，この「東京」の社会地図に包含されるべき範囲は，第一次プロジェクトから大きく拡大され，1都3県に茨城県南部を加えた南関東圏とされた。分析および表章単位については，南関東圏データについては市区町村を単位とし，23区については500mメッシュとすることとした。また，分析に用いた変数は，時系列的分析を行うために，可能な限り第一次プロジェクトと同様の変数を採用し，加えてその後の20年間に起きた社会変動による空間構造の変容の方向を把握するために，新しい変数も導入された。

第二次プロジェクトの主要な知見も，3点にまとめることができる。第一点は，第一次プロジェクトが1970年代の東京23区に見出した「一種のセクター型の分布」は，23区西南西側を起点として鎌倉地域まで連なる「ホワイトカラー専業主婦ベルト」と，東北東側を起点とし埼玉県と千葉県の県境に沿うようにして北上している「ブルーカラーベルト」の，それぞれの基部であったことを示した点にある。しかしながら，このようなセクター型の構造は1975年から90年までの間に不明瞭になりつつあり，90年では都心部を複合市街地が占め，それを取り囲むような形で郊外住宅地が広がり，その外側に広義の農村地域である非市街地が広がるという同心円構造へと変化していた。これが第二点目の知見である。そしてそのような構造変化をもたらした要因のひとつが，脱工業化に伴い，製造業事業所が，都心近くの皇居の東や南の地域から離れ，南関東圏の周縁部，すなわち茨城県南部や多摩地域に集積していったことにあった。これが第三点目の知見である。

3　その後の展開

コミュニティに暮らす人々の社会的世界は，都市全体の発展のリズムによって規定されつつ，その一方で，そこに暮らす人々はこれとは異なるリズムを刻みながら生活している。すなわち，「都市の時間」に誘われ特定の地域に移り住んできた人々が，家族や世帯を構成することを通して刻む「家族の時間」を基準に形成されていくのである。したがって近年，都市の社会的世界を十全に説明するためには，「都市の時間」で捉える社会地図を用いた研究と，「家族の時間」で捉えるコミュニティ・スタディの両方が必要不可欠であると指摘されるようになっている。

（浅川達人）

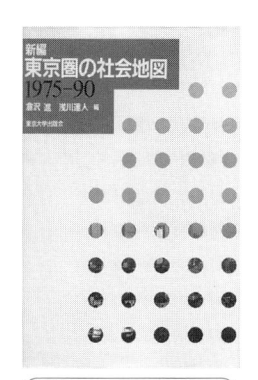

図VI-8-1　『新編　東京圏の社会地図　1975-90』

▶4　分析を行った1990年代後半においても500mメッシュで南関東圏をカバーするのは事実上不可能であったため，南関東圏データについては市区町村を単位とし，23区については500mメッシュとすることとした。

▶5　この点については，浅川達人・玉野和志，2010，『現代都市とコミュニティ』放送大学教育振興会；玉野和志・浅川達人編，2009，『東京大都市圏の空間形成とコミュニティ』古今書院を参照のこと。

参考文献

倉沢進編，1986，『東京の社会地図』東京大学出版会。

倉沢進・浅川達人編，2004，『新編　東京圏の社会地図　1975-90』東京大学出版会。

ワイス，M. J., 岡田芳郎監訳，1994，『アメリカライフスタイル全書』日本経済新聞社。

VII 都市社会学のパイオニアたち

1 ゲオルク・ジンメル

1 つかみづらい全体像

G. ジンメルは1858年,ベルリンに生まれ,1918年に亡くなったユダヤ人思想家である。チョコレート工場経営者の末っ子として富裕な家庭に生まれ,もともと文学者を志していたジンメルは,同時代人には哲学者とも社会学者ともみなされ,本人は美学者と呼ばれることを好んだ。

主著は,個人間の相互作用に注目し「**形式社会学**」の確立をめざした『社会学』,対象との隔たりから貨幣を解釈し,マルクス主義の相対化を試みた哲学的著作『貨幣の哲学』が挙げられよう。こうした大著に加え,「橋と扉」「把手」「額縁」「フィレンツェ」など美学的対象に関する哲学的なエッセイも多い。なかでも『貨幣の哲学』をもとに貨幣と大都市の近接性に着目して書かれた「大都市と精神生活」は,R.E.パークの都市の見かたや,L.ワースのアーバニズム論の形成に影響を与え,都市社会学の古典とされている。

このようにジンメルは現代社会学の祖のひとりあるいはシカゴ学派の源流とみなされているが,研究分野が多岐にわたり,その全体像のつかみづらい人物である。しかしこうしたジンメルの多方向性は従来強調されてきたほど,ジンメルの個人的資質に帰すべきものではなかろう。なぜならジンメルの学問の広がりは,新興出版資本を媒介に文学,アカデミズム,宗教,社会まで揺り動かすことになった「モデルネ」の運動の軌跡と,ほぼ一致しているからである。

2 モデルネ運動とジンメル

1880年代,ドイツでは産業化が急激に進展し,首都ベルリンでは貧富の差や都市問題が生じてきた。そうしたなか自然科学に裏打ちされた芸術の方法を追究するサークルが生まれ,劇作家G.ハウプトマンが自然主義的演劇「日の出前」で高評価を得ると,新興出版社フィッシャー社が,出版をはじめる。こうした文芸作品は新聞誌上の批評を通して広がり,ひとつの反近代の社会運動「モデルネ」として認識されるようになった。1892年,ジンメルは「ゲルハルト・ハウプトマン『職工たち』」を書き,賞賛している。

モデルネはその後,もうひとつの新興出版社ディーデリヒス社の組織力を介して,宗教界,法学界の革新派を巻き込んだネオ・ロマン主義の運動へと転回する。さらに1910年代,美術出版のアヴェナリウス社がワンダーフォーゲル運

▶1 形式社会学
G. ジンメルが,独自の方法と対象を備えた学としての社会学の確立に向けて提唱したもので,社会形成のためのたえざる相互作用で見られる一般的形式(支配,従属,模倣,分業など)を研究する学とした。

▶2 表現主義
20世紀初頭から第一次世界大戦にかけてのドイツで,自然の再現より内面の表出を目指した芸術運動で,絵画ではV.カンディンスキーやP.クレー,文学ではF.カフカ,音楽では新ウィーン派,建築ではブルーノ・タウトが代表として挙げられる。

動を母体とした中産階級の「自由ドイツ青年団」に資金援助し，「デューラー同盟」を組織すると，モデルネは全人間性の回復を掲げ，エロスで連帯し，すべてを変革しようとするラディカルな**表現主義**の運動へと変わった。そこで青年たちのバイブルとなったのは詩人S.ゲオルゲの象徴詩であるが，ジンメルはゲオルゲ論を3回書いている。

　幼少期からの音楽や文芸への傾倒，そのつどのモデルネの核心となった作品に対する認識論的関心，さらに不遇なアカデミックキャリアに比した出版界での高い評判と青年層への影響力も考え合わせると，ジンメルのつかみづらさは，この変転めまぐるしい反近代化の運動に伴走しながら，自らの立場を模索したゆえに生じたものだとわかる。

3　ジンメルのアクチュアリティ

　こうしたモデルネとの関係から，「大都市と精神生活」を見直してみよう。この講演録では，近代化とは**主知主義**の進行であるが，それはすべてのものを計算可能な量に還元する貨幣，そして個々の人間の個別性を度外視してつきあう大都市にこそ明瞭に現れるということが主張される。そのため，私たちが今日なお都市生活の中で体験する「無感動（Blasiertheit）」も他人に対する「控えめ（Reserviertheit）」も，この主張に沿って主知化の効果として解釈される。

　しかし表現主義への転換以降のモデルネ，**精神分析**から無意識の概念が入り込んだモデルネからすれば，こうした「無感動」の背後には内面へ沈潜の可能性が疑われようし，「控えめ」は他者への非合理で本能的な衝動へのオブラートかもしれないという見かたも成り立つ。こうした合理性の外見の下に非合理性をみる見かたは，「無感動」から自己貶下の感情への転換を指摘する箇所に見られるが，ジンメルはそれを深く追究しない。それはジンメルがハウプトマン論やゲオルゲ論で析出した単なる個人の運命でも主観的な感情でもない領域，合理性で割り切れない領域を，「社会化」という近代化と合致する合理的な概念でカバーしたことによる。

　モデルネが渦巻く当時のドイツにおける社会学とは，青年たちにとってはゲオルゲの詩と同様に新しく，アカデミズムにとっては社会主義同様にいかがわしいものだった。既存の枠組みで割り切れないできごとが頻発する今日においてジンメルを新たに読み直すのならば，M.ヴェーバーと並ぶ社会学の祖や都市社会学の父という見かたに加え，時代の地殻変動に積極的に関与しながら，自らの位置を探ったひとりの思想家という見かたをとることも必要であろう。

（秋元健太郎）

図Ⅶ-1-1　G.ジンメル

▶3　主知主義
人間の精神を知・情・意に分けて捉えていた時代において，感覚や意志よりも合理的な知性を上位に置いて重んじる立場。

▶4　精神分析
S.フロイトが20世紀初頭創始した方法で，人間には当人が意識できるものとは区別される心的過程があることを発見し，その心的過程を夢などを媒介に認識することで転移性神経症の治療や人間の精神構造の解明を試みた。

参考文献
ジンメル，G.，清水幾太郎訳，1979，『社会学の根本問題』岩波文庫。
ジンメル，G.，居安正一訳，1999，『貨幣の哲学』白水社。
ジンメル，G.，川村二郎編訳，1999，『ジンメル・エッセー集』平凡社。
上山安敏，1984，『神話と科学』岩波書店。

Ⅶ 都市社会学のパイオニアたち

2 ヴァルター・ベンヤミン

1 死後の名声

　W. ベンヤミンは1892年，ベルリンの富裕な美術商の息子として生まれ，1940年にナチスからの逃避行の最中，スペイン山中で自ら命を絶ったユダヤ人思想家である。存命中は周辺の友人や一部知識人を除き高い評価を受けることもなく，在野の一文芸評論家として知られるにとどまった。

　死後，著作集が刊行されると特に文学と美学において評価が高まり，1982年に晩年のプロジェクト『パサージュ論』が刊行されると，社会学を含む多分野からの関心が高まった。

　こうした死後の名声は，ベンヤミンにとって不幸なものである。しかしそれはベンヤミンが，ナチスが政権を取る時代のユダヤ人だったこと，文壇や学会の政治にまったく疎かったこと，あるいは単に運が悪かったことに起因するわけではない。それは，H. アレントが指摘した通り，ベンヤミン自身の持つ思想家としての資質が，死後の名声を必然のものにしたのである。ベンヤミンの悲劇は，同時代との原理的に埋まることのない距離から来ている。

2 時代へのまなざし

　ベンヤミンは，1910年代「自由ドイツ青年団」に参加し，その機関誌「出発」に匿名で原稿を執筆し，S. ゲオルゲの象徴詩，バッハオーフェン・ルネッサンスにも強い関心を示した。こうした同時代の青年たちと同様の知的関心に加え，友人 G. ショーレムをつうじてユダヤ神秘主義を学び，さらには A. ブレヒト，T. アドルノと M. ホルクハイマーとの交際からマルクス主義にも接近した。ベンヤミンの思想は同時代の空気のなかで育まれたものといえよう。

　しかしベンヤミンの思想の特質を，モデルネやシオニズム，マルクス主義といった思想の影響関係からのみ捉えることは難しい。なぜならベンヤミンが対象を認識しようとするとき，それを特定の理論的立場から行うことはなかったからである。ベンヤミンにとって認識とは，今，関心のある対象から，後世になって初めて読み取られるかもしれない歴史的意味を明るみに出すことである。言い換えれば，「原史（Urgeschichte）」と呼ばれる，歴史の経過から進歩という外観を取り去り，現在を危機の臨界点としてむき出しにする歴史の姿を明らかにすることである。

▶1　アレント，H., 阿部齊訳, 2005, 『暗い時代の人々』ちくま学芸文庫。

▶2　バッハオーフェン・ルネッサンス
1920年代ドイツ語圏で起こった，ローマ・キリスト教的な家父長制以前に母権制が存在すると主張した19世紀のスイスの学者 J. バッハオーフェンを評価するうごき。C. G. ユングの神話論やナチズムに影響を与えた。

こうした認識の方法にはいまだに名前がなく，それゆえそうした認識を試みる者にも適切な肩書きはない。あえていえば，それはS.フロイトが個人に対して行った，まだ意識されていない過去の経験の言語化を，集団の経験に対して行う集団の夢解釈である。ただしベンヤミンの夢解釈は，フロイトのように症状の解消を目指す代わりに，同時代人をむき出しの歴史のなかに目覚めさせようとするものだった。

3 パサージュ＝映画

ベンヤミンの歴史の叙述が集団の目覚めという意図で行われていたとすれば，『パサージュ論』が未完であり，断章形式であるからといって，今日，一般にそう扱われるほど，気軽に引用できるものではない。

例えばベンヤミンが，ボードレールに関する記述で登場させる「遊歩者（Flaneur）」をとりあげてみよう。19世紀のパサージュに現れた遊歩者は，同時代人には，「商品の殿堂」パサージュで散見される夢見心地の奇妙な人物でしかない。ベンヤミンがそうした人物に注目するのは，19世紀の眼にはもちろん，20世紀の眼にもまだ見えていなかった革命的な側面を見出したためである。それは，遊歩者が，西洋哲学の認識の基礎としてきた「同一性」とは異なる「類似性」にしたがって都市を知覚し，今，目の前にあるものを過去との重ね合わせで体験するという側面である。こうした側面は，ベンヤミンには，ボードレールの叙情詩『悪の華』のアレゴリーに潜む革命的なもの，資本主義の時代に原史をオーヴァーラップさせるための鍵に見えた。

『パサージュ論』の，「J ボードレール」あるいは「M 遊歩者」は，そうした原史に関わる側面を明らかにするための素材の束である。いいかえれば，ひとつひとつの断章は，原史についての映画を構成するため，19世紀の一見些末なできごとを撮った未編集のフィルムのようなものである。したがって，「パサージュ論」の断章の引用は，引用者自身もひとつの映画を構成しうるだけの構想をもつ場合に限り，可能である。

4 ベンヤミンのアクチュアリティ

『パサージュ論』をはじめとする著作は，ワイマール期から全体主義に移行する時代の刻印を帯びながら，そこをはるかに超え出る原史に読者の目を啓くことを目指している。私たちが自分の慣れ親しんでいる枠組みから離れようとするときに初めて，ベンヤミンのテキストは，遊歩者にとってのパリ同様，同時代が未知の相貌をあらわす触媒となるだろう。

（秋元健太郎）

図Ⅶ-2-1 W.ベンヤミン

▶3 『パサージュ論』
教授資格申請のために執筆された論文『ドイツ悲劇の根源』と並ぶ大著。ベンヤミンの自殺によって未完であるが，「概要」と残された断章群から，19世紀を素材にしたアクチュアルな歴史認識が提示される予定だったことが伺える。

参考文献

ベンヤミン，W.，今村仁司・三島憲一他訳，2003，『パサージュ論』岩波現代文庫。

ベンヤミン，W.，浅井健二郎訳，1999，『ドイツ悲劇の根源』（上・下）ちくま学芸文庫。

VII 都市社会学のパイオニアたち

3 ロバート・パーク

1 R. E. パークとはいかなる人物か

パークはアメリカの社会学者で、シカゴ大学で長く教鞭（1914-1933）をとり、シカゴ学派社会学の形成に指導的役割を担った人物で、特に都市内のさまざまな特性のある地区の研究に生態学的手法を導入し、人間生態学を提唱した。「シカゴ学派の父」「人間生態学の父」と称せられる。

2 パークの生涯と学問

パークは1864年2月14日にアメリカ合衆国ペンシルベニア州生まれ、1944年2月7日に没している。彼はミシガン大学で哲学者のJ. デューイのもとに学んだ後、新聞記者となった。「自伝的ノート」によると、万巻の書物に飽きたファウストのように「人々が織りなす世間というものを見たくなった」彼は、ニュースという知識の性質や機能について考察を深めるためハーバード大学に入学し、W. ジェームス、J. ロイスのもとで学んだ後さらにドイツに渡り、ベルリンでG. ジンメルに形式社会学の手ほどきを受けたと回顧している。ハイデルベルク大学の哲学者W. ヴィンデルバントのもとで博士論文「大衆と公衆（"Masse und Publikum"）」を書き上げ、1904年博士号を取得した。1904年から翌年にかけてハーバード大学に勤め、その後黒人教育家B. ワシントンと出会うと、そのもとで黒人教化事業に取り組んだ。

1914年、50歳の時にシカゴ大学に迎えられてから1933年に退くまでが、パークにとって学問的にもっとも充実した時期であった。当時のシカゴ大学社会学部は、A. W. スモールを中心に社会学者が集まり、後にシカゴ学派と呼ばれる潮流が形成されようとしていた。パークはW. I. トマスとともに理論と実証研究というシカゴ社会学の特徴を形作ることになる。パークが、E. W. バージェス、R. D. マッケンジーとともに著した『都市』（1925）という書籍、なかでもその冒頭におかれた「都市」（1925）という論文は都市研究の出発点とされるために彼は都市社会学者とみなされることが多いが、「パークは都市社会学者だったのか」と疑問を投げかけられるように、広範囲の研究を行った社会学者である。パークが主導した調査研究は、人種関係、移民、エスニック集団関係、社会運動、社会解体などを対象としている。パークの研究領域の多様さは、シカゴ学派が都市社会学に限定されたものでないことを示している。1925年には

▷1 パーク, R. E., 町村敬志他訳, 1986, 「自伝的ノート」『実験室としての都市』御茶の水書房。

▷2 J. D. ロックフェラーが莫大な資金提供をして1890年に設立された大学。設立当初から社会学部があった。社会学以外にもいくつかの分野でシカゴ大学を中心とする学派をシカゴ学派と呼ぶ。

▷3 パーク, R. E., 笹森秀雄訳, 1978, 「都市——都市環境における人間行動研究のための若干の提案」鈴木広編『都市化の社会学』（増補）誠信書房。同論文はパーク, R. E.・バージェス, E. W. 他, 大道安次郎・倉田和四生訳, 1972, 『都市』鹿島出版会にも訳出されている。

▷4 町村敬志, 1986, 「『原型』としての都市社会学——R. E. パークが残したもの」パーク, R. E., 『実験室としての都市』御茶の水書房。

176

アメリカ社会学会会長を務め，1936年から43年までテネシー州ナッシュビルにあるフィスク大学で教鞭をとり，同地で亡くなった。

多様な研究領域を反映してか，生前に単著は刊行されておらず，死後3冊の論文集にまとめられている。パークは自身の研究を，集合的行動，人種関係，人間生態学の3つにまとめられるとしている。人間性の探求を基調とし，それを作り出す社会を社会的相互作用と捉えていたパークは，無自覚的相互作用からつくられるものがコミュニティであり，意識的自覚的な相互作用からつくられるものがソサエティであるとする。人間が意識的につくり上げてきた都市は，そうした人間性の実験室として研究の具体化の場所となったのである。

図Ⅶ-3-1　R.E. パーク

3　パークの都市観と人間生態学

パークは都市を社会的実験室（social laboratory）と呼ぶ。つまり，人間性の実証研究のフィールドとして都市を選んだのである。パークの名を不朽のものとした先述の「都市」の中で，都市は人口の集合体，社会的施設の集合体，制度・行政機関の集合体をこえたものであり，心の状態であり，組織された態度や感情の集合体であるとしている。またパークは「人間生態学」の提唱者として知られるが，人間生態学とは都市の一部の現象を扱うものである。都市内の人口や制度にある力が働いて一定の秩序ができる。そうした人間世界に自然に出来上がる秩序を記述する科学を動物生態学や植物生態学から区別して人間生態学と呼んだのである。都市はそうして記述される生態的単位を内部に含み，場所および人口とともにある機構や行政機関のすべてと有機的に連関しているものとして考えられる。すなわち，都市は精神物理的機構であり，個人的・政治的利害によって共同体的表現が示されるものである。

パークは，無自覚的な自然の力によって出来上がる秩序を生態的単位と呼び，それを内部に含んで自覚的・意思的な人間活動の結果として出来上がる都市を研究することを考えていたのである。このような考えに基づき「都市」の中で，「都市計画と地方組織」「産業組織と道徳秩序」「第二次的関係と社会統制」「気質と都市環境」という4つの領域について研究のプログラムを示したのである。

4　パークの影響

パーク個人というよりもパークが主導したシカゴ学派の成果，すなわち社会調査と結びついた研究スタイルは特に戦後日本の社会学に大きな影響を与えた。しかしパークが志向した人間性に関する理論志向，研究を志したきっかけであるジャーナリズムからコミュニケーションの機能への関心は相対的に軽視された。またパークはエスニック集団関係の調査研究において急激な同化を求める動きの危険性をいち早く指摘していた。これは今日グローバル化が進む中で先進国において頻発する摩擦にも示唆を与えるものである。

（熊田俊郎）

▶5　秋元律郎，2002，『現代都市とエスニシティ』早稲田大学出版部，参照。

参考文献

パーク，R. E.・バーゼス，E. W.，大道安次郎・倉田和四生訳，1972，『都市』鹿島出版会（同書解説に大道によるパークのプロフィールが含まれる）。

パーク，R. E.，町村敬志・好井裕明編訳，1986，『実験室としての都市』御茶の水書房。

VII 都市社会学のパイオニアたち

④ ルイス・ワース

1 都市的生活様式

「都市社会学者の中心問題は、大量の異質的な諸個人の、相対的に永続的な・密度のある集落に典型的に現れる社会的行為および社会的組織の諸形態を発見することである。」[1] これは、都市社会学の父と呼ばれるアメリカの都市社会学者 L. ワース（1897-1952）の問題関心を端的に示した言葉である。ワースは、当該社会において人口量が相対的に多く、人口密度が相対的に高く、住民の異質性が相対的に高い集落を「都市」と定義し、農村社会で暮らす人々に見られる生活様式とは異なる都市的生活様式とはどのようなものかを、理念型（モデル）として提示した。

ドイツの社会学者である M. ヴェーバーは、都市とは「家々が連櫓して広大な居住地を形造っている集落であって……、住民相互間の人間的な知り合い関係が存在し得ないような、そのような大集落なのである」と定義している[2]。櫓は、「のき」「ひさし」と読み、連櫓とは「のきを連ねる」という意味である。ヴェーバーは、都市社会とは、大量の人口が集中して暮らしている社会であり、そこでは人々が他の人々と個人的に知り合う可能性は制限されざるを得ないことを指摘した。ワースもヴェーバーの指摘を引用しつつ、人口量が相対的に多いという生態学的特徴を、都市の定義に用いた。

大量の人口が一定の空間に集中して暮らすということは、人口密度が相対的に高くなることを意味する。人口密度が高くなるということは、そこで暮らす住民とその活動を多様化し、社会構造の複合を深める。このような複雑な社会が維持されるためには、É. デュルケームが指摘したように、分業と専門化が必要となる[3]。また、人口の集中は、住民同士の物理的接触の機会を増大させる一方で、G. ジンメルが指摘したように、精神的刺激が過度に強くなるため、他人に無関心にならざるを得なくなり、社会的接触はかえって疎遠となる[4]。これらの指摘を踏まえた上で、ワースは人口密度が相対的に高いという生態学的特徴によって、都市で暮らす人々の社会関係が**第一次的接触**[5]よりも**第二次的接触**[6]によって特徴づけられるようになることを指摘した。

一定の空間に大量の人口が集中して暮らす都市社会は、どのように誕生するのだろうか。ワースが研究した20世紀初頭のアメリカ社会においては、人口の再生産、すなわち自然増加によって都市が出現したわけではなかった。他の都

▷1 ワース, L., 高橋勇悦訳, 1978,「生活様式としてのアーバニズム」鈴木広編『都市化の社会学』（増補）誠信書房, p.134.

▷2 ヴェーバー, M., 倉沢進訳, 1975,「都市」『世界の名著ウェーバー』中央公論社。

▷3 デュルケーム, É., 田原音和訳, 1971,『現代社会学大系 2 社会分業論』青木書店。

▷4 ジンメル, G., 松本通晴訳, 1978,「大都市と心的生活」鈴木広編『都市化の社会学』（増補）誠信書房。

▷5 第一次的接触
第一次的接触とは、家族、仲間、近隣などの第一次集団において見られる親密な対面的関係を指す。

▷6 第二次的接触
第二次的接触とは、インパーソナルで、表層的であり、分節化された、一時的な対面的関係を指す。

市や地方や外国から大量の移住者が流入することによって、都市社会が生まれていたのである。したがって、都市社会で暮らす人々の異質性は高まることになり、非個性化（depersonalization）が生じ、流動的な大衆が生まれることになると、ワースは述べている。

2 理念型と現実の相違

ワースは、近代化に関するデュルケーム、ヴェーバー、ジンメルといったヨーロッパの社会学者の議論を継承しつつ、それがアメリカで進行している近代化と並行して起きた都市化を説明するために役立つと考えた。すなわち、ワースは、①人口量、密度、異質性が村落社会と比べて相対的に高いという生態学的特徴が、都市的生活様式をもたらすこと、②社会組織の形態という視点から見た都市的生活様式としては、分節化と分業がその特徴であること、そして③都市的パーソナリティと集合行動という視点からみた場合は、第二次的接触が優位になるという点がその特徴となることを指摘したのである。したがって、ワースは、都市-産業社会と村落-民俗社会をふたつの極として捉え、都市社会に典型的に現れる社会組織と社会的行為の諸形態を、都市的生活様式という理念型すなわちモデルとして提示したと捉えておく必要がある。

理念型ということは、当然、現実との間には相違が生じることになる。H. J. ガンズは、アメリカの都市研究を概観してみると、都市の外周部や郊外においてはワースが提示したような都市的生活様式はほとんどみられず、都市内部地域においても例外的にしかみられないことを指摘した。また、ワースが都市的生活様式を生み出す要因として想定した生態学的特徴よりも、経済的な条件、家族周期の段階、住民の流動性などの社会構成の違いこそが、人々の生活様式を規定する要因になっていると主張した。

3 日本の都市社会学に与えた影響

ワースの都市の定義と都市的生活様式の議論は、日本の都市社会学者にも大きな影響を与えた。倉沢進は都市の定義として、人口量、人口密度、非農業的産業への従事という3点を要件として挙げている。人口量と人口密度という2点を要件として含んでいる点はヴェーバー、ワースと同じであるものの、非農業的産業を要件に加えている点に特徴がある。その上で倉沢は、都市的生活様式を「専門処理システム」とし、村落の生活様式である「相互扶助システム」とは異なることを指摘した。ワースが社会的行為を個人の行動様式の特性として捉えていたのに対して、倉沢は集落レベルでのシステムとして捉え直したのである。このようにして、ワースが残した研究成果は日本の都市社会学者によって、いっそうの深化が図られてきたのである。

（浅川達人）

▷7 理念型
理念型とは ideal types の訳である。

▷8 Gans, H. J., 1962, Urbanism and Suburbanism as Ways of life; Re-evaluation of Definitions, A. M. Rose ed., *Human Behavior and Social Processes: An Interactionist Approach*, Boston.

▷9 倉沢進, 1968, 『日本の都市社会』福村出版。

Ⅶ 都市社会学のパイオニアたち

5 ル・コルビュジエ

1 建築界の巨匠ル・コルビュジエ

ル・コルビュジエ（1887-1965）は,「近代建築における5原則」などの建築理論と実践によって近代建築を牽引し, 後世に影響を与えた巨匠として名を残している。また, 建築だけではなく画家や執筆活動などの多彩な側面を持ち, 1923年に出版した『建築をめざして』には「住宅は, 住むための機械である」という有名な言葉を残した。それは古典主義様式が主流であった時代に, その後の工業化社会を見通し, 機能的合理性と無駄のない機械美学による新しい都市像を予見した言葉である。ル・コルビュジエは一貫して建築のあり方が都市を変える力につながると信じ, 産業革命以後に都市で起こる過密や混乱といった社会問題は, 自動車などの近代技術の正しい利用と, 建築家と各分野の専門家が相互に連携を持つことで, 根本的に解決できると考えていた。

2 システム発案と都市住宅

ル・コルビュジエは充足した社会に向けた活動の第一歩として, 高い生産性と実用性を考慮した都市住宅を計画するための「ドミノシステム」を発案する。このシステムは集合住宅の基本単位でもあり, 各住戸の独立性を保ちながら共用設備の充実を図った。さらに, モデュロールという数学的な美の理念とともに, 1952年に戦災復興事業の一環として設計したユニテ・ダビタシオンにおいて都市の集合住宅を体現してみせた（図Ⅶ-5-1）。内部には立体的に構成された住戸以外のほかに屋内道路を配し, 共用サービスの幼稚園や商店などを組み込み, 都市街区の単位をピロティで垂直に建ちあげたひとつの完結した都市型住戸を表現した。この作品において住居の存在意義, 技術, 社会環境, 都市計画を同時に体現して見せることによって, 共用サービスがない上に無駄な空間が多く, 通勤の手間も持つ郊外の田園都市を批判した。充実した社会への提案は, こうした一連の住宅設計からも行われた。

3 ル・コルビュジエの都市計画

具体的な都市計画は, 1922年の「300万人のための現代都市」計画によって開始する。彼の活動拠点であったフランスでは, 19世紀中頃から県知事ジョルジュ・オスマンの手によるパリ市街地の改造が進められ, 広く設けられた道路,

---

▷1 近代建築における5原則
ル・コルビュジエが提唱した理論で, 近代建築の特徴を, ①ピロティ, ②水平連続窓, ③屋上庭園, ④自由な平面, ⑤自由な立面, という5原則とした。パリ郊外に位置するサヴォワ邸が代表作。

▷2 ドミノシステム
この提案によって柱と床のみによって構造が支えられ, 壁を自由に配置できるようにした。

▷3 モデュロール
ル・コルビュジエが研究していた人体寸法と黄金比, フィボナッチ数列に基づいた設計における基準寸法の数列。

▷4 摩天楼による開発が盛んであったニューヨークを訪れた際, その超高層ビル群を眺めて「これでも低すぎる」と述べたことからも都市の高層化はル・コルビュジエが目指すところであった

高さ制限と統一された建物のデザインにより交通，衛生，治安の他，美観をも考慮された街並みが広がっていた。しかし，区画整理によって密集した集合住宅群や街並みは，それでも非衛生的で劣悪だと考えたル・コルビュジエは，より高い超高層ビルに社会の諸活動を密集させ，広く空いたスペースに緑地をもたらすことで問題が解決できると考えた。そしてパリを分析対象として見えてくる社会問題を，都市を考えるための与条件として捉え，交通渋滞を緩和すること，中心部の人口密度を高めること，交通手段を増やすこと，緑地帯を増やすことの4点を都市計画の前提とした。この前提に基づいた計画案は1925年にパリを計画対象地とした「ヴォワザン計画」（図Ⅶ-5-2）に引継がれ，その後の「輝く都市」構想へと展開していった。

図Ⅶ-5-1　ユニテ・ダビダシオン
出所：『建築文化　ル＝コルビュジエ百科』651：p.95。

図Ⅶ-5-2　ヴォワザン計画
出典：『建築文化　ル＝コルビュジエ百科』651：p.114。

4　輝く都市社会像

「輝く都市」構想ではガラス張りの超高層ビルが立ち並び，ビルの中には文化センターなど都市の核が組み込まれる。高層ビルの周囲には高い人口密度を可能とする巨大な集合住宅が規則的に配置され，十分に空いたスペースには公園が配備される。ビル群から離れた場所には工業用地が設定され，立ち並ぶ摩天楼が垂直に伸びる都市の街区を形成し，メガピロティによる車と人の分離によって，曲がりくねった道を徹底的に廃し，立体的かつ直線状に伸びる道路では血流のように滞りなく交通が行われる。この都市は労働，居住，交通，休息が保証された完全なる秩序を与えられた都市計画からなる社会構想でもあった。

5　コルビュジエの影響

1928年に結成されたCIAM（近代国際建築会議）は，ル・コルビュジエが建築界をリードする第一人者という地位を築く活動の拠点のひとつとして知られている。とりわけ1933年の第四回会議は，機能的都市をテーマにして行われ，後年「アテネ憲章」として発表された。この中ではル・コルビュジエが一貫して主張してきた〈居住，労働，休息，交通〉こそが都市の基本機能であり，それらは相互に分離され，空間と太陽，緑地を持つべきであるというものであった。この機能主義的な原則は当時は受け入れられなかったが，やがて都市計画の基本概念のひとつとなっていく。戦後日本のニュータウンの建設や，森ビルによる六本木ヒルズの大規模開発にも，高層化とその下部に設けられた緑地というル・コルビュジエの思想が今なお引継がれて見受けられるように，その影響は大きい。

（佐久間雄基）

▶5　戦後になると都市論ブームが訪れることとなり，例えば米国のジェイン・ジェイコブズらの論者によってル・コルビュジエの都市計画は度々批判されてきた

参考文献

ル・コルビュジエ，樋口清訳，1967，『ユルバニスム』鹿島出版会。
ル・コルビュジエ，板倉準造訳，1968，『輝く都市』鹿島出版会。
若林幹夫，2003，『未来都市は今』廣済堂出版。
ル・コルビュジエ，生田勉・樋口清訳，1957，『伽藍が白かったとき』岩波書店。

VII 都市社会学のパイオニアたち

6 ルイス・マンフォード

1 L. マンフォードとはいかなる人物か

　L. マンフォードは歴史，文明批評の観点から都市を総合的に捉えた都市思想家であり歴史家，都市社会学者，また都市計画の理想を追求した実践家でもある。ここではマンフォードを都市社会学の先駆者のひとりとして取り上げるわけであるが，ここでいう都市社会学とは，細かな調査データを積み上げて検証していくような都市社会学とは異なり，歴史，特に技術史をもとに人間の思考，行動，生活を中心とした膨大な知識を以って歴史上の都市を再構成し，現状の都市の意味を考えるようなものとしての都市社会学である。

2 マンフォードの生涯

　1895年10月19日ニューヨークに生まれ，1990年1月26日に没したマンフォードは，イギリス人の父とドイツ系移民の娘である母の間に生まれたが，父は事業に失敗して国外に逃れたために，ニューヨークに残った母親が家政婦の仕事をしながらマンフォードを育てた。両親が正式な結婚をせずに生まれたが，父の名マンフォードを引き継いでいる。技術関係のハイスクールを卒業後，ニューヨーク・シティ・カレッジの夜間部に入学。働きながら学業を続け昼間部に転部するが，肺結核にかかって療養生活を余儀なくされ，結局大学を卒業することはなかった。その学識は独学により達成されたものである。また後年スタンフォード大学，マサチューセッツ工科大学，ペンシルベニア大学で教鞭をとったことはあるが，基本的に大学人ではない。

　大学在学中から新聞社で記者の手伝いやリライトの仕事をし，その後イギリスの社会学会機関誌を含む雑誌の編集に携わりながら文筆業の修行を続ける。また，イギリスで都市学（Civics）を提唱し都市計画法を推進したパトリック・ゲデス（1854-1932）の影響を大きく受け一時傾倒していたこともある。著作は，『ユートピアの系譜』（1922），『技術と文明』（1934），『都市の文化』（1938），『歴史における都市』（1961，邦題『歴史の都市・明日の都市』），『ハイウェイと都市』（1963，邦題『都市と人間』），『機械の神話』（1967）など多数にのぼる。

▷1　都市社会学はアメリカ流の表現である urban sociology とすることが多いが，イギリスの P. ゲデスの流れをくむものは Civics という表現を使う。

3 マンフォードの都市論

　マンフォードは巨大都市の過密，非人間性の解決に生涯関心を持っていた。

大都市は，エオポリス（原都市）-ポリス-メトロポリス-メガロポリス（巨大都市）-ティラノポリス（専制都市）-ネクロポリス（死者の都市）という順番で興亡すると考え，大都市がバランスを失って衰退から滅亡へと向かう可能性を指摘し，それを回避する希望を模索したのである。マンフォードはよき都市をつくるためにふたつの原理を考えていた。それが〈近隣住区〉と〈田園都市〉である。近隣住区とは，日常家庭生活で必要な施設が歩いて行ける距離にあり，小学校区程度の規模を持つ，住民の結びつきのあるコミュニティを都市の基本単位としたものである。彼は，ニューヨークのサニーサイド・ガーデンズの建設計画に近隣住区の理念を導入した。この考えはその後のニュータウン建設で都市計画家にたびたび取り上げられている。もうひとつの田園都市は，イギリスのE. ハワードの考えをもとにしている。「都市と農村の結婚」を旨とし，職住一体型の自己完結的都市を多数建設して過密に苦しむ大都市問題を解決することがその目的であった。したがって単なる郊外住宅地はこの理念から大きく乖離する。マンフォードは人口増を背景に経済優先で形成される大都市に批判的であり，近隣住区や田園都市にみられるような人間スケールの単位の積み上げによって大都市問題を解決することを考えていたのである。

歴史家としてのマンフォードはそれまで暗黒時代とみられていた中世都市を高く評価したことでも知られる。絶対王政を背景とするバロック都市は馬が疾駆するスピードでよくみえる都市であり，それゆえ画一的な建物からなる。他方，中世都市は徒歩のスピードの都市であるとして，人間のスピードを大事にするゆえに評価する。

マンフォードの技術史観はユニークである。例えば修道院の定時礼拝のためにつくられた時計が人々の生活に影響する様を描いているように，技術史家としてのマンフォードは人間の生活の制約を軽減するものとして技術の進歩に肯定的である。こうした技術の進歩によって，交通手段や通信手段の発達が人々の行動範囲を広げ，人間的接触を超える人々のつながりを生む。このことを「見えない都市」と呼んだ。今日のインターネットやケータイによる人のつながりについて，マンフォードならどのように考えたであろうか。

4 マンフォードの影響

『都市の文化』はヨーロッパでよく読まれたという。イギリスでは都市計画家教育のための必読書とされ，ポーランド，オランダ，ギリシアではレジスタンス運動家の間で，第二次世界大戦後の都市再建のための教科書として使われたという。スウェーデンでも都市計画のプランナーに大きな影響を与えた。また『都市と人間』は戦後の都市や建築についての奥深いガイドブックとなっている。

（熊田俊郎）

図Ⅶ-6-1　L. マンフォード

▷2　歴史上の都市ベネチアは近隣単位の集合体であるとして，高く評価した。

▷3　原爆の完成と使用によってマンフォードの考えは変わった。原爆投下以後，技術の危険性にも言及するようになる。

参考文献

木原武一，1984，『ルイス・マンフォード』鹿島出版会。

マンフォード, L., 生田勉・横山正訳，2006，『都市と人間』新思索社。

マンフォード, L., 生田勉訳，1974，『都市の文化』鹿島出版会。

マンフォード, L., 生田勉訳，1969，『歴史の都市　明日の都市』新潮社。

Ⅶ 都市社会学のパイオニアたち

7 ジェイン・ジェイコブズ

1 アメリカ大都市の死と生

　J. ジェイコブズは，アメリカ，ペンシルバニア州の地方都市で1917年に生まれ，高校を卒業後ジャーナリストとなった。ニューヨークに居を移し，建築家のロバートと出会って結婚，建築や都市への関心を強めていった。1950年代にはアメリカ都市でおこっていることを現場で知り，進行中の都市開発への憤りを募らせ，反対運動の急先鋒となった。1962年にはマンハッタン南部の都市高速道路の建設計画を中止に追い込むなど活動のリーダーだった。ほぼ同時期に，彼女は『アメリカ大都市の死と生』(1961) を著す。彼女はこの本で，現実の都市の街路を生活者の目線で偏見なしに観察し，自動車優先の都市開発と都市の均質化が都市を死に追いやっていると主張し，近代主義的都市計画を正面から批判してのけた。

　1960年代初めといえば，レヴィ＝ストロースの『野生の思考』など近代思想に対する批判的見解がさまざまな分野で出始めた時期であった。道路拡充により渋滞を解消し，機能別のゾーニングに則って計画的に都市を整備することで良好な環境が実現できるという考え方が主流だった当時，ジェイコブズの『アメリカ大都市の死と生』は建築・都市の分野における近代批判のパイオニアとなった。そして今日まで，世界中の都市でクリアランス型再開発に対する反対運動のよりどころとなっている。ジェイコブズはトロントに移りカナダ人となった後も闘う都市学者を貫き，2006年89歳の生涯を終えた。

2 多様性と創造都市

　ジェイコブズは，都市の死と生の分かれ道は「多様性」にかかっているという。多様性が失われれば都市は衰退し，多様性を取り戻せば都市は再生する。そして，彼女は，多様性を生み出すために必要な4つの条件として，①地区や通りに複数の機能があること，②街区が小さめであること，③建物の古さや用途のまちまちなものが混在していること，④十分な密度で人が暮らしていること，をあげている。

　この4条件は，当時の都市開発・再開発のマニュアルと正反対のものであった。近代都市計画では，機能ごとに地区をつくることをよしとしたため，都市郊外には均質な住宅地が出現した。移動の高速化に伴ってスーパーブロック

（街区の大型化）が提唱され，過密を解消して，理想の都市像を実現すべく古い建物を撤去するクリアランス型の再開発が当たり前だった。

ジェイコブズの指摘は当時のアメリカ都市の諸問題に鮮やかに切り込んだものではあったが，近代都市計画の理念全体を劇的に覆すにはいたらなかった。やがて，先進国が脱工業化を迎えると，工業の次の経済基盤として創造的産業が注目され，20世紀末から創造都市論ブームがおこる。一定程度の密度で多様なものが集積していることが創造の源泉であるというジェイコブズの先見的な考え方が多くの支持を集めた。都市計画分野でもニューアーバニズムなど，都市の魅力を多機能でコンパクトであることに求める風潮が強まった。

このように，『アメリカ大都市の死と生』は，一躍，都市論のバイブル的存在となった。その結果，職・住・遊がコンパクトにそろった賑わいのある魅力的な界隈は確かに創出されたが，それはゾーニングのひとつとしてであり，それは恵まれた人々だけが享受できるゾーンに押し込められてしまっている。

そもそもジェイコブズの多様性4条件は，必要条件であって十分条件ではない。彼女は，近代主義的方法論そのものを批判し，「プロセス」を大切にし「個別事象から一般へ」の思考習慣を奨励した。都市の科学的調査分析の結果を平均して，理想的な都市を実現する普遍的な十分条件を明らかにし，それを具体的な都市に適用していくという近代の枠組み自体を攻撃したのに，ジェイコブズを信奉する都市デザインの当事者たちの多くは，近代システムの中でジェイコブズ的都市を実現しようとしたため両者には乖離が生じているといえよう。

3 都市経済学と都市生態学

『アメリカ大都市の死と生』を執筆後，ジェイコブズの関心は経済学に移っていく。街路を行く人から都市論を展開したように，都市に暮らす具体的な人から想像を膨らませて，『都市の原理』（1969）では「農業の都市起源説」など独自の都市経済学を構築したが，学術的な評価にはばらつきがあった。

ジェイコブズは，1992年『アメリカ大都市の死と生』新装版への序で，自らが探求してきた道が「人間のつくった都市の生態学」であったことに気づいたと述べている。

近年，生命科学の分野では，部分から単純なルールを繰り返して自己組織化を展開し秩序ある全体を形成するメカニズムの解明が急速に進んできている。他方，地球の歴史の観点から，人間のつくった生態系が自然生態系を凌駕する新たな地質時代である「人類世」に入っているとする見解がでてきている。ジェイコブズの，都市生態系と自然生態系が一体化した思想がトータルで評価される環境の時代に突入したといえようか。

（岡部明子）

参考文献

ジェイコブズ，J.，中江利忠・加賀谷洋一訳，1971，『都市の原理』鹿島出版会。

ジェイコブズ，J.，中村達也・谷口文子訳，1986，『都市の経済学』TBSブリタニカ。

ジェイコブズ，J.，黒川紀章訳，1977，『アメリカ大都市の死と生』（第I，II部）鹿島出版会。

ジェイコブズ，J.，山形浩生訳，2010，『アメリカ大都市の死と生』（1992年新装版全訳）鹿島出版会。

ジェイコブズ，J.，香西泰・植木直子訳，2001，『経済の本質』日本経済新聞社。

Ⅶ 都市社会学のパイオニアたち

8 アンリ・ルフェーヴル

1 出発点としての日常生活批判

　フランスのマルクス主義哲学者・社会学者である H. ルフェーヴル (1901-1991) は、1940年代から晩年まで日常生活批判を一連の書物としてまとめながら、1960〜70年代にかけては数多くの都市論・空間論を展開した。日常生活批判では、当時の農村における日常生活の（時間を含む）多様性が次第に、国家の官僚制、価値を数量に置き換える経済のシステム、近代の直線的な時計時間などによって支配・搾取される様子を「日常生活の植民地化」として批判した。日常生活批判で示されたこうした問題認識は、農村と都市の対立を越えた都市固有の問題として、その後の都市論・空間論へと引き継がれていった。

2 都市と政治

　日本においてルフェーヴルが注目を集めた時期は、大きくふたつに分かれる。前期は、1960〜70年代の『都市への権利』『都市革命』『空間と政治』などが翻訳された時期。後期は、『空間の生産』が翻訳された2000年を境とする1990〜2000年代である。前期では翻訳者の多くが、フランス文学者やマルクス主義者だった。都市社会学の学説史的文脈というよりは、1968年のパリの五月革命時にルフェーヴルがフランスで愛読されたのと同様、日本でも安保闘争、学生運動、新宿西口広場のフォークゲリラなどのように、社会の軋轢や諸矛盾が現れる政治的な場として都市が照準化されるにあたり、ルフェーヴルの都市論が思想的拠り所のひとつとして注目を浴びたのである。

　1960年代は、都市の中枢における資本や情報の集中・蓄積が加速する一方で、郊外化や労働者・外国人などの特定地区への隔離が顕著になっていった。国家による都市計画や民間資本による都市開発によって空間の商品化や交換価値への還元が進むとともに、都市において意思決定の中心と消費の中心が結びつくことによる権力の集権化によって、人々は都市の中枢性から「疎外」されるようになった。そのような時代を背景に、ルフェーヴルは、使用価値に属する集合的作品としての都市を獲得する権利や、都市の中枢性から排除されないことへの権利を「都市への権利」として強調した。いわば、K. マルクスの資本論における商品および疎外の概念を、都市論へと拡張して展開したのである。

　その際、ルフェーヴルは、第一に、都市を時代別、規模別に類型化される物

▷1　ルフェーヴル, H., 田中仁彦訳, 1968,『日常生活批判序説』現代思潮社；ルフェーヴル, H., 奥山秀美・松原政典訳, 1969・1970,『日常生活批判』（Ⅰ・Ⅱ）現代思潮社。

▷2　ルフェーヴル, H., 森本和夫訳, [1969]2011,『都市への権利』ちくま学芸文庫。

▷3　ルフェーヴル, H., 今井成美訳, 1974,『都市革命』晶文社。

▷4　ルフェーヴル, H., 森本和夫訳, 1975,『空間と政治』晶文社。

▷5　ルフェーヴル, H., 斎藤日出治訳, 2000,『空間の生産』青木書店。

▷6　Ⅱ-1 参照。

▷7　ハーヴェイ, D., 竹内啓一・松本正美訳, 1980,『都市と社会的不平等』日本ブリタニカ。

▷8　ソジャ, E. W., 加藤政洋訳, 2005,『第三空間』青土社。

質形態学的対象としての「都市」と，社会生活の出会いや集合の形式である社会形態学的対象としての「都市的なるもの」との二重性から捉えた。第二には，都市を言語や物語にも準えられるような記号論的存在である集合的作品として，第三には，都市を遠い秩序（権力や制度など）と近い秩序（個人や集団間の関係など）を媒介する場として位置づけた。

3 空間と社会

このような，都市を空間的諸形態のみならず社会的諸過程からも捉えようとする視座は，社会-空間の弁証法的関係として，1980年代のシカゴ学派の都市社会学から新都市社会学への都市社会学の刷新に影響を与えた。さらに隣接領域であるポストモダン地理学では，D. ハーヴェイが「社会学的想像力」と「地理学的想像力」を架橋し，E. W. ソジャが「空間性の三元弁証法」を展開するなど，80年代後半〜90年代の英語圏における「**空間論的転回**」と呼ばれる動向とも連なっていった。

『空間の生産』の中で，ルフェーヴルは，マルクスやF. エンゲルスによる「生産」の概念を，物の製造や労働だけではなく，身体性や欲望，時間と空間の「領有」と結びついた精神，歴史，表象などの産出を含めた広い意味で用いた。空間を生産する主体は，狭義の物理的形態としての空間を生み出す政治家，官僚，都市計画家などに限らない。そこで生活をし，そこに住む人々も空間を生み出す創造的主体なのだ。空間は中立で透明な容器ではなく，権力や政治の手段であり，歴史の記憶が刻み込まれた媒体である。そこで，ルフェーヴルは空間の生産をめぐって，さまざまな利害関係者がせめぎ合う都市のダイナミズムを，「空間の表象」「表象の空間」「空間的実践」という3つの契機の絡み合いとして記述した。同書は「わかりやすい」読解を拒む書物であるが，図式的に説明すれば，「空間の表象」とは，哲学，数学，都市計画学など頭の中で「思考される空間」であり，権力や規範と結びついた抽象的空間である。「表象の空間」とは，身体・五感を通して経験される「生きられる空間」であり，無意識とも結びついた具体的空間である。そして，両者の結びつきを知覚，認識するのが「空間的実践」である。「表象の空間」は，生きられる経験を抽象化，数量化する「空間の表象」を組み替える潜在的可能性を内包した契機である。そのため，「空間の表象」「表象の空間」「空間的実践」という三重性は閉じられたものではなく，矛盾や衝突と同時に，未来の可能的なるものへ開かれたものとしてある。こうしたルフェーヴルの都市論・空間論は，近年では，スケードボーダーによる都市の経験を分析したI. ボーデンに代表される都市のサブカルチャー研究や建築家アトリエ・ワンによる都市のリサーチと建築設計の枠組みとして読み直されるなど，理論と実践の垣根を越えて多様な受容と展開がなされている。

（南後由和）

図Ⅶ-8-1 『都市への権利』

▷9 空間論的転回
グローバル化による地理的境界と空間の自明性の揺らぎを背景に，空間をめぐる政治を問い，都市を社会的かつ空間的諸関係の双方から両義的に捉えていこうとする社会学，地理学，人類学，メディア論などの横断的動向。

▷10 ボーデン，I.，斎藤雅子訳，2006，『スケートボーディング，空間，都市』新曜社。

▷11 アトリエ・ワン，2006，『アトリエ・ワン・ポスト・バブル・シティ』INAX出版。アトリエ・ワンは，空間を生産する主体を人間のみならず自然要素（雨，風，光，熱など）にも拡張し，人間，自然要素，建物の振舞いの有機的な関係を建築の設計に取り込む「ビヘイビオロジー（振舞い学）」を提唱している。

参考文献

南後由和，2006，「アンリ・ルフェーヴル——空間論とその前後」加藤政洋・大城直樹編『都市空間の地理学』ミネルヴァ書房，pp.190-209。

Ⅶ 都市社会学のパイオニアたち

9 デヴィッド・ハーヴェイ

1 地理学から社会理論へ：ハーヴェイの空間概念

　D. ハーヴェイ（1935-）という地理学者にとってもっとも重要なキーワードは空間である。彼はマルクスの資本論やルフェーヴルの空間論を理論的な基礎にして、空間を単に容器として考えるのではなく、社会的な過程を内在したものとみなす。人間の社会的な行為には空間が何らかの形で関係したり、規定づけたりする一方で、空間自体がそこで行われる社会過程を制度化したり決定する傾向を持つ。彼は空間と社会の両者を相互媒介的にみようとし、そのための概念化を行おうとした。ハーヴェイは1960年代の地理学で主流であった計量地理学を批判し、新しい地理学の方法論を基礎づけた。その議論は地理学を越えて他の社会科学にも影響を与え、「新都市社会学」の形成に貢献した。

2 建造環境の創出

　ハーヴェイは建造環境という概念に注目して都市を資本蓄積、すなわち資本主義システムの再生産過程と関係づける。建造環境とは「広範な、人工的に創出され、自然景観に合体された使用価値からなる資源体系として機能するものであり、生産・交換および消費に利用することができる」もので、具体的には、道路や鉄道、港湾などのインフラ、工場やオフィス、住宅などを指す。
　ハーヴェイは建造環境の創出を資本の3つの循環過程のうちの第二次循環に位置づける。第一次循環とは資本主義的生産における価値増殖過程で、労働時間の延長、生産諸力の延長や増大などによって剰余価値の増殖を図り、生産・再生産を継続していく循環である。この過程で商品の過剰生産や利潤率の低下、過剰資本、労働の過剰といった過剰蓄積という問題が起こる。建造環境の創出はこの過剰蓄積を一時的に解決するものであり、ハーヴェイはそれを空間的回避／固定化と呼ぶ。戦後アメリカの大規模な郊外化は空間的回避の一環として、都市開発という建造環境の創出が進められた結果と説明できる。
　都市開発では、大規模な投資が行われるため開発ディベロッパーや国家機関、金融機関による階級同盟が結ばれる。また、都市開発は地理的に不均等に行われるため、空間が支配的な中心と従属的な周辺に分割され、社会的な不平等という都市問題を引き起こす。それに対して都市住民運動が展開し、階級闘争は生産の場から生活の場へと移ったとハーヴェイはいう。

▷1　Ⅶ-8 参照。

▷2　ハーヴェイ, D., 竹内啓一・松本正美訳, 1980, 『都市と社会的不平等』日本ブリタニカ。

▷3　ハーヴェイ, D., 松石勝彦・水岡不二雄他訳, 1990, 『空間編成の経済理論』（下）大明堂, p.352。

▷4　第三次循環は科学技術への投資や教育・健康への投資を指す。

▷5　野澤秀樹, 1999, 「後期資本主義の都市——ルフェーヴルとハーヴェイ」成田孝三編『大都市圏研究』大明堂, pp.16-45。

▷6　ハーヴェイ, D., 水岡不二雄訳, 1991, 『都市の資本論』青木書店。

▷7　ハーヴェイ, D., 水岡不二雄訳, 1991, 『都市の資本論』青木書店。

▷8　フォーディズム
大量生産・大量消費を支えた仕組み。労働者の雇用と賃金を保証することで、国家が労働者の購買能力を調整し、高水準の消費を保ち、社会福祉を重視するシステム。

③ 「時間-空間の圧縮」とフレキシブルな蓄積への転換

　1973年のオイルショックは世界中に景気の悪化をもたらし，先進資本主義諸国における**フォーディズム**が崩れ始めた。1980年代に入ると交通や通信手段の改良が進み，人・モノ・カネの移動に要する時間が短縮され，空間と時間の性質は根本的に変化した。これをハーヴェイは「時間-空間の圧縮」と呼ぶ。資本はより多くの利潤を求めて既存の空間を新しい生産部門・供給様式・市場に適したものへと再編し，都市統治システムは住民サービスや施設および便益を地元に供給する都市管理者主義から都市を資本蓄積の場とみなす都市企業家主義へ移行した。ハーヴェイはこうした再編をフォーディズムからフレキシブルな蓄積への転換とする。これは人々の消費性向をふたつの面で変化させる。一方は市場が流行に左右されることで消費のペースが加速化したこと，他方は商品の消費からサービスの消費へと消費対象が移行したことである。

　加えて，ハーヴェイは「時間-空間の圧縮」によって場所の意味が変化したとする。移動の際の空間的障壁が重要でなくなるにつれ，資本が場所の多様性に対してより敏感になる。そこで都市統治システムは他の都市との国際的な都市間競争に勝ち抜くために，多国籍企業のビジネスに適した情報通信や交通のインフラを整備したり，グローバル・エリートにとって魅力的な商業・娯楽施設を用意することで，場所の差異を作りだす。こうした場所の生産をめぐり，地域社会，都市，リージョン，国家の各スケールの間で空間的な競争が行われるようになり，都市統治システムは企業家的役割を引き受けるのである。

④ ネオリベラリズム批判と都市への権利

　2000年代に入って，「時間-空間の圧縮」が加速する中で，ハーヴェイの分析対象は都市からリージョン，国家といった他のスケールにまで広がり，**ネオリベラリズム**の国家やグローバル資本主義を批判的に検討している。ネオリベラリズムの国家は資本蓄積の条件を最適にすることを目的に，雇用や福祉を後回しにして，ビジネスに適した環境を作りだし，共有財産の民営化を進めている。ハーヴェイはこれを略奪による蓄積と呼び，民営化，環境破壊，債務財政危機などさまざまな現象を通して行われると批判する。

　これに対しハーヴェイはネオリベラルな国家体制やグローバル資本主義に対抗するために，都市への権利を主張する。それは「われわれの都市とわれわれ自身を作りあげたり，作り替えたりする自由」という人権のひとつであり，ハーヴェイはその権利を強化するための幅広い社会運動の枠組みの必要性を説く。都市への権利とは，都市統治システムが少数の政治的・経済的エリートだけに握られるのではなく，略奪による蓄積によって収奪された者たちが都市統治のコントロールを奪還することを意味している。

（中野佑一）

図Ⅶ-9-1　D. ハーヴェイ

▷9　ハーヴェイ, D., 吉原直樹訳, 1999, 『ポストモダニティの条件』青木書店.

▷10　ハーヴェイ, D., 廣松悟訳, 1997, 「都市管理者主義から都市企業家主義へ――後期資本主義における都市統治の変容」『空間・社会・地理思想』2: pp.36-53.

▷11　ハーヴェイ, D., 吉原直樹訳, 1999, 『ポストモダニティの条件』青木書店.

▷12　ハーヴェイ, D., 廣松悟訳, 1997, 「都市管理者主義から都市企業家主義へ――後期資本主義における都市統治の変容」『空間・社会・地理思想』2: pp.36-53.

▷13　ネオリベラリズム
企業活動の自由とその能力とが無制約に発揮されることで人類の富と福利がもっとも増大すると主張する政治経済的実践の理論.

▷14　ハーヴェイ, D., 渡辺治監訳, 2007, 『新自由主義』作品社.

▷15　ハーヴェイ, D., 本橋哲也訳, 2007, 『ネオリベラリズムとは何か』青土社.

▷16　ハーヴェイ, D., 本橋哲也訳, 2005, 『ニュー・インペリアリズム』青土社.

▷17　ハーヴェイ, D., 平田周訳, 2010, 「都市への権利」VOL collective 編『VOL 04』以文社, pp.60-80.

Ⅶ　都市社会学のパイオニアたち

10　サスキア・サッセン

1　越境移動から世界を読む

　S. サッセンは（1949–），人の越境移動を切り口として現代世界を読み解くという途方もない作業に取り組んできた社会学者である。なぜ人は国境を越えるのか。従来の移民研究であれば，まず挙げられるのは経済的理由だろう。しかし，移住先社会の経済が停滞している時ですら移住する人々がいるのはなぜか。また，貧しい国でも移民流出が起きる国と起きない国があるのはなぜか。こうした問いに対し，アルゼンチン・イタリア・アメリカ・フランスで経済学・社会学・哲学を修め，現在はアメリカを拠点とするサッセンは，大都市の変容を明らかにすることでこたえてきた。

2　グローバル・シティ論と移民

　サッセンが注目するのは，自身が「グローバル・シティ」と名付けた経済活動の戦略上の中心——ニューヨーク・ロンドン・東京——である。歴史も文化も異なる三都市の共通点として，第一に，製造業の大幅な減少と，多国籍企業の本社機能や金融，そしてこれらにサービスを提供するコンサルティング・法律・会計・広告などの専門特化したサービスの集中が挙げられる。グローバル・シティではこうした分野で働く人々——つまり高所得者層——の嗜好や消費文化が空間に反映され，高層ビル・高級住宅地・瀟洒な商業施設の建設や再開発といった具体的な形として現れている。

　第二の特徴として資本の集中が挙げられる。生産拠点のグローバル化のなかで，輸出産品の生産を行う途上国への海外直接投資が増え，1970年代には年間伸び率が工業国を対象としたものを上回った。ところが1980年代に入ると，工業国への直接投資が大きく伸びる。海外直接投資に積極的だったアメリカの場合，先進国の対外直接投資のうちアメリカへの投資は，1970年代初頭には9％未満だったのが，1984年までには推定60％まで増えた。その最大の受け取り手は銀行などの金融サービスである。

　第三に，グローバル・シティに高所得者層が増えることで，低所得者層と移民が増えたことが挙げられる。すなわち，高所得者層の生活を下支えするために移民はおもに，建設，食堂，家庭内家事労働，スウェットショップやインフォーマル経済へと吸収されていった。こうした労働集約的な仕事は，デジタ

▷1　現在では，この三都市に加えて，パリ・フランクフルト・アムステルダム・香港・サンパウロ・ボンベイなど約40都市を「グローバル・シティ」とサッセンは認定している（サッセン，S., 伊豫谷登士翁監修，2011,『領土・権威・諸権利』明石書店，p.343; Sassen, Saskia, 2000, "Spatialities and Temporalities of the Global: Elements for a Theorization," *Public Culture*, 12(1): p.225.

▷2　安い労働力や有利な条件などを求めて製造業の生産拠点が三都市から途上国へ移転したことが背景にある。

▷3　ただし三都市のなかでも東京は，対外直接投資での役割は増したものの，その主要受入都市になることはなかった点で，他の2都市と異なる（サッセン，S., 伊豫谷登士翁監訳，2008,『グローバル・シティ』筑摩書房，pp.47-49）。

▷4　サッセン，S., 森田桐郎他訳，1992,『労働と資本の国際移動』岩波書店，p.149, pp.237-239, pp.244-251.

ル化されたネットワークを通して巨額の取引が行われるグローバル経済と無関係な後進部門だと思われがちだ。しかし，高所得者層の消費・生活パタン――高級住宅・商業施設など――に合わせて労働集約型の労働が必要とされたのだ。つまり，具体的場を必要とする労働が，グローバル経済から生み出されている。

第四に，移民がグローバル・シティに引き寄せられるのは，よりよい賃金のみが理由ではない。低賃金労働を担う移民の出身国は，先進国から海外直接投資が投入されている輸出産品の生産拠点を擁する途上国であることが多い。そのため，輸出加工区・経済特区などの生産拠点や，植民地時代の主従関係を通じて構築されたグローバル・シティが位置する先進国との軍事的・政治的・文化的なつながりが，移住先の決定に大きな影響を及ぼす。

最後に，大都市が国民経済を牽引する場からグローバル経済を牽引するグローバル・シティへと変質し，越境移動が惹起されるに至るなかで，新しい労働力，すなわち女性が「発見」されたことである。先進国からの海外直接投資が投入された輸出加工区で働く労働者に若年層の女性が占める割合が高いことはよく知られている。彼女たちは潜在的移民となり，契約終了や解雇などをきっかけとして，先進国へ越境移動する傾向にある。

③ 新しい社会地理

以上のように，グローバルな世界システムの中で越境移動が引き起こされるとサッセンは指摘する。またグローバル・シティは，互いに競争するというよりは各金融センターで役割が分担された，グローバルに広がるネットワークとして考察されている。こうした分析を通じて，生産拠点の分散と管理・統治機能・生産者サービスの集中について，越境移動と移民の女性化という，従来関連が不可視にされてきたものを結びつけ，可視化したところにサッセンのおおきな功績がある。

グローバル・シティに集中する企業の生み出す富は，もはや必ずしも国家の経済的繁栄に寄与しない。国境線を超えたグローバル・シティのネットワークは，国民国家を基準とした従来の地図とは異なる新しい地図を出現させている。移民は，この新しい地図のなかで発生した。かといって，サッセンは移民を受動的な存在としてのみ考えているわけではない。ほかでもない移民自身による新しい地図も作られているという。国家のような政治権力を持たず，多国籍企業のように経済的権力を持たない移民は，人権という，国籍に依存しない普遍的な諸権利を盾に差別や排除とたたかうことができる。グローバリゼーションがさらに進むなか，ふたつの地図はどのように影響しあい，そこからどのような新しい地図が形成されるのだろうか？

（大井由紀）

図VII-10-1　the globalcity

▶5　途上国で海外直接投資がもっとも注がれ続けているのは製造業である。サッセン, S., 伊豫谷登士翁監訳, 2008, 『グローバル・シティ』筑摩書房, pp.49, pp.44-52。

▶6　サッセン, S., 田淵太一・原田太津男・尹春志訳, 2004, 『グローバル空間の政治経済学』岩波書店, 第4章, 第5章。

▶7　サッセン, S., 伊豫谷登士翁監訳, 2008, 『グローバル・シティ』筑摩書房, pp.402-403。

▶8　伊豫谷登士翁　町村敬志・吉見俊哉, 2003, 「サスキア・サッセンをどう読むか」『現代思想』31(6)：pp.40-57。

▶9　サッセン, S., 伊豫谷登士翁訳, 1992, 『グローバリゼーションの時代』平凡社。

VII 都市社会学のパイオニアたち

11 今和次郎

1 国産の社会学

　東京美術学校（現・東京芸術大学）で図案――いまでいうグラフィック・デザイン――を学んだ今和次郎は，社会学の専門的な教育を受けていない。早稲田大学で長らく教授をつとめたが，その所属は一貫して建築学科であった。しかし，彼の学問は社会学の内実をそなえている。しかもそれは，近代日本社会の自己認識として姿を現した「国産の社会学」であった。[1]

　著作集『今和次郎集』（全9巻，ドメス出版，1971-72年）の各巻に「考現学」「民家論」「民家採集」「住居論」「生活学」「家政論」「服装史」「服装研究」「造形論」というタイトルが付けられているように，テーマは住と衣を中心としながら日常生活のさまざまな領域に及んでおり，しかも，彼自身の関心や周囲からの要請にあわせて重点が移り変わっていることから，その全貌をつかむのは難しい。ここでは「考現学」に焦点を絞って紹介しよう。

2 考現学の誕生

　「考現学（モデルノロヂオ）」は，今和次郎らによる造語である。[2]考古学は過去の社会の姿を道具や遺構を通じて解明するのに対し，考現学は私たちをとりまく現在という風景を考古学者と同じ態度で捉えようとする。

　彼とそのグループは，1925年頃から「採集」（彼らは「調査」よりもこの言葉を好んだ）に着手した。1927年に東京・新宿の紀伊國屋書店で開催された「しらべもの〔考現学〕展覧会」でマスメディアに注目され，『モデルノロヂオ〔考現学〕』[3]と『考現学採集（モデルノロヂオ）』[4]という浩瀚な書物を生み出したのち，活動は終息する。このことは，考現学が短期間のうちに一定の水準に到達したことと，その後，十分に発展させられなかったことを示している。[5]

　柳田國男（民俗学者）や石黒忠篤（農政官僚）に観察と描画の才を見込まれた今和次郎は，農村の民家の研究者として出発した。初期の成果は『日本の民家』[6]に結実している。ただし彼は，民家を観察するときにも，「人間がそのいる場所に，無意識のうちに築いている，いろいろな跡」に着目していた（それを彼は「建築外の建築」と呼んだ）。[7]そこにはすでに，モノの形態と配置を人間の活動の痕跡として記述し，意識されにくい日常生活の構造を明らかにするという考現学の視点があらわれている。

▷1　武長脩行，1982，「今和次郎――風俗の探検者」生活研究同人会編『近代日本の生活研究』光生館，p.237。

▷2　その命名があまりに卓抜であったため，名称だけが一人歩きした感もある。「考現学」という語そのものはまだ生きているものの，ほとんどの場合，今和次郎が目指したものとはかけ離れた意味で使われている。

▷3　今和次郎・吉田謙吉，[1930]1986，『モデルノロヂオ〔考現学〕』学陽書房。

▷4　今和次郎・吉田謙吉，[1931]1986，『考現学採集（モデルノロヂオ）』学陽書房。

▷5　考現学そのものが，モダン文化の目新しい流行として消費された。今和次郎自身，それをはっきりとは拒絶しなかった。

▷6　今和次郎，[1922]1989，『日本の民家』岩波文庫。

▷7　今和次郎，[1927]1972，「土間の研究図」『今和次郎集9――造形論』ドメス出版，p.268。

1923年の関東大震災を機に，今のフィールドは都市へと広がる。「焼野原となった東京の被災地を，今和次郎は**吉田謙吉**をつれ，スケッチブックを片手に歩きまわった」。被災者は一瞬にして，慣れ親しんだ住まいを失った。それは，モノと身体の関わりにおいて成立する生活慣習が崩壊する体験でもあった。しかし人々は，余塵もさめやらぬうちから，粗末な材料で小屋（バラック）を作りはじめる。今と吉田は，喪失からの回復に向けて立ち上がる身体の造形力を記録にとどめようとした。

3 考現学の方法

考現学には，いま自分が身を置く時間と場所，そしてそこで生じる出来事を，社会変容の一断面として理解する歴史意識がある。それは，現在を未来から眺める視点である。これと密接に結びつくのが，対象をできるだけ厳密に把握しようする方法意識である。自分もその一部として含まれる「いま・ここ」を，いかにして対象化しうるのか。経験的調査を通じてこの問いに答えようとしたという意味で，今和次郎はすぐれて社会学者である。

佐藤健二は，考現学の採集・分析の工夫を「分類統計法」「鳥の目／虫の目法」「重ねスケッチ法」「記譜法」「徹底書き上げ法」「破損解読法」「生態分布法」「生態尾行法」「所有全品調査法」の9つに大別している。例えば，「分類統計法」による3つの採集，「東京銀座街風俗記録」「本所深川貧民窟付近風俗採集」「郊外風俗雑景」（いずれも1925年）は，都市の表面に現れた風俗，すなわち街頭を歩く人々の服装，携行品，髪型，歩き方などを分類し，出現数や割合を調べたものである。その結果，銀座では女性の洋装が予想外に少なく，郊外では児童の洋装化が進んでいた。そして本所深川では，銀座や郊外とは全く異なった「風俗圏」が形成されていることが確認された。

考現学の採集の特徴は，自らの「目」を通じて認識されたものだけを記録しているところにある。対象者に言葉で問いを投げかけて反応を引き出すというデータ収集法を見慣れた私たちにとって，それは，いかにも断片的で頼りないものに見える。しかし，視覚による採集は，「故意な人為的な暗示を与え」ず，「生活したままの舞台」を記録するために，積極的に選ばれた方法であった。

このような対象との距離の取り方を可能にしたのは，都市という関係の質である。目的のない街頭の遊歩，衣服という記号，プライベートな生活空間，膨大な商品の集積，これら都市の風景はいずれも考現学の観察対象であると同時に，前提条件でもある。考現学は，都市の経験を養分として育ちながら，それに反省の視線を向けた。その試行錯誤の記録は，1920年代の都市文化を追体験するための資料としてのみならず，私たちが馴染んでいる社会調査が，いかに限られたタイプのデータしか扱ってこなかったのかを自覚し，もうひとつの社会学を構想するための触媒として読まれるべきだろう。

（祐成保志）

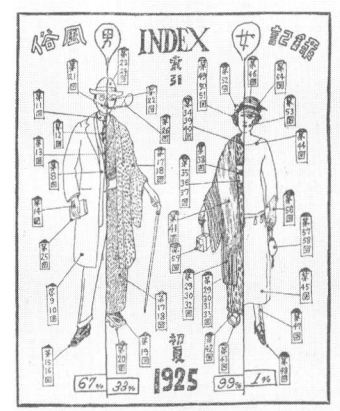

図Ⅶ-11-1　統計図表索引
出所：今和次郎・吉田謙吉, 1930,『モデルノロヂオ〔考現学〕』春陽堂, p.3。

▷8　吉田謙吉
1922年に東京美術学校図案科を卒業。今和次郎とともに考現学活動の中心となる。その後，舞台美術家として活躍した。

▷9　川添登, [1987] 2004,『今和次郎』ちくま学芸文庫, p.10。

▷10　佐藤健二, 1994,『風景の生産・風景の解放』講談社選書メチエ, pp.104-105。

▷11　今和次郎・吉田謙吉, [1931] 1986,『考現学採集（モデルノロヂオ）』学陽書房, p.31。

VII 都市社会学のパイオニアたち

12 奥井復太郎

1 奥井復太郎とはいかなる人物か

奥井は日本における都市社会学の創始者であり，日本都市学会を設立し，初代会長を務めた人物である。また慶應義塾塾長，国民生活研究所（現・独立行政法人国民生活センター）や地域開発研究所の初代所長なども歴任した。

日本で大都市問題を科学的に取り扱う必要性についての共通認識が生まれ，今日の都市社会学につながる研究が始まるのは1920〜30年代である。奥井はその1920年頃から都市研究に本格的に取り組み，ひとつの集大成として『現代大都市論』(1940) を上梓する。だが，戦後日本の社会学はアメリカ社会学の圧倒的影響のもと，都市社会学においてはシカゴ学派に始まる研究の系譜が大きな位置を占め，戦前の奥井の業績は孤高の存在として言及されるにとどまるようになった。奥井の議論は，都市の本質を空間的交通網における結節機能にあるとし，実態調査を踏まえて都市の動態を描いたところに特徴がある。

2 奥井復太郎の生涯と学問

奥井は1897（明治30）年11月21日東京市下谷区（現・台東区）に生まれ，1965（昭和40）年1月16日に没した。生家は，日本橋の商家奥井家の分家である。奥井本家は当時本郷区（現・文京区）駒込追分町にあって広大な地所を有し，また奥井館という下宿屋を営んでいた。奥井が生まれて間もなく一家は本家を支えるために本郷に移る。少年期を山の手である本郷で過ごしたとはいえ，下町の商家の文化の中で育ったといえる。慶應義塾に入学し，経済史学者で後に文部大臣も務めた高橋誠一郎のゼミナールに属した頃から学問に目覚め，大学卒業とともに助手となる。

奥井と都市研究のかかわりは，慶應義塾大学経済学部で都市問題，人口問題，社会事業などの社会学的な講座の強化を図る動きがあり，その要請から社会改良と都市経済の研究を命ぜられたことに始まる。1924（大正13）年にはドイツに留学し，ベルリン大学で研究生活を送る。1928（昭和3）年に帰国すると留学の成果であるドイツ都市に関する研究を次々と発表する。奥井の初期の都市関係の著作は，法制史・経済史を踏まえた都市成立史・都市発達史が多い。

奥井がシカゴ学派の都市研究書を手にするのはドイツから帰国した頃と考えられる。シカゴ学派都市研究の検討を進め，シカゴ学派から社会調査を学んだ

▷1 日本の都市社会学の先達とされるのは，鈴木栄太郎，奥井復太郎，磯村英一の三人である。奥井はこのなかで最初に都市研究に本格的に取り組んだ。

▷2 奥井が当初担当した講座は経済学部の都市経済論であった。後に都市問題，戦後になって大学院で都市経営論と都市社会学を担当する。

上で東京を舞台とした大規模な都市調査を行い，それが先述の『現代大都市論』に結実したのである。奥井は，シカゴ学派都市社会学がすぐれてアメリカ的で特殊な状況を背景としているという限界を見据えながら，あらゆる都市現象を都市全体との関係で把握しようとするシカゴ学派を評価している。同時代のヨーロッパの社会学者が，シカゴ学派都市研究を否定的に見ていたことと対照的である。ただし晩年には，その後のアメリカの都市社会学が都市の理論から遠ざかり個別研究に邁進したことを否定的に指摘している。

奥井は1935（昭和10）年以降，東京市芝区（現・港区）三田地区において大規模な社会調査を実施している。これは住民属性と地域性や生活圏内の日常行動に関する調査で，対象とした住民は3万人を数えたという。また神奈川県鎌倉町（現・鎌倉市）を対象に郊外社会の形成に関する調査研究も行っている。奥井の社会改良に由来する社会政策に関する研究は，ほぼ戦時下までであり，戦後は都市的生活論，消費生活論，国民生活論など生活論を展開する。

3 組織者としての奥井復太郎

奥井は，都市は単独では存立せず後背地へのサービスの提供こそ都市の本質であると考えていた。また，都市を国民社会，世界経済社会の機構の支配的中心的機能および活動の所在するところであると規定する。こうした考えが，都市計画と国土計画を一体的に捉える考え方に行き着く。1953（昭和28）年に学際的学会である日本都市学会が設立され，その初代会長になると，北九州市の合併に関する長期総合計画のために学会を挙げた調査を先導した。

1962（昭和37）年には特殊法人国民生活研究所の設立に関わり，初代所長に就任すると，国民生活，消費生活について，亡くなる前まで積極的に発信する。また1964（昭和39）年には地域開発研究所を設立し，初代所長に就任する。この研究所は建設省・国土庁所管の財団法人で，国土計画などに関する調査を多く手がけた。このように戦後の奥井には，組織者としての啓蒙的な活動が顕著になる。

4 奥井の影響と評価

奥井は都市を「空間的交通網における結節的機能」を持つところと表現する。この考えが鈴木栄太郎に引き継がれ，都市における社会的交流の結節機関という考えにつながる。また都市の中心性機能についての議論は矢崎武夫の統合機関説に受け継がれる。近隣社会研究はその後の町内会研究に受け継がれ，盛り場研究にも先鞭をつけた。家電製品の普及の影響など消費行動，生活時間の研究はその後の生活構造論の先駆けとなった。

（熊田俊郎）

図Ⅶ-12-1 奥井復太郎

▷3 例えばW. ゾンバルトは，シカゴ学派の都市研究は体系性に欠け，モノグラフの寄せ集めに過ぎないと批判した。Sombart, W., 1931, "Städtische Siedlung, Stadt", *Handwörterbuch der Soziologie*, Ferdinand Enke Verlag, p.531；W. ゾンバルト，1978，「都市的居住——都市の概念」鈴木広編『都市化の社会学』（増補）誠信書房，p.50。

▷4 奥井は国土計画において工業生産力を分散させることに懐疑的であった。生産力の分散は都市の中心機能の分散を意味しないため結局，人口や経済力の地方分散にはつながらないからである。

▷5 奥井復太郎，1947，「大都市人口の規制」『三田学会雑誌』40(3)。

参考文献

藤田弘夫，2000，『奥井復太郎』東信堂。
川合隆男・藤田弘夫，1999，『都市論と生活論の祖型』慶應義塾大学出版会。
川合隆男・山岸健・藤田弘夫編，1996，『奥井復太郎著作集』（全8巻＋別巻）大空社
奥井復太郎，[1940] 1985，『現代大都市論』有斐閣（著作集第5巻に再録）。

Ⅶ 都市社会学のパイオニアたち

13 石川栄耀

1 石川栄耀とは誰か

石川栄耀は日本都市計画学会の賞名にその名を残すなど，最も高名な都市計画家のひとりである。しかし，石川は都市計画家である以前に，都市はいかなる社会として捉えられるのかを考え続けた人物であった。ここでは都市研究者としての側面に光を当てつつ，彼の計画とその意義について述べることにする。

石川栄耀は1893年に生まれ，東京帝国大学工学部土木工学科を卒業。その後内務省都市計画技師の第一期生として採用される。石川は，道路計画や区画整理で名高い名古屋の都市計画に携わり，1923年の欧米視察ではイギリス田園都市の設計者として知られたアンウィンに面会し，大きな影響を受けている。その後，東京都に転出し，戦災復興計画の実現に尽力した。近代日本都市計画のスタートから主要な現場に携わってきた石川だが，それへのぬぐいがたい違和感を背景に，特に盛り場や商店街について独自の研究を進めていく。

2 「夜の都市計画」

その直接のきっかけは，アンウィンに水辺を工業地帯に整備する計画を見せたところ，「君のプランにはライフがない」と諭されたことだった。以後，石川は「夜の都市計画」と自称する研究を進めていく。石川はその意義を次のように述べる。近代以後，単純労働に疲れた人々が娯楽と親和を求めるようになるなかで，夜の都市計画によって夜の時間を回復し，現代の都市社会の疎外感を克服する必要がある，と。具体的には日本独自の商店街が重視され，そこで人々は店先をひやかしたり，散歩をしつつ美しいものや新奇なものを見たり，市民相互による友愛を楽しむというように，歩いて楽しむ生活が目指された。

こうした都市像に基づいて，ディスプレイから地域計画に及ぶさまざまなレベルで商店街や盛り場の育成方法を考え，都市計画に取り込もうとしていく。さらに研究だけでなく，実際に商店街のなかに飛び込み，街灯やネオンサインの設置，お祭りの企画などに関わり，趣味の落語仕込みの話術や多彩な文筆などを活かして，商店主の理解を得ていく。

3 東京戦災復興計画における実践

第二次世界大戦後，東京の都市計画の責任者の地位にあった石川は，集大成

▷1 生没年1893-1955。通称「えいよう」とも呼ばれる。

▷2 戦災復興都市計画が実現しない代わりに，石川はGHQの命令を受けて露店整理事業を行っている。当時の東京では約1万4000軒の露店が公道上に存在し，当初は反対運動も起きたものの，石川は持ち前の人柄や熱意で営業者たちの協力をとりつけていく。結局，営業者への資金貸付斡旋や，集団移転店舗を建設することで，1951年をもって東京の露店は公道上からその姿を消した。この時の集団移転店舗は，現在でも各地に残っている。戦前に「露店が大切だ。これが怠けだしたら最後だというので盛んにこれを大切にする」と述べていた石川は，後に「相当に生命を消耗させる仕事であった」と回想している。

▷3 石川は東京戦災復興計画に際して，新宿歌舞伎町，麻布十番，王子，錦糸町などで新たな盛り場建設の試みを行った。歌舞伎町では戦後，町会長を中心に自主的な復興区画整理事業が進められ，その相談を受けた石川は「広場を中心として芸能施設を集める，そ

として復興計画を策定する。その特徴は東京都区部の人口を戦前の人口650万人を下回る350万人に設定して小規模な都市を目指すとともに（関東一円の大都市圏で750万人を計画していた），大規模な区画整理を実行しようとするものだった。この一見，非現実的とも見える計画には，石川の都市への思いがこめられていた。石川は商店街200余りを商業地区と指定し，その中でも市民の娯楽の中心として10あまりの盛り場を特別地区に指定した。石川は商店街や盛り場を復興させることが人々に都市の復興を実感させる早道だと考え，商業地区の指定を優先したのだった。そして商店街を核として住居地域を指定し，緑地帯によって単位都市に区分した。それまでのように都市計画区域全般を散漫に市街化するのではなく，市街地に適した場所を集約的に市街化し，職場と住居および商業地の近接が目指された。

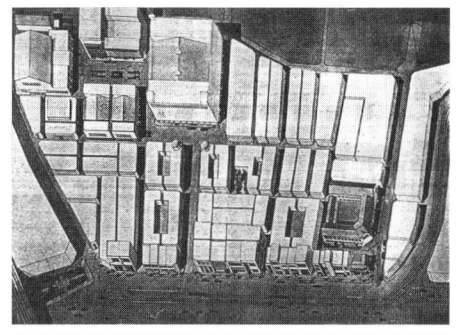

図Ⅶ-13-1：歌舞伎町の復興計画の鳥瞰図（イメージ図）
出所：鈴木喜兵衛，1955，『歌舞伎町』大我堂。

結局，国庫補助が大幅に削減された結果，石川の構想は都市計画においてはあまり実現しなかった。しかし，盛り場や商店街においては少なくない数の構想が実現し，現在まで存続している。新宿歌舞伎町のように，このとき作られた空間はその後の商業地としての発展の基礎となっていくのである。

図Ⅶ-13-2　商店街を前にする石川栄耀
提供：石川允

4　都市研究者としての石川栄耀

日本近代都市計画は，先進工業国に向けて日本を離陸させるという目的のもと，盛り場や商店街を通俗的なものと見なしがちだった。これに対し，石川はアメニティなどの概念を欠落させたまま欧米から移植された日本の近代都市計画を批判的に捉え，独自にあるべき都市計画の姿を見据えていた。

昭和初期の日本の都市は産業化に伴い急速に拡大し，東京では浅草や銀座といった既存の盛り場に加え，新宿を筆頭に山の手に無数の盛り場が勃興し，多様化していた。したがって地理学や社会学でも盛り場が注目を集め，同時代の奥井復太郎や磯村英一らも調査，考察を行っていた。また当時は強大な資本を持つ百貨店が中小小売店の脅威と見なされ，いわゆる小売商問題が喧伝された時代でもあった。石川の活動はこれらと同時代のものとして捉えられるものだが，彼が異なるのはあくまで都市計画家である点だった。石川は盛り場を都市的な現象として分析しただけではなく，また単に百貨店に対抗して商店街の繁栄策を練ったわけではなく，商店街や盛り場に都市に必要な公共性を見出し，都市計画の主要な対象として位置づけたのである。自らの都市研究に基づいた石川の多彩な活動は，現代のまちづくりに通じるものとして再評価することができる。

（初田香成）

して新東京の最健全な家庭センターにする」という案をまとめている。広場の周囲には歌舞伎劇場を中心とするさまざまな娯楽施設が予定され，街路計画や土地利用などに石川の盛り場研究が反映されていた。石川は新しくできた町の名を歌舞伎町と名付けている。

参考文献

石川栄耀，1941，『都市計画及国土計画』工業図書（1954年に新訂版を産業図書より出版）。
石川栄耀，1944，『皇国都市の建設』常磐書房。
中島直人・西成典久・初田香成・佐野浩祥・津々見崇，2009，『都市計画家・石川栄耀』鹿島出版会。

VII 都市社会学のパイオニアたち

14 鈴木栄太郎

1 社会学の理論体系に埋め込まれた都市社会学

　鈴木栄太郎は，都市社会学の「第1世代」の他のふたり，奥井復太郎と磯村英一に比べれば都市社会学者とは言い切れないかもしれない。なぜなら彼の主著は『日本農村社会学原理』であり，未完成で遺されたライフワークは『国民社会学原理』だったから。彼にとって都市社会学は，農村（地域）社会と国民社会をつなぐ副次的な仕掛けに関する研究だった。しかし，そのことが逆に彼の都市社会学を独特な，後継世代から常に参照されるべき存在としているといえるかもしれない。

2 はじめての純国産の社会学理論

　鈴木栄太郎（1894-1966）は，長崎県壱岐島に生まれたが，旧制中学時代より上京し，東京帝国大学で建部遯吾に社会学を学んだ。ただし一番影響を受けたのは京都帝国大学の高田保馬だったという。その後岐阜高等農林学校の教師となった。そこで篤農家出身の学生たちに，夏休みの宿題として自分の村を詳細かつ体系的に調査することを指導し，彼らの報告を元に書き上げたのが『日本農村社会学原理』である。第二次世界大戦後は北海道大学に赴任し，社会学研究室の基礎を築いた。ここでも病気のため自らはほとんど調査を行わず，学生や助手たちの調査をもとに，『都市社会学原理』を書き上げた。北大退官後は東洋大学，和光大学へ移ったが，体調は好転せず，『国民社会学原理』の草稿を遺して死去した。

　このように鈴木の経歴をみていくと，彼が一貫して大学の研究者であったこと，社会調査には基づいているが，調査者というよりはむしろ理論家であったことがわかる。またその研究の筋道が，日本の現実に即し，基礎社会としての農村（地域社会）から全体社会としての国家まで，有機的に構成されていたことがわかる。さらにいえば，彼の理論は集団ではなく，空間的領域（地域）の一般社会理論だった。そのなかで都市は，基礎的な空間的領域（農村）と広域的な空間的領域（国家）を媒介する仕掛けとして位置づけられている。

3 結節機関説と正常人口の正常生活

　鈴木の『都市社会学原理』は，社会的事実の切り出し方に冴えを見せる。彼

▷1　鈴木栄太郎，1940，『日本農村社会学原理』時潮社。

▷2　鈴木栄太郎，1957，『都市社会学原理』有斐閣。

▷3　以上の著作はいずれも，鈴木栄太郎，1968，『鈴木栄太郎著作集』（全8巻）未來社に収められている。

はまず，都市の多彩な表層に惑わされず，もっとも単純な形態的事実を取り出そうとする。それは北海道の小さな駅前の商店群「恩根内市街地」に見出された。辺境の酪農地帯の農家群の中心にある数軒の商店群は，鉄道網や郵便網を通して首都東京につながるモノと情報のネットワークの端末として機能している。それゆえこれらを国民社会の社会的交流の結節と呼べるのである。都市とはこの結節の集積態すなわち「結節機関」である。

こうした結節機関が遅滞なく作動するためには，駅員や郵便局員といった，強く制度化された職業生活を営む人々が必要である。彼らの生活は集団的である以前に定型的である点において構造的なのであり，この事実を鈴木は「正常人口の正常生活」と名付け，都市社会構造の核心とした。

以上のような鈴木の学説は，後代の都市社会学者たちからつねに社会構造論のモデルとして参照されてきたし，さらに一般社会理論の立場からも高く評価されてきた。

4 鈴木都市社会学を超えて

筆者は鈴木の学説にふたつの理論的な疑問を提示したい。

第一の疑問は，仮に鈴木のいう通りだとすれば，農村のような局域的領域と国家のような広域的領域は，それぞれに自発的な社会統合のメカニズムを持っているはずだが，それは何か，というものである。鈴木は，『日本農村社会学原理』において，村びとたちの意識統合のメカニズムを「村の精神」と定義したが，国家については必ずしも明らかにしなかった。もし国家が農村と同型の社会ならば国民精神とか国民文化といったものを想定することとになる。一方，意識による社会統合は局域に限られると考えるならば，社会的交流の結節である都市こそが広域的な国民統合のメカニズムとなる。結節機関を通して往来するモノと情報が国民を統合させるのである。

第二の疑問は，この理論は局域的領域と広域的領域の双方が安定していることを前提とする静態的なものだが，それでよいのか，というものである。片方が欠けた社会，あるいは双方が不安定な社会の場合，都市は存在し得るのか。あるいは双方が消滅した後に都市だけが生き残るような事態があり得るのか，もしないのならばそのとき社会全体を律するのは何なのか。具体的にいえば，ネット通販が全域化すれば，駅前の中心市街地はおろか，郊外の大型ショッピングセンターすら存続できなくなる。このように考えていくと，鈴木都市社会学が局域的領域も広域的領域も生き生きとしていた時代（モダン）に限定されたものであったことに気づかされるのであり，鈴木都市社会学を「帰無仮説」として現代（ポストモダン）の都市社会学を模索することの可能性を見出せるのである。

（中筋直哉）

▷4 中筋直哉，2002，「日本の都市社会学」菊池美代志・江上渉編『21世紀の都市社会学』学文社。

▷5 Ⅲ-4 参照。

▷6 富永健一，2004，『戦後日本の社会学』東京大学出版会。

Ⅶ 都市社会学のパイオニアたち

15 磯村英一

1 都市社会学の第1世代

　本書は，日本の都市社会学者のうち，俗に「第1世代」と呼ばれる3人すなわち奥井復太郎，磯村英一，鈴木栄太郎を取り上げているが，それは彼らが，その後の日本の都市社会学者たちの師匠だからというだけではなく，彼らの学説を対比することによって日本の都市社会学の見取り図を描くことができるからである。また各々の個性が日本の都市社会学の可能性，特に社会的事実としての都市社会の調査方法を指し示していると考えられるからである。[1]

▶1　中筋直哉, 2002,「日本の都市社会学」菊池美代志・江上渉編『21世紀の都市社会学』学文社。

2 生涯現役の都市社会学者

　筆者は，磯村の最晩年の1996年5月に，一度だけその謦咳に接したことがある。その時の印象は，いい意味でも悪い意味でも「若い」ということだった。90歳を過ぎた老大家が30歳そこそこの若僧に「若い」と思われるのは，いったい誉められたことなのだろうか。半世紀にわたる研究の核心が貧困への関心にあることを確かめようとする筆者を，磯村は，若者は過去を振り返るより未来の都市問題，特にアジアの都市問題に挑戦すべきだと，たしなめた。そのアジアの都市問題の中身も，当時話題となっていた中国における農村人口の都市流入の問題だったから，やはり貧困への関心は一貫していたと思う。しかし筆者が質したかったのは，東京都や国の要職を務め，今は郊外の邸宅で悠々と暮らす磯村が，なぜ生涯貧困に固執し続けたのかということだった。筆者は今でも，それこそは磯村の仕事を通して後代の都市社会学者たちが問い続けていかなければならない，都市社会学の基本問題であると考えている。

3 マージナルマンとしての履歴

　磯村英一（1903-1997）は20世紀初頭の東京に生まれた。家庭の経済的困窮を乗り越えて東京帝国大学に編入学し，学業の傍ら貧困地区を支援する「東京帝大セツルメント」で活動した。卒業後は東京市（東京都の前身）に就職し，社会福祉分野で活躍する一方，水面下で社会運動にも関与した。戦中・戦後と区長や局長を歴任した後，東京都立大学教授に転出した。非常勤講師を務めた東大や東洋大でも，学生たちを都市下層社会の調査に連れ出し，研究者として育て上げた。都立大学定年退職後移った東洋大学では，大学紛争中の学長職に忙

殺された。ただし，代表作『人間にとって都市とは何か』は，この時期に書かれている。また国の被差別部落問題対策にながく関わり，その改善に尽力した。晩年は，先に述べたようにアジアの都市問題に関心を持つ一方，東京の霊園問題にも関心を寄せ，集合墓を運営する団体「もやいの会」を自ら組織した。このようにみてくると，彼が大学の教師に留まらない，いろいろな意味での「マージナルマン」だったことが明らかになるだろう。

　都市社会学者としての磯村を理解するためには，やはり大学教授に転じた時期に書かれた3部作，『都市社会学』『社会病理学』『都市社会学研究』を読むべきだろう。

4　第3空間論の真価

　磯村都市社会学の核心となる概念は，『人間にとって都市とは何か』において提示した「第3（の）空間」である。これは，家庭（「第1空間」），職場（「第2空間」）の間にある，道路，交通機関，広場，公共施設等を含む都会人の行動範囲のことであり，家庭や職場に張りめぐらされた制度から解放される「自由の空間」として，なかば理想化して語られている。

　しかし，改めて「第3空間」に言及した箇所を読み直すと，そこで自由に振る舞う裕福な人々ではなく，そこに戸惑い，一時も早く逃げ出そうとする貧困な人々を多く描き出していることに気づく。ホームレスのように，貧困な人々は「第1空間」も「第2空間」も持てないことが多いのである。

　また磯村は，「第3空間」が市場や政治の権力が強く作動する場でもあることに注意をうながす。ただし権力分析には進まず，逆に権力の民主化，合理化を通した第3空間の拡張と活性化を構想するのである。都市の権力作用を批判する，吉見俊哉の『都市のドラマトゥルギー』が，磯村都市社会学に厳しい評価を与えたのは当然のことといえよう。

　「第3空間」が現実には誰のものであり，将来は誰のものであるべきなのか。そしてそれはどのように実現されるのか。第3空間論は未完の都市理論なのであり，後代の都市社会学者たちの批判と再構築を必要としているのである。

5　死者たちの都市という宿題

　磯村が晩年に関心を寄せた都市霊園の問題は，彼の関心を大きく超えて展開してきた。彼の問題提起を受けて，東京都は1993年に都立多磨霊園に家族祭祀を前提とする事実上の集合墓を用意したが，さらに最近では家族祭祀を前提としない，新しい集合墓が都立小平霊園で試みられ，都民の関心を多磨霊園の時以上に引きつけている。「死者たちの都市」の新しい形という磯村の残した宿題は，未来の東京，未来の都市の重要な課題となるにちがいない。

（中筋直哉）

▶2　磯村英一，1989，『磯村英一都市論集』（全3巻）有斐閣。なお，『人間にとって都市とは何か』はこの第3巻に収められている。

▶3　磯村英一，1983，『都市社会学』有斐閣。

▶4　磯村英一，1984，『社会病理学』有斐閣。

▶5　磯村英一，1989，『都市社会学研究』有斐閣。

▶6　吉見俊哉，1987，『都市のドラマトゥルギー』弘文堂。Ⅱ-15 も参照。

▶7　Ⅴ-11 参照。

VII 都市社会学のパイオニアたち

16 前田愛

1 『都市空間のなかの文学』誕生まで

　前田愛（1931-1987）がどういう人物かを調べると，最初にある説明は「日本近代文学」の研究者として多彩な活躍を遂げた人物，というものだろう。「都市社会学」を銘打った本書に，なぜ「文学」研究者が登場するのか，とあなたは訝しむかもしれない。人情本の論文から研究者としての歩を進めた前田は，ある時期までは明治時代の文学を中心とする，考証と実証に重きを置く文学研究者だった。[1]「文学」や「社会学」といった既存の研究領域間の交流が活発になり，「学際」研究という語が定着する現在から30余年も前に，前田の研究スタイルは大きく変化を始める。近世から近代にかけて，出版形態の変化に伴って出現した「近代読者」の姿を社会学的な方法を駆使して描き出した『近代読者の成立』（有精堂）を1973年に発表，そして1980年代の「東京論・都市論」ブーム[2]に先駆けて70年代後半から，前田は「都市と文学」[3]という従来の文学研究にはなかった解釈枠に基づく文学研究を精力的に世へ問う。その集大成が前田の代表作にして芸術選奨を受賞した1982年刊行の『都市空間のなかの文学』（筑摩書房）である。

2 「自由」と「テクスト」

　同書では70年代半ばから翻訳紹介が始まったR．バルト（1915-1980）やM．フーコー（1926-1984）などに代表されるフランスの現代思想が理論的支柱として用いられた。その中でも全体を通して採択された方法論は，モスクワ・タルトゥー学派に属するYu．ロトマン（1922-1993）の文化記号論である。[4]市民社会の発達とともに成長を見た「個人」の概念を基軸に持つ西洋の近代化と比して，外圧による開国から始まった日本の近代化は常にその「外発性」（夏目漱石のいう「現代日本の開化」）が指摘されてきた。[5]後発の近代化を経験し，その中で生きた作家たちの「自我」のありかたを追求することが，いわば戦後の近代文学研究に課された中心的主題であった。[6]しかし，この問題に取り組むためには，近代に生きた作家の実体化が前提となる。そこで生じた研究上の閉塞感を打破する目的で前田が試みた方法が「実体として扱われてきたある人間の自我を，都市空間とモノと身体と言葉の網の目の中で，重層的に決定されている関係性として捉える立場」，[7]すなわち文化記号論に基づく読みの実践であり，実

▷1　以下，前田の業績および経歴については，吉田煕生，1987「〈追悼・前田愛〉前田愛の光と影」『日本近代文学』38：pp.134-142参照。

▷2　その詳細については吉見俊哉，1987，『都市のドラマトゥルギー』弘文堂を参照。

▷3　1970年代後半から80年代半ばにかけて発表された，前田愛以外の論者による同テーマの著作については V-4 を併せて参照。

▷4　モスクワ・タルトゥー学派は旧ソビエト時代のモスクワ大学，タルトゥー大学を中心に行われた構造主義，記号論研究の学派の総称。代表作としてロトマン，Yu．，磯谷孝訳，1978，『文学理論と構造主義』勁草書房など。

▷5　石原千秋・木股知史・小森陽一・島村輝・高橋修・高橋世織，1991，『読むための理論』世織書房。

▷6　曽根博義，1986，「戦後四十年の日本近代文学研究」『学叢』40：pp.26-35。

体化された「作者」の産物とされる「作品」とは異なり，読者の参与によって常に意味が生成され流動する「テクスト」概念の導入である。この研究方法によって前田は「自我史観」の制度的解釈から近代文学研究を解き放ち，都市の中へテクストを置き換えることにより，ほかでもない読者，そして研究者に自由な眼で文学に接する態度を示したのだった。

3 群衆のひとりとしての「内海文三」：『浮雲』論

「都市空間」という解釈枠を用いたことで，従来の読解とは異なる側面を見せたテクストの具体例として，二葉亭四迷の『浮雲』論である「二階の下宿」をとり上げよう。それまでの研究では，近代国家の象徴とも言える「官吏（役人）」の内海文三に焦点が当てられ，近代官僚組織のなかで苦悩する知識人の「自我」とその崩壊過程が主要な問題と見なされてきた。しかし前田はまず文三の下宿先である家屋の構造と，彼の暫定的な居場所である「二階」に着眼する。血縁を共有する「家族」が住む生活空間の場にあって，下宿人の文三は「内／外」とも規定できない曖昧な存在だ。その浮遊性を象徴する場が「二階の下宿」部屋だと前田は看破する。この解釈により，文三が階段を下りて一家の団欒に加わる行為は「身内」の秩序に彼が組み込まれていたこと，そして安定していたかのような秩序が見せかけにすぎなかった実態が失職によって露わとなるのだ。出勤という行動で，都市空間を往来する同時代の無名の群衆のなかに内海文三も存在していた様子を明らかにしていく前田の読みは，きわめて知的刺激に満ちていた。前田の言う「都市空間との絆」を失職と同時に喪失した文三に残された場は，誰も訪れない「二階の下宿」だけであり，階下から聞こえる外部／都市の気配に脅える彼の身体が前田の解釈によりはっきりと浮上することになる。

4 前田愛以後の文学研究とその課題

「文学史」という制度的な枠に絡め取られがちだった文学研究に風穴を開けた研究者のひとりが前田愛であったことはたしかだ。しかし「文学」という虚構から都市空間をあぶり出すその方法自体が，新たな「虚構」としての都市を作り出しはしなかったか，という批判があるのも事実だ。前田の研究方法を継承する小森陽一（1953-）は，前田が最終的に企図していた知の領域は「歴史学と社会学と文学の統合」ではなかったか，と言う。その可能性を開拓した先人として前田の研究を享受しつつ，果たされなかった統合の実現へと踏み出すことが現在に生きる私たちに託された課題ではないだろうか。 （鈴木貴宇）

図Ⅶ-16-1 『都市空間のなかの文学』

▶7 小森陽一，1992，「解説」前田愛『都市空間のなかの文学』ちくま学芸文庫，p.641，傍点は引用者による。

▶8 バルト，R.，花輪光訳，1979，『物語の構造分析』みすず書房。

▶9 この論に対してさらなる読みかえを提示したものとして曽根博義，1991，「下宿・アパート・マンション」曽根博義・永坂田津子編『昭和文学60場面集 2——都市篇』中教出版，pp.11-43。

▶10 中筋直哉，1998，「東京論の断層――『見えない都市』の十有余年」(http://tenplusone-db.inax.co.jp/backnumber/article/articleid/515/)。

▶11 小森陽一，1992，「解説」前田愛『都市空間のなかの文学』ちくま学芸文庫，p.638。

VII 都市社会学のパイオニアたち

⑰ 網野善彦

❶ 日本中世史の革新者と都市社会学

　網野善彦は，1978年に『無縁・公界・楽』を刊行し，日本中世史に革新をもたらした日本史家である。しかしこの革新性が当時の都市社会学に影響を及ぼすことはなかった。Ⅲ-14 で述べた通り，戦後日本の都市社会学は，いくつかの例外的達成を持ちながらもほとんどが歴史に対して冷淡であり，そのことが学としての限界を生み出していた。もし網野の成果を当時の都市社会学が肯定的にせよ批判的にせよ受容していたならば，理論的な意味だけでなく，実証的な意味でも，大きな発展を遂げていたのではないかと惜しまれる。

❷ 「都市的な場」の比較社会学

　『無縁・公界・楽』は，伝統的な子どもの遊び「エンガチョ」の挿話から語り始められる。差別と聖性，領域の区画と人間のそこへの配置など，都市社会学の理論的課題がいくつでも見出せる挿話である。網野は，そこから日本中世に多様に存在した「都市的な場」を掘り起こしていき，自由と平和という鍵概念を用いながら，その特質と外部社会との関係性を解き明かしていく。さらに網野は，「都市的な場」に生きる人びとの姿を描き出していく。遊女や三昧聖といった人びとは，後世において与えられた否定的な意味とは異なる，生き生きとした活動を「都市的な場」で行っていたのである。そうした彼らをつなぐものこそは，もうひとつの縁である「無縁」であった。もっとも網野は，中世を単線的な歴史発展の一段階として捉えているわけではない。M. モースに何度も言及するように，比較社会学的な広がりを持つ社会の構造が特定の時空に表れたものとして中世の「都市的な場」を捉えるのである。

　この立場からは，日本の近世は中世の「都市的な場」を中央集権的に抑圧・制御することによって成立した社会と見なされる。現代日本の大都市，地方都市の起源の多くが近世城下町であることを考えると，これは奇妙な論理であるといえるかもしれない。こうした近世＝中世抑圧説は，その後渡辺京二によって激しく論難されることになる。

❸ 網野史学の実証的根拠

　しかし，実際に大都市，地方都市を調べてみると，近世城下町のひとつ下の

▶1　網野善彦, 1978, 『無縁・公界・楽』平凡社。

▶2　渡辺京二, 2004, 『日本近世の起源』弓立社。

地層に，それとは異質な中世の「都市的な場」が存在していたことに気づかされることが多い。例えば，『地域開発の構想と現実』研究の後継者たちが取り上げた広島県福山市は近世には譜代大名の城下町であり，その蓄積の上に近代の発展があった。しかし，近世福山は芦田川の中州に発展した「都市的な場所」である「草戸千軒町」の近傍に，その豊かさを簒奪するように成立したのである。海からの舟入りが可能な大河川に山々を越え渡る街道が交わる，その中州に成立した中世の「都市的な場」の近傍に大名の城が構えられて近世城下町へと変貌したところは例にこと欠かない。都市が市場定住と政治的中心の楕円的複合体であるとはよく言われることであるが，それは形態的，静態的にそうなのではなく，動態的，歴史的にそうなのである。

　網野史学のもうひとつの特質は，文書史料を絵画や図面などと同じ記号の集積態と見なして横並びに検討し，現地踏査も踏まえつつ分析していく社会史的な方法論であろう。この，いわば脱主体的な方法は網野ひとりの特技というより1980年代の日本中世史学全体の発展だったのであり，無名の民衆の起こした事件の解読を通して，オルタナティヴな近代的人格を再発見することを試みる，1970年代の民衆思想史の主体的な方法と鋭く対照をなす。こうした方法の対照性を，都市という現象の多面性に合わせながら複合的に用いていくことを，あらためて彼らから学べるのではないだろうか。

4　網野史学の限界

　一方で，渡辺京二の鋭い批判に再度耳を傾けるべきであろう。渡辺は網野が中世に投影する社会像のユートピア性を暴きたてる。筆者は中世の都市的な場の系譜を引く，岡山県の小さな町を訪れたことがあるが，たしかに，日蓮宗の寺院を中心として今も城塞のように孤立するその町に，強く息苦しさを感じた。仮にそこにかつて自由と平和があったとしても，それは私たちの自由と平和ではなかったにちがいない。

　渡辺の指摘する網野史学のもうひとつの限界は，そのナショナリズムである。中世の「都市的な場」は，おそらくわずかでも当時の日本「国」の外にも開かれていたはずで，それゆえにそこに鉄砲やキリスト教が入ってきたのかもしれない。ところが網野は，そこに中世天皇制という国家体制の基盤を見出そうとする。網野史学の集大成である『日本社会の歴史』は衰退する伝統国家としての近世日本の描写で終わっている。一方渡辺の『黒船前夜』は近世日本の周縁に展開するナショナリズムのほつれと，それをひきうけて生きぬこうとする民衆の姿を見出そうとする。ナショナリズムのほつれる場所としての都市を，そこに生きる民衆の視点から描き出すことは，網野史学の達成の先にある，現代の都市社会学の新しい課題であるといえるのではないだろうか。　　（中筋直哉）

▶3　Ⅵ-7 参照。

▶4　色川大吉, 1974, 『明治精神史』黄河書房。

▶5　網野善彦, 1997, 『日本社会の歴史』（全3冊）岩波新書。

▶6　渡辺京二, 2010, 『黒船前夜』洋泉社。

Ⅷ　都市社会学の横断性

1 「都市」社会学，「都市社会」学，そして都市「社会学」として

1　「都市」社会学／「都市社会」学

　さて，世界の都市周遊から始まって，都市をめぐるさまざまな理論や実践，都市を彩ってきた建造物やメディア，そして先達たちの都市への視線を振り返ってきたこの1冊の都市社会学の旅は，いかがだっただろうか。

　しかし，このいささか寄り道の多い旅に読者のみなさんを振り回してきた私たちは，ここまでまだみなさんの大事な疑問に答えられていない——この本が示そうとしてきた「都市社会学」とはそもそも何を目指している学問領域なのか，という疑問に。残されたほんのわずかなページで編者なりにこの疑問にお答えするために，いささか言葉遊び的なひとつの補助線をひくことからはじめよう。都市社会学は，「都市」社会学であり，かつ「都市社会」学であるというところから。

2　「都市」社会学が向き合うべきこと

　「都市」社会学としてのアイデンティティを言うのであれば，社会学の中で「都市」社会学の守備範囲はどこなのか，ということを問わなければならない。これは字義通り，「都市にまつわるイシュー」を取り扱う社会学ということになる。ただし，この「都市にまつわるイシュー」とは，都市そのもののあり方のみならず，幅広く都市の中で起きるあらゆる社会的事象，言い換えれば，あらゆる人々の営みを意味する。その中には当然，文化の問題も，社会階層の問題も，それらを表象するメディアの問題も含まれる。だから，そうした都市で起きるさまざまな社会的事象を一通り守備範囲にしようともくろんだ本書では，都市社会学者や，（日本では伝統的に都市社会学と一定の距離を保って併存してきた）地域社会学者というアイデンティティを第一義的に持っている研究者のみならず，文化社会学，社会階層論，メディア社会学，スポーツと身体の社会学，人種・エスニシティの社会学，福祉社会学といった幅広い研究領域の専門家に加わってもらうことになった。

　では，都市社会学とは，そうした諸領域の専門的な知見を寄せ集め，都市という場で再考する応用問題でしかないのだろうか。そうではない，都市社会学には固有の役割があるとあえて言うのならば，編者が考えるに，その鍵となるものは空間性である。さまざまな社会的要素が，それぞれの都市形態に応じた

密度で集積し，空間を共有した場合に，いかなる相互作用が起こってくるのか。そして，視覚的にも顕現する（そこにある）都市の空間性，さらには，その背後でそれぞれの都市の空間的なあり方をデザインしようとする国家や資本の意思は，そこで営まれるさまざまな社会的事象にどのような影響を与え，また逆に，集積的に営まれる社会的事象は，それが営まれる空間のあり方，ひいては都市のあり方にどのような影響を与えるのか。

こうした観点を踏まえた上で，ひとつの空間を共有しているあらゆる社会的事象＝人々の営みを，個別の問題領域に囚われずに総体的(ホーリスティック)に観察と記述の対象とし，それらの事象の連関を総合的に把握しようと試みることが都市社会学の魅力であり，難しさではないだろうか。だからこそ，総体的(ホーリスティック)な近代社会の学たろうとした社会学の泰斗たちは，多様な人々の営みが流動的に，しかし高密度で集積する「都市」を，何らかの形で論じてきたとも言えるだろう。

3 「都市社会」の学は何をなすべきか

ただし，都市を語り，都市を分析対象とする学問分野は，もちろん社会学だけではない。そして，ディシプリンと自らの守備範囲を確立する必要のある社会学研究者の関心はともかくとして，錯綜した都市社会の問題系を読み解き，それに対峙するための智を必要とする現場では，「都市」社会学とは何か，言い換えれば，都市を扱う社会学，すなわち都市「社会学」とは何なのかという問いは，さほど大きな意味を持つわけではない。

時間軸（歴史）に関心を集中させがちだった人文・社会諸科学に，空間性を重視した分析を導入すること（空間論的転回）に主導的な役割を果たした地理学を始め，都市史，都市をめぐる哲学や文学，都市経済学，都市計画学，都市工学といった諸分野は，社会学とも相互に影響を与えあいながら，それぞれの都市への知を紡いでいった。本書には，こうした隣接諸分野の気鋭の論者も多数加わって，分野横断性がひとつの大きな特徴となっている。そういった意味でこの本は，都市「社会学」のテキストというより，都市の中の社会的な営み，すなわち「都市社会」を，可能な限り多面的に捉える「都市社会」学のテキストとなることを目指して，企画されたものである。

なかでも私たち編者が強く意識していたのは，工学分野の「都市社会」学との対話だ。あらためて言うまでもないが，現在の日本において，ハード面の建築や都市計画のみならず，まちづくりやコミュニティ・デザインといった領域においても，都市マスタープラン策定委員会や各種審議会の委員として国・地方自治体の政策や開発計画に圧倒的に大きな影響力を及ぼしているのは，工学系の「都市社会」学である。ここにどう都市「社会学」者が食い込んでいけるかを論じることは，本項にはいささか荷が重過ぎるが，都市「社会学」にも現実の都市政策に一定の貢献ができると思っている編者としては，都市「社会

▶1　例えば，Ⅶ-1 を参照。

学」を学ぼうとしているみなさんにどうしてもひとつ伝えておきたいことがある。

それは、「都市は人の創りしもの」だということだ。実際に都市を形作る図面を引き、行政の政策にも関与する経験の中で、このテーゼを血肉にしている都市工学系の研究者と話していると、都市空間を多様に読み替える人々の営みに関心を持ちがちな都市「社会学」者は、逆にそこにある都市空間の政治的な構築自体を、あまりに自分たちの手に及ばない所与の条件として考えがちだということを痛感する。

しかし、都市「社会学」者たちが、往々にして「新自由主義が顕現したランドスケープ」や「権力の作動した排除の空間」といったように、その背景に作動する力学を分析するだけで終わってしまう都市のハードも、誰かが作ったものであることを忘れてはならない。当たり前の話だが、いかにそれが複雑で見えにくい仕組みになっていたとしても、政治権力にも、グローバル資本にも、「中の人」はいるのだ。よりよい「都市社会」を作るために、都市空間の政治的な構築に介入・関与していこうとする意思を、少なくともそこに介入・関与することはできるのだという意識を、都市「社会学」者は忘れてはならないだろう。そしてそのためには、都市「社会学」者も、都市空間を政治的に構築していく制度や法令、都市の中の人々の営みを水路づけていく空間デザインや設計に、もっと関心を払い、勉強していく必要がある。自戒を込めて。

そうした姿勢と感覚を工学系の研究者のテキストから学ぶことを含め、意図的に領域横断的な構成をとった本書が、「都市」社会学もしくは都市「社会学」を勉強しようとするみなさんにとって、さまざまなディシプリンにまたがる「都市社会」学が、それぞれどのように都市に向き合ってきたのかを学ぶ一助になるのだとしたら、編者にとってこれほど嬉しいことはない。

❹ 都市において社会学がなすべきもうひとつのこと

編者が、都市における政策過程に、都市「社会学」者ももっと実践的に介入・関与していく意識を持つべきだと書くのには、理由がもうひとつある。

いま、民主主義を成り立たせるために不可欠な社会的実践のあり方として、「調整」を指摘する声が高まっている。これまでの日本では、利害の異なる主体間の調整は、もっぱら行政および行政に委託された〇〇審議会——そして、まちづくり分野においてその委員を務めてきたのは、多くが工学系の「都市社会」学者だ——の仕事と考えられてきた節があり、市民による「運動」や「実践」とは、何らかの特定の立場から鋭く声を上げていくことというイメージがいまだ根強い。しかし、真に「官から民へ」の過程が深化し、市民セクターが「新しい公共」を担っていくためには、闘争・告発型の運動ではなく、この調整というプロセスをこそ、これからは市民の側でも主体的に行っていく重要性が増していくことになるだろう。

▷2 これを「技芸（アール）」「戦術」と呼んで、都市を生きる人々の日常的な実践の政治性や、抵抗のあり方について考察したミシェル・ド・セルトーの議論は、大きな示唆に富む。ド・セルトー, M., 山田登世子訳, 1987, 『日常的実践のポイエティーク』国文社.

▷3 逆に、都市工学系の研究者の都市／コミュニティ観に対しては、設計者やデザイナーの意図が都市を形作ることを自明視し、それがいかに人々に読み替えられて、多様に生きられる空間となっていくかということを軽視しがちなある種の「楽天主義」に、違和感を覚えることもある。しかしそうした中でも、最良質に社会学的と言える感覚と柔軟さを携えている山崎亮（『コミュニティデザイン』学芸出版社、2011年ほか）を筆頭に、コミュニティ・デザイナーを名乗る多くの実践者たちが工学系のバックグラウンドから登場し、実績を積み重ねて大きな影響力を持っていることを、都市「社会学」者はもっと真剣に悔しがり、その意味を真摯に問い返す必要があるのではないだろうか。

▷4 「調整」の重要性の指摘は、例えば大きな反響を呼んだ湯浅誠, 2012, 『ヒーローを待っていても世界は変わらない』朝日新聞出版のひとつのテーマでもある。

VIII-1 「都市」社会学，「都市社会」学，そして都市「社会学」として

　そして，多様な主体の間を往還して，それぞれの社会的文脈の折り合いを見つけようと模索する「調整」という実践にこそ，本来，社会学を学んだ者の素養が生かせるのではないだろうか。手前味噌になるが，編者自身が関わった震災後のひとつの実践経験について紹介したい。編者が生まれ育ち，ここ数年間はまちづくり活動にも取り組んできた千葉県柏市は，震災後放射能のホットスポットとして悪い意味で有名になってしまい，有力な近郊農業地帯でもある柏の農業は大きな打撃を受けてしまった。そこで編者は，市内の消費者・生産者・流通業者・飲食店という，利害が異なるがゆえに震災後は不毛な対立関係に陥りがちだった多様な主体が一堂に会する円卓会議を立ち上げ，その事務局長を引き受けた。この円卓会議は，独自の放射能測定メソッドと自主基準値を，科学的な知見に基づく慎重な熟議によって決定し，協働的な測定と情報発信を行って，地元野菜の信頼回復に一定の役割を果たすことができた（図VIII-1-1）。

図VIII-1-1　消費者を巻き込んだ柏の農地での放射能測定

　この経験を振り返って思うのは，会議をコーディネイトする中で，編者が社会学者として受けてきたトレーニングや，そこで培われたある種の素養が，非常に生きてきたということだ。編者が，これまでいくつかの都市のフィールドでしてきたことは，さまざまな立場の異なる人々の言葉を，それぞれの社会的文脈を把握しながら引き出し，学問的に解釈する作業であった。そして，柏での円卓会議のプロジェクトにおいてもまた，自主的な放射能測定に踏み出す農家の苦悩，子どもを気遣う母親の思い，シェフやスーパー経営者の地元野菜を使うことへの戸惑いといった，多様な利害を持つ人々の社会的文脈の違う語りを引き出し，それぞれの言葉の社会的文脈を理解して共有することが，すべての出発点となったのだ。その上で，社会調査ならぬ社会的な実践の過程では，学問的に解釈するというところは必要ない代わりに，そこから一歩進んで，多様な思いをすりあわせて折り合える点を見つけ，その先にあるひとつのビジョンを提示して実行する，というプロセスを重視することになるのだが。

　このテキストを読んできたみなさんならおわかりの通り，「都市社会」に関する諸学の中でも，都市「社会学」はとりわけ，都市における人々の営みを総体的（ホーリスティック）に捉えることを目指した上で，都市の中のさまざまな人々の声に，それぞれの社会的文脈に寄り添いながら耳を傾けようとしてきた。そして，そのための技法やノウハウを，欧米日の都市貧困調査やシカゴ学派の昔から洗練させてきたのもまた，都市「社会学」であった。この分厚い蓄積と，そこから学んでこれから一市民として生きていくみなさんは，これからの都市の中でますます必要とされるであろう，市民自身の手による「調整」という社会的実践の一側面に，重要な役割を果たしうるものと私は確信している。　（五十嵐泰正）

▶5　円卓会議の取り組みに関しては，五十嵐泰正＋「安全・安心の柏産柏消」円卓会議，2012，『みんなで決めた「安心」のかたち』亜紀書房を参照のこと。

▶6　VI-1 参照

▶7　VI-2 参照

人名さくいん

あ行

青木秀男　11, 41
秋元律郎　67, 117
アクセルロッド, M.　61
東浩紀　51, 77, 143
アドルノ, T.　174
阿部謹也　84
網野善彦　84, 204
アルチュセール, L.　23
アレント, H.　174
アンダーソン, B.　5, 137
アンダーソン, N.　157
石川栄耀　196
石原慎太郎　28
石原千秋　31, 202
磯田光一　134
磯村英一　140, 157, 197, 198, 200
今村奈良臣　111
岩田正美　118
ウィリアムズ, R.　144
ウィリス, P.　92
ウィルソン, W.J.　40
ヴェーバー, M.　60, 173, 178, 179
ウェッバー, M.　56
内田樹　120
海野弘　134, 135
江口英一　41
江戸川乱歩　135
エンゲルス, F.　56, 156, 187
オーウェル, G.　155
オスマン, G.　6, 180
大谷信介　163
大橋薫　41
大山エンリコイサム　153
小木新造　85
奥井復太郎　197, 198, 200
奥田道大　42, 68, 69, 112
奥野健男　134

か行

海道清信　98, 99
カイル, C.　45
カステル, M.　22, 26, 29, 61, 160, 161
カフカ, F.　172
鎌田とし子　64
神島二郎　134
川喜多二郎　111
川本三郎　134, 135
ガンズ, H.J.　61, 159, 179
カンディンスキー, V.　172
ギデンズ, A.　40
木原孝久　121
ギブソン, W.　57
木股知史　202
ギリアム, T.　150
ギルロイ, P.　8
クアウテモック　4
草間八十男　157
倉沢進　59, 61, 64, 67-69, 88, 117, 171, 179
グラス, R.　32
クレー, P.　172
クレール, R.　150
ゲオルゲ, S.　173, 174
ゲデス, P.　182
ケメニー, J.　70
小泉義之　45
高祖岩三郎　33
後藤和子　124
小林一三　102
小林秀雄　134
ゴフマン, E.　50
小森陽一　202, 203
コルテス, H.　4
権田保之助　165
今和次郎　192

さ行

サアティ, T.L.　98, 99
佐々木雅幸　124, 125
サッセン, S.　2, 9, 29, 75, 190
佐藤郁哉　92
佐藤健二　193
サトルズ, G.　159
三本松政之　121
ジェイコブズ, J.　124, 125, 181, 184
渋沢栄一　102
島崎稔　64
島田雅彦　134
島村輝　202
清水幾太郎　167
ショウバーグ, G.　61
ショーレム, G.　174
ジンメル, G.　54, 60, 148, 172, 176, 178, 179
ズーキン, S.　33, 35
スコット, R.　150
鈴木栄太郎　64, 65, 88, 89, 166, 169, 195, 200
鈴木謙介　155
鈴木貞美　135
鈴木広　68, 69, 90, 178
ズナニエツキ, F.　158
スミス, N.　33
スモール, A.W.　176
セルダ, I.　6
セルトー, M.de.　208
ゾーボー, H.W.　157, 158
ソジャ, E.W.　187
曽根博義　202, 203
園部雅久　35

た行

タウト, B.　172
高木光太郎　45
高田保馬　198
高野岩三郎　164
高橋修　202
高橋世織　202
高橋徹　134
高橋勇悦　61, 106
建部遯吾　198
玉野和志　59, 112, 171
ダンツィク, G.B.　98, 99
辻中豊　67
堤清二　52
堤康次郎　102
デイヴィス, M.　36, 150
ディック, P.K.　52
デューイ, J.　176
デュシャン, M.　144
デュルケーム, E.　178, 179
テンニエス, F.　60
トゥアン, Y.F.　24
鄧小平　20
ドゥボール, G.　151

210

人名さくいん

な行

トゥレーヌ, A. 161
トクヴィル, A.de 116
トマス, W.I. 158, 176
中川清 41
中田実 117
中西徹 11
中野卓 84, 166, 167
夏目漱石 202
新津晃一 11
西澤晃彦 31, 41, 119
似田貝香門 64, 74
ノーラン, C. 150

は行

ハーヴェイ, D. 23, 35, 187, 188
パーク, R.E. 42, 158, 172
バージェス, E.W. 32, 59, 81, 158, 176
ハイデガー, M. 24
ハイデン, D. 131
ハウプトマン, G. 172
パットナム, R. 77
速水健朗 92, 142
バルト, R. 202
ハルプリン, L. 111
ハワード, E. 100, 102
バンギ, W. 131
バンクシー 151
日高六郎 167
フィッシャー, C.S. 42, 62, 133, 162, 167
フィッシュマン, R. 30
フーコー, M. 37, 84, 85, 202
パース, C. 156
福武直 167, 168
藤田弘夫 84, 85
布施鉄治 64
二葉亭四迷 203
ブライマン, A. 27, 141
ブルデュ, P. 45
ブレア, T. 9
ブレヒト, A. 174
フロイト, S. 175
フロリダ, R. 124, 125
ベネディクト, R. 85
ペリー, C. 103
ベンヤミン, W. 141, 150, 174
ボイス, J. 144
ボイヤー, M.C. 57, 151
ポー, E.A. 140
ボーデン, I. 44
星野鉄男 165
ホックシールド, A.R. 141
堀川三郎 113
堀淳一 128
ホルクハイマー, M. 174
ホワイト, W.F. 61, 92, 159, 162

ま行

前田愛 134, 202, 203
真木悠介 85
マクルーハン, M. 56
マダニプール, A. 118
町村敬志 21, 75
マッケンジー, R.D. 176
松葉一清 135
松原岩五郎 164
松本康 62, 163
松山巖 134, 135
マルクス, K. 56, 161, 186-188
三浦展 92, 143
見田宗介 85
南博 134
宮本常一 107
ミルク, H. 161
宗野隆俊 117
メルロ・ポンティ, M. 24
毛沢東 20
モース, M. 121, 204
森岡清志 163
モレノ, J.L. 111

や行

矢崎武夫 193
柳田國男 168, 192
山名義鶴 165
横山源之助 157, 164
吉田謙吉 193
吉田熙生 202
吉原直樹 11, 84
吉見俊哉 31, 50, 54, 140, 201, 202
吉行エイスケ 135
米山俊直 87

ら行

ライアン, D. 155
ラング, F. 150
ランドリー, C. 9, 124, 125
リーボー, E. 40
龍胆寺雄 135
ル・コルビュジエ 100
ルイス, O. 11, 40, 43
ルフェーヴル, H. 23, 186, 188
レヴィ=ストロース, C. 184
レヴィナス, E. 118
レヴィン, K. 111
レルフ, E. 24, 25
ロウントリー, C. 156
ローズ, T. 44
ロジュキーヌ, J. 22
ロトマン, Yu. 202

わ行

ワース, L. 60, 62, 172, 178, 179
ワイザー, M. 154
ワイス, M.J. 171
渡辺京二 204, 205
和田博文 135

事項さくいん

あ行

アート 144
 ――プロジェクト 145
 協働の―― 145
 コンセプチュアル・―― 144
 パブリック―― 145
アーバニズム 42, 62, 133
アーバニズム論 60, 62, 68, 172
アイデンティティ 16, 51, 54, 83, 87, 125, 142, 143, 160, 169, 206
 地域―― 13
アウトノミスト 151
秋葉原 57
アクションリサーチ 111
アグリツーリズム 106
浅草 50
アステカ 4
新しい社会運動 161
アテネ憲章 100, 181
アンテルナシオナル・シチュアシオニスト 151
アンダークラス 40
育児 78
異質性 178
逸脱 62
イデオロギー 5, 28, 31, 73, 129
居場所 142, 161
移民 2, 29, 42, 59, 132, 158, 191
 非合法―― 133
慰霊施設 148
インターネット 55, 56, 77, 132, 153
インタビュー 158, 162
インナーシティ 29, 32-35, 40, 61, 131, 142, 144, 159
ヴォワザン計画 181
『浮雲』 203
映画 150
映像都市 151
エコシティ 21
エスニシティ 23, 42
エスニック・コミュニティ 41, 42
エスニック・タウン 43
エスニック・マイノリティ 132
エスニック・メディア 132
越境者メディア 133

エッジシティ 31
演劇ワークショップ 111
欧州文化都市 124
大型映像装置 151
オークションハウス 144
大阪万博 20
小樽運河保存運動 113

か行

カアバ神殿 146
外延化 104
改革開放 20
階級闘争 22, 33, 188
外国人労働者 15, 29
外国人労働力 15
下位文化 42, 55, 63, 133
 ――理論 62, 68
輝く都市 181
核家族 78
 ――世帯 170
家事労働 78
過疎化 104
家族周期 179
家族の時間 171
価値意識 30, 129
カフェ 140, 141
歌舞伎町 197
環境問題 110
 地球―― 94, 123
関係性のアート 145
監視 35
 ――カメラ 38, 39, 151, 155
 ――社会 36, 155
感情労働 141
関心の共同体 56
関東大震災 135, 193
企業城下町 64
記号論 187, 202
喫茶 140
帰無仮説 199
9.11 36, 155
九一八歴史博物館 136
共生 133
強制撤去 11
行政補完機能 67

郷友会 82
（近）未来都市 150
近郊 30
銀座 50, 193, 197
近世城下町 149, 163, 204, 205
近代建築における5原則 180
近代社会 207
近代読者 202
『近代読者の成立』 202
近代都市 8, 156
『近代日本の精神構造』 134
近隣住区 163, 183
 ――論 103
近隣政府 67, 116
空間 113
 ――準拠系 83
 ――性 206, 207
 ――的凝離 60
 ――的実践 187
 ――の生産 29
 ――の表象 187
 ――論的転回 187, 207
『空間の生産』 186, 187
クール・ブリタニア 9
苦楽園 31
クラスター 170
クリエイティヴ産業 9
クリエイティヴ都市 9
クリエイティビティ 28
グローバリズム 125
グローバル・エリート 20, 29, 189
グローバル・シティ 2, 27-29, 190, 191
グローバル化 11, 28, 29
グローバル都市 9
『黒船前夜』 205
群衆 46, 47, 140, 167
経済戦略会議 94
形式社会学 172, 176
携帯機器 151
携帯電話 56
ゲーテッド・コミュニティ 10, 36, 38, 39, 123
ゲーテッド・マンション 39

事項さくいん

下水道　9
結節機関　88, 89, 195, 199
　　──説　169
結節的機能　195
ゲットー　40, 43, 29
現象学　24
　　──的地理学　24, 25, 130
県人会　82
言説分析　71, 84
建造環境　23, 46, 70, 188
現代日本の開化　202
建築家　180
原爆ドーム　16
合意形成　111, 117
公園墓地　149
公害　9, 74, 169
郊外　30, 39, 61, 64, 81, 85, 92, 96, 98, 99, 142, 143, 195
　　──化　78, 153, 188
　　──住宅地　79
　　青い──　31
　　白い──　31
公共空間　6, 139, 143
公共圏　133, 142, 143
公共性　116, 143
考現学　192
公衆衛生　148
『口述の生活史』　167
構造主義　202
交通空間　56
高度経済成長　61, 67, 68, 74, 80, 82, 88, 106, 112, 134, 138
51C型　72
コーヒーハウス　140
五月革命　186
故郷　82
　　──喪失の文学　134
国際美術展　144
国勢調査　30, 170
国土計画　195
国連ハビタット　127
個人化　65
コスモポリタン　28, 29, 56
コミュニケーション　142
　　──・メディア　56
コミュニティ　124, 208
　　──・スタディ　171
　　──・デザイン　207
　　──・ノルム　69

──・モラール　69
──アート　145
──政策　64, 67, 114
──の管理　38
コリアタウン　43
コンパクトシティ　95, 98, 99
コンビニ　140

さ行

再開発　7, 8, 11, 29, 35, 43, 75, 79, 99, 110, 112, 138, 165
　　クリアランス型──　101, 184
採集　192
再生産労働　29
サイバー都市論　56
盛り場　50, 53, 138, 196, 197
サステイナビリティ　105
サステイナブル　98
サステイナブルシティ　94, 126
雑居ビル　138, 139
サブカルチャー　55, 63, 76
山岳信仰　146
三角貿易　8
産業都市　156
300万人のための現代都市　180
サンフランシスコ　43, 160
参与観察　46, 48, 157, 158
ジェンダー　23
ジェントリフィケーション　3, 29, 32-34, 152
シオニズム　174
シカゴ　58, 60, 138
シカゴ学派　22, 32, 42, 60, 90, 91, 157, 158, 162, 172, 176, 187, 194, 209
シカゴ学派都市社会学　81
シカゴ大学　156, 158
時間・空間の圧縮　189
事業所統計調査　170
時系列的　171
資源配分論　70
四国八十八カ所参り　147
市場社会化　65
『思想としての東京』　134
持続可能な発展　21, 110, 126
持続的発展　95
質的データ　128
質問紙調査　162
シティ・セールス　28
自動車産業　14
地場産業都市　91

渋谷　51, 53, 54
資本主義　64, 80, 188
　　産業型──　26
　　情報型──　26
資本論　188
市民運動　74, 79
市民活動　115
　　──団体　163
市民参加　110
社会移動　64, 80
社会運動　43, 65, 75
社会化　173
社会階層　170, 206
社会解体　60, 62, 159
社会改良主義　156
社会関係資本　76, 77
社会空間　41
社会構成　170, 179
社会構造　178
社会史　84, 205
社会主義　21
社会地図　170
社会的行為　178
社会的孤立　40
社会的資源　59
社会的事実　148, 200
社会的接触　178
社会的組織　178
社会的ネットワーク理論　163
社会的排除　118
社会的包摂　118, 120, 145
社会統合問題　94
社会統制　159, 177
社会福祉協議会　121
上海　35
　　──万博　20, 21
私有化　38
宗教　146
集合住宅　8, 71, 79, 138, 181
集合的記憶　26, 113, 136
集合墓　201
住宅街区　38
住宅金融公庫法　31
住宅地開発　78
住宅保有形態　70
集団就職　80
周辺市町村　30
住民運動　74, 110
住民参加　111

213

		た行	

住民自治　67
住民流福祉　120, 121
自由ラジオ　151
主題図　170
主知主義　173
出郷者　81, 82
首都　5
樹林墓地　149
上演　45
使用価値　186
『商家同族団の研究』　84
状況の定義　51
商店街　50, 101, 112, 138, 196, 197
　　電子——　56
消費　142, 143
　　集合的——　22
情報化社会　29
　　知識——　95
情報空間　57
情報都市　27
昭和30年代ブーム　135
植民地　19
　　——都市　18
ショッピングセンター／ショッピング
　　モール　10, 25, 31, 32, 92, 96, 141, 144, 199
自立支援センター　118
新ウィーン派　172
人口密度　178
人口量　178
新住宅市街地開発法　103
新住民　14
新宿　51, 197
新宿・大久保地区　43
人種暴動　43
人種問題　94
心性　47
身体　44, 53, 71
　　——文化　44
新中間層　47, 79
新都市社会学　22, 70, 159, 161, 162, 187, 188
審美化　34, 35
新聞　132
人文主義的地理学　24
心理劇　111
推移地帯　59, 157, 158
スクォッター　11
スターバックス　10

ストリート　44
　　——・ファッション　55
　　——・ワイズ　43
『ストリート・コーナー・ソサエティ』　162
スプロール　4, 68, 96
スペクタクルの社会　151
スラム　43, 64, 127, 158
　　——街　59
生活構造　64
　　——論　41, 195
生活実践　11
正常人口の正常生活　64, 166, 167, 199
精神的刺激　178
精神分析　173
生態学　22, 178, 179, 185
聖地　21
西武流通（セゾン）グループ　52
性別役割分業　78
政令第15号　67
世界遺産　147
世界都市　20, 21, 27, 56, 75, 94, 95
セキュリティ　10, 36, 38
　　——タウン　39
セクター型　170
セグリゲーション　157
1920年代の都市　135
選挙　83, 161
専業主婦　78, 79
全国総合開発計画　74
洗足田園都市　31
専門化　178
専門処理機関　117
専門処理システム　179
相互扶助システム　179
創造階級　125
創造（的）産業　124, 145, 185
創造都市　95, 124, 125, 145, 185
想像の共同体　5, 137
総寄せ場化　41
贈与論　121
ゾーニング　100, 101, 140, 184, 185
租界　20, 21
疎外　186
ソカロ　4
ソシオメトリー　162
即興性　45

第1空間　140, 201
第一次的接触　60, 178
第3空間　140, 141, 201
大衆化　64, 147, 162
大地の芸術祭　越後妻有アートトリエンナーレ　145
大都市型コミュニティ論　68, 69
大都市と精神生活　54, 60, 172, 173
第2空間　140, 201
第二次的接触　60, 178, 179
ダイニング・キッチン　72
多国籍企業　9, 28, 189
多国籍資本　11
脱工業化　81, 95, 124, 169, 171
脱産業化　40, 49, 91
多文化共生　132
団塊の世代　51
男性稼ぎ主　78
団地　31
地域開発　64, 168
地域経済　105, 106, 108
地域コミュニティ　15, 77
地域社会学　168
地域情報化　77
地域福祉活動　120
地産地消　109
知識集約型産業　124
地図　128
知的財産権　109
地方都市型コミュニティ論　68, 69
地方分権政策　117
チャイナタウン　42
中華人民共和国　19, 20, 137
中間団体　77
中距離友人数　163
中心業務地区　10, 20, 58, 59, 81, 170
中心市　30
中心市街地　11, 94, 96, 98, 142, 143, 153, 199
中枢管理機能　28
中流社会　91
町会　76
超高層住宅　81
町内会　64-66, 117
『町内会の研究』　84
町内会文化型論／「文化型」論　67, 84
町内会論争　84
賃金労働　78
月島調査　164, 165

214

事項さくいん

帝国主義　18
定住化　14
ディズニー化　27
ディスプレイ上の都市　129
『帝都復興せり！』　135
ディベロッパー　9, 34, 145, 188
データ監視　155
テーマパーク　18, 25, 36
『テクストのモダン都市』　135, 203
テレビ　132
田園都市　31, 100, 102, 180, 183
電子政府　56
伝統社会　162
伝統消費型都市　88, 89
伝統食品　108
伝統都市　166, 167
電脳空間　56
東京　95
　　──大空襲　16
　　──都福祉のまちづくり条例　120
　　──論　202
『東京時代』　85
同郷者集団　82
同郷団体　82
統合機関　195
同心円構造　59, 170
同心円地帯理論　32, 59, 81, 157, 158
独身者主義　134
特定非営利活動法人　110
都市エスノグラフィ　159
都市化　4, 30, 40, 42, 60, 62, 67, 68, 78, 80, 86, 88, 90, 94, 96, 104, 106, 179
都市開発　6, 34, 98, 184, 188
都市下位文化　153
都市学　102
都市下層　40
都市型犯罪　135
都市間競争　20, 28, 33, 34, 145
都市間ネットワーク　163
都市管理者　70
都市起業家主義　189
『都市空間のなかの文学』　134, 202
都市計画　98, 99, 101, 110, 111, 140, 150, 154, 180, 183, 184, 185, 195, 196, 207
　　──法　96, 110, 111
都市経済学　185
都市工学　152, 207, 208
都市再生　32, 34, 94

都市再生特別措置法　94
都市サラリーマン核家族　78
都市誌　84
都市社会運動　6, 23, 65, 160
都市社会構造　64, 65, 162
都市住宅　180
都市住民運動　188
都市祝祭　48, 49, 87
　　──研究　48, 49, 87
都市人類学　48, 86, 87
都市政策　6, 65, 95, 98, 110, 111, 208
都市成長モデル　90
都市整備　110
都市大衆文化　135
都市地図　128
都市的生活様式　48, 61, 78, 79, 178, 179
都市的な場　204, 205
都市的なもの／都市的なるもの　23, 27, 140, 187
都市と文学　202
都市のエステ化　34
『都市の感受性』　135
都市の危機　22
都市の時間　171
『都市のドラマトゥルギー』　50, 201, 202
都市の論理　64
都市貧困調査　156, 209
都市への権利　186, 189
『都市への権利』　186
都市民俗学　86, 87
都市問題　94, 99, 102, 157, 188, 200, 201
都市霊園　140, 149, 201
都市論　202
都心回帰　34, 79, 81
ドミノシステム　180
鞆港保存問題　13
鞆の浦　112
豊田　90

な行

なじみの空間　141
ナショナリズム　16, 205
二次的定住　85
日常生活批判　186
日露戦争　18
『日本社会の歴史』　205
日本住宅公団　31, 72, 103

『日本の下層社会』　157, 164
日本モダニズム　134, 135
『日本モダニズムの思想』　134
ニュー・ミドルクラス　32-35
ニューアーバニズム　185
ニュータウン　31, 64, 85, 102, 181
ニューディール政策　145
ニューヨーク　95, 138, 183
『ニューロマンサー』　57
人間生態学　59, 70, 158, 176, 177
ネオリベラリズム／新自由主義　9, 38, 189, 208
ネットワーク化された個人主義　27
ネットワークシティ　31
農山漁村滞在型余暇活動のための基盤整備の促進に関する法律　106
農村近代化政策　168
農村社会　178
農村社会学　162, 168
農地改革　168
ノーマライゼーション　120
野宿者　81

は行

パーソナルネットワーク　65, 162, 167
排他性　38
ハウジング　70
博物館　144
『パサージュ論』　174, 175
場所　24, 25, 113, 130, 131
　　──の空間　26
バッハオーフェン・ルネサンス　174
パフォーマティブ労働　141
パフォーマンス　44
原宿　51, 54
パリ　5, 43, 52, 136, 141, 144, 180
　　──・コミューン　160
バリアフリー　143, 154
ハルビン　18, 137
反・アート　145
　　──美術館　145
阪神・淡路大震災　65, 115, 122, 136
反都市化　81
非営利組織　65
比較社会学　85, 204
東日本大震災　65, 123
非個性化　179
被差別部落　41

215

──問題　201
美術館　144
表現主義　172, 173
標準地域メッシュ体系　170
表章単位　170
表象の空間　187
貧困　29, 41, 157, 158, 200
　　──の文化　40, 43
貧民窟　157
ファシリテーター　111
風俗圏　193
フォーディズム　188, 189
不均等発展　23
福祉国家　156
福祉レジーム　70
ブラジル人　132
　日系──　15
ブルーカラー　14, 31, 90, 171
ブルジョワ・ユートピア　30
フレキシブルな蓄積　189
フローの空間　26
フローの空間の草の根化　27
文化遺産　125
文化記号論　202
『文学における原風景』　134
『文学理論と構造主義』　202
文化産業　125
文化大革命　19, 20
分業　178, 179
分極化　29
分析的境界領域　3
防災・福祉コミュニティ　123
報復主義　33
方法論的集合主義　121
ホーム　71
ホームレス　11, 36, 41, 118, 119
北米　59
ポスト都市の時代　56
ポストモダニズム建築　27
ポストモダン　32
没場所性　25
ホワイトカラー　14, 31, 59, 89, 171

ま行

マイノリティ・メディア　132
『マイノリティ・リポート』　52
マイホーム　31
マクロ社会変動　168
マスタープラン　28, 207
　都市計画──　98, 99, 110, 111

町掟　66
まちおこし　97
町自治　66
まちづくり　99, 110, 111, 154, 169, 197, 207, 209
　　──活動　15, 101
　　──三法　96
　福祉の──　120
　リハビリテーション型の──　113
町並み　138
　　──景観　12, 113
　　──保存運動　112
松阪市　112
マテリアル・フェミニスト　73
マドリード　161
マルクス主義　22, 70, 84, 161, 169, 174, 186
　　──経済学　64, 162
満洲　18, 19
マンタリテ　47
南関東圏　171
民間伝承　86
民衆思想史　205
民主主義　77, 116, 143, 208
『無縁・苦界・楽』　204
名望家　89
メキシコシティ　4
目白文化村　31
メスティソ　5
メディア　56, 77, 133, 136, 206
モータリゼーション　96, 104, 153
モスクワ・タルトゥー学派　202
モダニズム文学　135
モダン都市東京　135
『モダン都市の表現』　135
モデュロール　180
モデルネ　173, 174
モデルノロヂオ　192
『物語の構造分析』　203
モノグラフ　23, 158
もんじゃ　165

や行

闇市　138
闇金ウシジマくん　51
「有限責任型」リーダー　115
遊歩者　175
ユニバーサルデザイン　99, 120, 154
寄せ場　41
『読むための理論』　202

ら行

ラテン・アメリカ　5
ラフォーレ原宿　54
ラポール　130
『乱歩と東京』　135
里弄　21, 35
理念型　60, 179
レイシズム　29
歴史学　47, 203
歴史社会学　84, 85, 128, 167, 169
歴史的環境　113
　　──保存の社会学　112
レッチワース　102
老人のみ世帯　170
6次産業化　105
六麓荘　31
ロサンゼルス　43
路上の知恵　43
ロンドン　2, 8, 95, 141, 145, 156

わ行

ワークショップ　111
ワシントン　5
ワンダーフォーゲル運動　172

A-Z

CBD　10, 20, 58, 81, 170
CIAM（近代国際建築会議）　100, 181
cyberspace　57
DCブランド　54
EPA　107
FTA　107
invasion and succession　59
KJ法　111
LRT　98, 99
nLDK　72
NPO　97, 110, 115, 145, 163
Nシステム　37, 154
PARCO　54
QOL　106
SHIBUYA109　53, 54
SNS　132, 151
sort and gift　59
suburb　30
TPP　106

執筆者紹介（氏名／よみがな／生年／現職／業績／執筆担当／都市社会学を学ぶ読者へのメッセージ）　　＊は編著者

秋元健太郎（あきもと・けんたろう／1972年生まれ）
東海大学非常勤講師
『未明からの思考――社会学の可能性と世界の相貌を求めて』（共著，ハーベスト社，2005年）
「ニュータウンの夢――アクチュアルな生の様式の社会学的分析」（博士学位取得論文，2009年）
Ⅶ-1　Ⅶ-2
古典には容易に汲みつくせない豊かさがあります。若いうちに一読をお勧めします。

浅川達人（あさかわ・たつと／1965年生まれ）
早稲田大学人間科学学術院教授
『新編　東京圏の社会地図　1975-90』（共編，東京大学出版会，2004年）
「社会地区分析再考」『社会学評論』第59巻2号，2008年
Ⅲ-1　Ⅵ-8　Ⅶ-4
自分の足で都市に立ち，自分の目と耳を通して都市を知り，自分の言葉で都市を表現することに挑戦してください。

飯田　豊（いいだ・ゆたか／1979年生まれ）
立命館大学産業社会学部准教授
『路上のエスノグラフィ』（共著，せりか書房，2007年）
『IT時代の震災と核被害』（共著，インプレスジャパン，2011年）
Ⅴ-13　Ⅴ-14
都市／メディアの境界がいっそう融解している今，都市社会学は，新鮮な驚きに満ちた知的営みだと思います！

五十嵐太郎（いがらし・たろう／1967年生まれ）
東北大学大学院工学研究科教授
『被災地を歩きながら考えたこと』（単著，みすず書房，2011年）
『現代建築家列伝』（単著，河出書房新社，2011年）
Ⅱ-8　Ⅲ-18
建築デザインを知ると，都市から得られる情報がもっと増えます。

＊**五十嵐泰正**（いがらし・やすまさ／1974年生まれ）
筑波大学大学院人文社会系准教授
『労働再審2――越境する労働と〈移民〉』（編著，大月書店，2010年）
『みんなで決めた「安心」のかたち』（共編著，亜紀書房，2012年）
Ⅱ-4　Ⅲ-10　Ⅴ-8　Ⅷ-1
都市の中で社会学が貢献できることはたくさんある。本気でそう思うようになりました。いろいろな経験を積んでください。

石岡丈昇（いしおか・とものり／1977年生まれ）
日本大学文理学部教授
『社会学ベーシックス4――都市的世界』（共著，世界思想社，2008年）
『ローカルボクサーと貧困世界――マニラのボクシングジムにみる身体文化』（単著，世界思想社，2012年）
Ⅰ-5　Ⅱ-12
ここ10年ほど，マニラの貧困世界を繰り返し訪ねてきました。その生活の美しさに魅了されるばかりです。

伊藤泰郎（いとう・たいろう／1967年生まれ）
広島国際学院大学情報文化学部教授
『都市社会のパーソナルネットワーク』（共著，東京大学出版会，2000年）
「外国人に対する寛容度の規定要因についての考察」『部落解放研究』17，広島部落解放研究所，2011年
Ⅲ-2　Ⅲ-3
先人たちがさまざまな理論や概念により何を捉えようとしたのか考えることが重要です。

大井由紀（おおい・ゆき）
南山大学外国語学部准教授
『ナショナリズムとトランスナショナリズム』（共著，法政大学出版局，2009年）
『移住労働と世界的経済危機』（共著，明石書店，2011年）
Ⅰ-1　Ⅶ-10
自分の身近な世界から，大きな社会構造の変化を読み解いてみましょう。

岡部明子（おかべ・あきこ／1963年生まれ）
東京大学大学院新領域創成科学研究科教授
『サステイナブルシティ』（単著，学芸出版社，2003年）
『バルセロナ』（単著，中公新書，2010年）
Ⅰ-3　Ⅳ-4　Ⅳ-17　Ⅶ-7
誰もが都市に暮らす当事者です。異なる都市を訪れて，1kmの距離を身体感覚でつかんでください。

金子　淳（かねこ・あつし／1970年生まれ）
桜美林大学リベラルアーツ学群准教授
『高度成長の時代2――過熱と揺らぎ』（共著，大月書店，2010年）
『ニュータウンの社会史』（単著，青弓社，2017年）
Ⅳ-5
常に「実験」と結びつけて語られるニュータウン。そこで生活している人々の視点を大事にしたいと思います。

神山育美（かみやま・いくみ）
白梅学園大学非常勤講師
『開発の時間　開発の空間――佐久間ダムと地域社会の半世紀』（共著，東京大学出版会，2006年）
「現代中国における歴史的環境の開発利用――上海『新天地』を事例に」『現代中国』2006年
Ⅰ-10　Ⅱ-7
全球化のなかで加速度的に変容する中国の「現在」を，開発主義・空間・文化の視点から考えてみませんか。

執筆者紹介（氏名／よみがな／生年／現職／業績／執筆担当／都市社会学を学ぶ読者へのメッセージ）　　＊は編著者

熊澤健一（くまざわ・けんいち／1951年生まれ）
ふなばし三番瀬環境学習館館長
「地域資源のブランド化に関する考察——地域政策視点からのアプローチ」『日本都市学会年報』43，2009年
「中山間地域における『入会』の再構築に関する考察」『関東都市学会年報』12，2010年
Ⅳ-1　Ⅳ-3　Ⅳ-6　Ⅳ-9　Ⅳ-16
これからの都市の姿を考えることのできる蓄積された知と多くのヒントがあります。「隗より始めよ！」です。

熊田俊郎（くまだ・としお／1956年生まれ）
駿河台大学法学部教授
『神田神保町とヘイ・オン・ワイ』（共著，東信堂，2008年）
『世界の都市社会計画——グローバル時代の都市社会計画』（共著，東信堂，2008年）
Ⅶ-3　Ⅶ-6　Ⅶ-12
都市社会学をきちんと学んだら，次は分野の枠組みを取り払って勉強してください。開拓者の時代のように。

小泉元宏（こいずみ・もとひろ／1981年生まれ）
立教大学社会学部准教授
『アートがひらく地域のこれから——クリエイティビティを生かす社会へ』（共編著，ミネルヴァ書房，2020年）
Cities in Asia by and for the People（共著，アムステルダム大学出版局，2019年）
Ⅴ-9
都市におけるアートは，人々の生を拡散し，ときに交わらせ，そして新たな文化を生むタネになるものです。

小浜ふみ子（こはま・ふみこ）
立正大学文学部社会学科教授
『都市コミュニティの歴史社会学』（単著，御茶の水書房，2010年）
「都市空間の再編成——ジェントリフィケーションの潮流」『立正大学文学部論叢』第135号，2012年
Ⅲ-5　Ⅳ-12
都市社会学を学ぼうとする人々にとって，本書は都市社会の将来を一緒に考える手がかりとなるでしょう。

坂部晶子（さかべ・しょうこ／1970年生まれ）
名古屋大学人文学研究科准教授
『「満洲」経験の社会学——植民地の記憶のかたち』（単著，世界思想社，2008年）
『帝国崩壊とひとの再稼働——引揚げ，送還，そして残留（アジア遊学145）』（共著，勉誠出版，2011年）
Ⅰ-9　Ⅴ-5
靴底をすり減らして街を歩く。そういう時期があってもいいのでは。

佐久間雄基（さくま・ゆうき／1983年生まれ）
東北大学大学院工学研究科都市・建築デザイン学専攻博士後期課程
Ⅴ-10　Ⅶ-5
都市は想像以上に複雑ですが，逆にそれだけ探求心を刺激してくれる魅力があります。

祐成保志（すけなり・やすし／1974年生まれ）
東京大学大学院人文社会系研究科准教授
『〈住宅〉の歴史社会学』（単著，新曜社，2008年）
「戦後日本の社会調査における住宅の対象化」（共著）『住総研研究論文集』No.38，2012年
Ⅲ-7　Ⅲ-8　Ⅶ-11
人の集積であると同時にモノの集積でもある都市という場の性質を捉える上で，住宅は格好の素材です。

鈴木貴宇（すずき・たかね／1976年生まれ）
東邦大学理学部教養科准教授
『モダン都市コレクション第30巻——表現主義』（編著，ゆまに書房，2007年）
「明朗サラリーマン小説の構造——源氏鶏太『三等重役』論」『Intelligence』2012年
Ⅴ-4　Ⅶ-16
大学の勉強は解答がありません。何を学ぶかも自分で選べます。この本が皆さんの水先案内人となりますよう。

武田尚子（たけだ・なおこ）
早稲田大学人間科学学術院教授
『マニラへ渡った瀬戸内漁民』（単著，御茶の水書房，2002年）
『瀬戸内海離島社会の変容』（単著，御茶の水書房，2010年）
Ⅲ-11　Ⅵ-5
自分が21世紀の「Tokyo」で生きていることの意味を，歴史的かつグローバルな視点で考えながら，研究を深めてゆきたいと思っています。

竹元秀樹（たけもと・ひでき／1955年生まれ）
愛知学泉大学現代マネジメント学部准教授
「自発的地域活動の生起・成長要因と現代的意義」『地域社会学会年報』20，2008年
『祭りと地方都市——都市コミュニティ論の再興』（単著，新曜社，2014年）
Ⅱ-14　Ⅲ-6　Ⅲ-15　Ⅲ-16　Ⅳ-2　Ⅳ-11
地方都市研究にはまっています。地方の個性的で豊かな地域資産が埋もれています。再評価して地域再生へ。

田中大介（たなか・だいすけ／1978年生まれ）
日本女子大学人間社会学部准教授
「メタ視角としてのネットワーク」『年報社会学論集』第21号，2008年
『フラット・カルチャー——現代日本の社会学』（共著，せりか書房，2010年）
Ⅱ-3　Ⅴ-7
曖昧だけど確実に私たちを拘束している都市的リアリティを逆に捕え返す視点と語彙を身につけてもらえれば。

執筆者紹介 (氏名／よみがな／生年／現職／業績／執筆担当／都市社会学を学ぶ読者へのメッセージ)　　＊は編著者

＊中筋直哉（なかすじ・なおや／1966年生まれ）
法政大学社会学部教授
『群衆の居場所——都市騒乱の歴史社会学』（単著，新曜社，2005年）
『地域の社会学』（共著，有斐閣，2008年）
Ⅱ-13　Ⅲ-4　Ⅲ-14　Ⅴ-11　Ⅵ-4　Ⅵ-7　Ⅵ-14　Ⅶ-15　Ⅶ-17
「書を捨てよ町へ出よう」といったのは寺山修司ですが，そんな二項対立を超えていくのが都市社会学です。

中野佑一（なかの・ゆういち／1980年生まれ）
上智大学ほか非常勤講師
「日本における防犯環境設計の受容——都市空間における防犯のインフラ化」『上智大学社会学論集』36，2012年
「セキュリティタウン住民の安全・安心に対する意識——日本版ゲーテッドコミュニティの社会学的分析」『日本都市社会学会年報』33，2015年
Ⅱ-9　Ⅶ-9
都市社会学には都市の見方を変えるヒントがあります。いつもの街並みが違ったものに見えるかもしれません。

中村由佳（なかむら・ゆか／1979年生まれ）
株式会社リクルートテクノロジーズ
「ポスト80年代におけるファッションと都市空間——上演論的アプローチの再検討」『年報社会学論集』第19号，2006年
『フラット・カルチャー——現代日本の社会学』（共著，せりか書房，2010年）
Ⅱ-17
ぜひ都市での身近な経験を社会学的に掘り下げてみてください。きっとユニークな研究になると思います。

南後由和（なんご・よしかず／1979年生まれ）
明治大学情報コミュニケーション学部准教授
『文化人とは何か？』（共編著，東京書籍，2010年）
『ひとり空間の都市論』（単著，筑摩書房，2018年）
Ⅱ-1　Ⅶ-8
自分が学生の頃に出版されていればと思う本です。

難波功士（なんば・こうじ／1961年生まれ）
関西学院大学社会学部教授
『人はなぜ〈上京〉するのか』（単著，日本経済新聞出版社，2012年）
『広告で社会学』（単著，弘文堂，2018年）
Ⅱ-15　Ⅱ-16
2020年コロナ禍のもと，人通りと広告の消えた地下街が「びっくりするほどディストピア」と形容されましたが，皆さんはどう感じていますか。

丹辺宣彦（にべ・のぶひこ／1960年生まれ）
名古屋大学大学院環境学研究科教授
『社会階層と集団形成の変容』（単著，東信堂，2006年）
『豊田とトヨタ』（共編著，東信堂，2014年）
Ⅰ-7　Ⅲ-17
豊田市，刈谷市を調査する中で日本固有の都市・地域研究のありかたは何かということを考えるようになりました。

二瓶　徹（にへい・とおる／1972年生まれ）
株式会社テロワール・アンド・トラディション・ジャパン代表取締役，実践女子大学・東京家政学院大学非常勤講師
The Japan Food Industry Center Protecting Japanese GIs, *Qualigeo EU*, Foundazione Qualivita, 2012.
「『本場の本物』の価値づくりとブランド戦略——歴史ある地域食品の価値をどう伝えるか」『明日の食品産業』財団法人食品産業センター，2012年。
Ⅳ-7　Ⅳ-8
グローバル化が進み，日本が世界に誇れるものは何か。その答えを，地域を歩き，見て，聞いて探してみてください。

初田香成（はつだ・こうせい／1977年生まれ）
工学院大学建築学部准教授
『都市の戦後——雑踏のなかの都市計画と建築』（単著，東京大学出版会，2011年）
『危機の都市史——災害・人口減少と都市・建築』（共編著，吉川弘文館，2019年）
Ⅴ-6　Ⅶ-13
工学部にも都市やその歴史を研究する分野があります。分野をこえて皆さんと研究を進められたらと思います。

原口　剛（はらぐち・たけし／1976年生まれ）
神戸大学大学院人文学研究科准教授
『釜ヶ崎のススメ』（共編著，洛北出版，2011年）
『労働再審4——周縁労働力の移動と編成』（共著，大月書店，2011年）
Ⅱ-2　Ⅱ-6　Ⅴ-2
都市を記述するために大事なのは，自分なりの問いを発見することです。本書がその助けになればと願います。

南川文里（みなみかわ・ふみのり／1973年生まれ）
立命館大学国際関係学部教授
『「日系アメリカ人」の歴史社会学——エスニシティ，人種，ナショナリズム』（単著，彩流社，2007年）
『エスニシティを問いなおす——理論と変容』（共著，関西学院大学出版会，2012年）
Ⅱ-11　Ⅴ-3　Ⅵ-2
世界じゅうのさまざまな都市を見て，歩いて，その過去と現在と未来を考えてみてください。

毛利嘉孝（もうり・よしたか／1963年生まれ）
東京藝術大学大学院国際芸術創造研究科教授
『ストリートの思想——転換期としての1990年代』（単著，NHK出版，2009年）
『増補　ポピュラー音楽と資本主義』（単著，せりか書房，2012年）
Ⅰ-4　Ⅴ-12

執筆者紹介（氏名／よみがな／生年／現職／業績／執筆担当／都市社会学を学ぶ読者へのメッセージ）　　＊は編著者

今重要なことは，都市を研究するだけではなく，都市に積極的に介入することだ。

森久　聡（もりひさ・さとし／1976年生まれ）
京都女子大学現代社会学部准教授
「伝統港湾都市・鞆における社会統合の編成原理と地域開発問題——年齢階梯制社会からみた『鞆港保存問題』の試論的考察」『社会学評論』第62巻3号，2011年
『〈鞆の浦〉の歴史保存とまちづくり』（単著，新曜社，2016年）
Ⅰ-6　Ⅳ-10　Ⅵ-3
地域社会の課題を解決し，豊かな生き方を実現するまちづくりの意義を明らかにする研究を目指しています。

山口恵子（やまぐち・けいこ／1969年生まれ）
東京学芸大学教育学部教授
『不埒な希望——ホームレス／寄せ場をめぐる社会学』（共著，松籟社，2006年）
『労働再審4——周縁労働力の移動と編成』（共著，大月書店，2011年）
Ⅱ-10　Ⅳ-13　Ⅵ-1
都市の貧困や排除がなぜ，いかに進むのか，そして人々はどのように生き抜いていくのか，考え，実践を。

山口　覚（やまぐち・さとし／1971年生まれ）
関西学院大学文学部教授
『出郷者たちの都市空間——パーソナル・ネットワークと同郷者集団』（単著，ミネルヴァ書房，2008年）
『集団就職とは何であったか——〈金の卵〉の時空間』（単著，ミネルヴァ書房，2016年）
Ⅲ-12　Ⅲ-13
『よくわかる都市社会学』を読み終えたら，次に，各事象にひそむ複雑でわかりにくい側面に挑戦してください。

山下祐介（やました・ゆうすけ／1969年生まれ）
首都大学東京都市教養学部准教授
『リスク・コミュニティ論——環境社会史序説』（単著，弘文堂，2007年）
『東北初の震災論』（単著，筑摩書房，2013年）
Ⅳ-15
都市は巨大なシステムであり，一見安定的に見えますが，さまざまな環境問題にさらされています。見えにくいものを見抜く目を養いましょう。

山本　馨（やまもと・かおる／1963年生まれ）
群馬県庁職員，高崎健康福祉大学非常勤講師
「地域福祉実践の規模論的理解」『福祉社会学研究』第8号，2011年
『地域福祉実践の社会理論』（単著，新曜社，近刊）
Ⅳ-14
切れ味の良い刀で社会を切り取り，魔術的な言葉を使って解釈することが社会学の魅力のひとつだと思います。

山本唯人（やまもと・ただひと／1972年生まれ）
公益財団法人政治経済研究所主任研究員
『開発の時間　開発の空間——佐久間ダムと地域社会の半世紀』（共著，東京大学出版会，2006年）
「ポスト冷戦における東京大空襲と『記憶』の空間をめぐる政治」『歴史学研究』872号，2010年
Ⅰ-8　Ⅲ-9
東京という都市を，人々のつながりの側から捉えなおすことに関心があります。

若林幹夫（わかばやし・みきお／1962年生まれ）
早稲田大学教育・総合科学学術院教授
『都市のアレゴリー』（単著，INAX出版，1999年）
『〈時と場〉の変容』（単著，NTT出版，2010年）
Ⅰ-2　Ⅱ-5　Ⅱ-18　Ⅴ-1
文献，データ，そして都市を歩き，感じることから，「都市への扉」は開かれます。

やわらかアカデミズム・〈わかる〉シリーズ
よくわかる都市社会学

| 2013年4月30日 | 初版第1刷発行 | 〈検印省略〉 |
| 2021年1月30日 | 初版第4刷発行 | |

定価はカバーに
表示しています

編著者	中筋直哉
	五十嵐泰正
発行者	杉田啓三
印刷者	藤森英夫

発行所　株式会社　ミネルヴァ書房
607-8494　京都市山科区日ノ岡堤谷町1
電話代表（075）581-5191
振替口座 01020-0-8076

©中筋直哉・五十嵐泰正, 2013　　亜細亜印刷・新生製本

ISBN978-4-623-06505-9
Printed in Japan

―― やわらかアカデミズム・〈わかる〉シリーズ ――

よくわかる社会学	宇都宮京子・西澤晃彦編著	本体 2500円
よくわかる家族社会学	西野理子・米村千代編著	本体 2400円
よくわかる都市社会学	中筋直哉・五十嵐泰正編著	本体 2800円
よくわかる教育社会学	酒井朗・多賀太・中村高康編著	本体 2600円
よくわかる環境社会学	鳥越皓之・帯谷博明編著	本体 2800円
よくわかる国際社会学	樽本英樹著	本体 2800円
よくわかる宗教社会学	櫻井義秀・三木英編著	本体 2400円
よくわかる医療社会学	中川輝彦・黒田浩一郎編著	本体 2500円
よくわかる産業社会学	上林千恵子編著	本体 2600円
よくわかる福祉社会学	武川正吾・森川美絵・井口高志・菊地英明編著	本体 2500円
よくわかる観光社会学	安村克己・堀野正人・遠藤英樹・寺岡伸悟編著	本体 2600円
よくわかる社会学史	早川洋行編著	本体 2800円
よくわかる現代家族	神原文子・杉井潤子・竹田美知編著	本体 2500円
よくわかる宗教学	櫻井義秀・平藤喜久子編著	本体 2400円
よくわかる障害学	小川喜道・杉野昭博編著	本体 2400円
よくわかる社会心理学	山田一成・北村英哉・結城雅樹編著	本体 2500円
よくわかる社会情報学	西垣通・伊藤守編著	本体 2500円
よくわかるメディア・スタディーズ	伊藤守編著	本体 2500円
よくわかるジェンダー・スタディーズ	木村涼子・伊田久美子・熊安貴美江編著	本体 2600円
よくわかる質的社会調査 技法編	谷富夫・芦田徹郎編	本体 2500円
よくわかる質的社会調査 プロセス編	谷富夫・山本努編著	本体 2500円
よくわかる統計学 Ⅰ 基礎編	金子治平・上藤一郎編	本体 2600円
よくわかる統計学 Ⅱ 経済統計編	御園謙吉・良永康平編	本体 2600円
よくわかる学びの技法	田中共子編	本体 2200円
よくわかる卒論の書き方	白井利明・高橋一郎著	本体 2500円

―― ミネルヴァ書房 ――
http://www.minervashobo.co.jp/